中国乡村振兴与科协工作

辛宝英◎等著

中国社会科学出版社

图书在版编目（CIP）数据

中国乡村振兴与科协工作 / 辛宝英等著. -- 北京：中国社会科学出版社，2025.4. -- ISBN 978-7-5227-5041-5

Ⅰ. F320.3；G322.25

中国国家版本馆 CIP 数据核字第 2025QM0764 号

出 版 人	赵剑英
责任编辑	王　衡
责任校对	王　森
责任印制	郝美娜

出　　版	中国社会科学出版社
社　　址	北京鼓楼西大街甲 158 号
邮　　编	100720
网　　址	http://www.csspw.cn
发 行 部	010-84083685
门 市 部	010-84029450
经　　销	新华书店及其他书店

印　　刷	北京明恒达印务有限公司
装　　订	廊坊市广阳区广增装订厂
版　　次	2025 年 4 月第 1 版
印　　次	2025 年 4 月第 1 次印刷

开　　本	710×1000　1/16
印　　张	22.75
字　　数	249 千字
定　　价	98.00 元

凡购买中国社会科学出版社图书，如有质量问题请与本社营销中心联系调换
电话：010-84083683
版权所有　侵权必究

前　　言

党的十九大将乡村振兴确立为国家战略，党的二十大确立了以中国式现代化全面推进强国建设、民族复兴伟业的中心任务，并明确指出，"全面建设社会主义现代化国家，最艰巨最繁重的任务仍然在农村，要坚持农业农村优先发展，坚持城乡融合发展，畅通城乡要素流动；加快建设农业强国，扎实推动乡村产业、人才、文化、生态、组织振兴，全面推进乡村振兴战略"。党的二十届三中全会提出，"当前和今后一个时期是以中国式现代化全面推进强国建设、民族复兴伟业的关键时期；城乡融合发展是中国式现代化的必然要求；必须统筹新型工业化、新型城镇化和乡村全面振兴，全面提高城乡规划、建设、治理融合水平，促进城乡要素平等交换、双向流动，缩小城乡差别，促进城乡共同繁荣发展"。①《中华人民共和国国民经济和社会发展第十四个五年规划和2035年远景目标纲要》指出，要坚持把解决好"三农"问题作为全党工作重中之重，走中国特色社会主义乡村振兴道路。中国"三农"工

---

① 《中共中央关于进一步全面深化改革　推进中国式现代化的决定》，人民出版社2024年版，第3、22页。

作进入全面推进乡村振兴、加快农业农村现代化的新发展阶段。这是实现中国式现代化、建立共同富裕社会的必由之路，也是行动指南。习近平总书记指出："中国要强，农业必须强；中国要美，农村必须美；中国要富，农民必须富。"①"乡村振兴战略是关系全面建设社会主义现代化国家的全局性、历史性任务，是新时代'三农'工作总抓手""民族要复兴，乡村必振兴""从世界百年未有之大变局看，稳住农业基本盘、守好'三农'基础是应变局、开新局的'压舱石'。"②为强化乡村振兴战略实施的制度支撑，2021年4月29日，第十三届全国人大常委会第二十八次会议审议通过《中华人民共和国乡村振兴促进法》，同年6月1日起正式施行。该法以立法形式明确了乡村振兴的目标任务、基本原则和实施路径，为乡村振兴战略的推进提供了法律保障。党中央将乡村振兴纳入中国式现代化总体布局，建立起双轨并行的战略时序：2035年基本实现社会主义现代化，同年基本实现农业农村现代化；2050年实现全面现代化，同年完成乡村全面振兴。在从传统农业、农村、农民向现代化农业、农村、农民转型的过程中，各级政府需要有所作为，探索具有中国特色的农业强国之路。2022年11月，中共中央办公厅、国务院办公厅印发《乡村振兴责任实施办法》，明确工会、共青团、妇

---

① 《中央农村工作会议在北京举行习近平李克强作重要讲话》，《人民日报》2013年12月25日第1版。

② 《习近平同志〈论"三农"工作〉主要篇目介绍》，《人民日报》2022年6月7日第2版。

前　言

联、科协、残联等群团组织应当发挥优势和力量参与乡村振兴。

2024年，笔者组织团队一起撰写了《中国乡村振兴与工会工作》，开创性探索工会组织服务乡村振兴国家战略的实践路径。全书紧扣乡村振兴五大维度，精准剖析产业、人才、文化、生态、组织五大振兴与工会工作的内在逻辑，全面勾勒工会在乡村振兴中的角色定位、责任担当及实践蓝图。该书出版后引发社会各界广泛关注，获中华全国总工会主要负责同志专题批示，并高度评价其"是深化拓展工会作用发挥的有益探索"，上市首月即登上京东、当当社科新书热销榜，入选"长安街读书会"干部学习书单，形成学术价值与实践影响力共振的良性态势。

中国科学技术协会（以下简称"中国科协"）是中国科学技术工作者的群众组织，是中国共产党领导下的人民团体，是党和政府联系科学技术工作者的桥梁和纽带，是国家推动科学技术事业发展、建设世界科技强国的重要力量。[①] 新征程上，中国科协作为国家创新体系的重要组成部分，牢牢把握增强政治性、先进性、群众性要求，面向国家重大需求，建设开放型、枢纽型、平台型科协组织，坚持为科技工作者服务、为创新驱动发展服务、为提高全民科学素质服务、为党和政府科学决策服务，促进科学技术的繁荣和发展，促进科学技术的普及和推广，促进科技

---

① 《中国科学技术协会章程》，中国科学技术协会官网，https://www.cast.org.cn/qjkx/zzjszd/gbzzzd/art/2022/art_566079320d024d60ae49e4c68772198e.html，2021年5月21日。

人才的成长和提高，促进科技智库作用的发挥和彰显。在推进乡村全面振兴战略中，中国科协深入贯彻习近平总书记关于科协工作的重要指示精神，充分发挥组织优势、人才优势和创新优势，深化"会村结对""会企合作"模式，通过科技赋能、人才下沉、产业升级等路径，推动科技要素与乡村需求精准对接，为乡村振兴注入了强劲动能，为实现农业农村现代化贡献了科协组织的智慧与力量，形成了一批科协助力乡村振兴战略的实践范式。

全面推进乡村振兴战略，有力有效推进乡村全面振兴，发挥各级科协组织及科协干部的作用尤为关键，他们也迫切需要对乡村振兴战略的重大理论和实践问题进行全面学习。为此，在山东省科学技术协会的支持下，笔者又产生了写作《中国乡村振兴与科协工作》的想法，以问题为导向，深层次、全方位地阐发乡村振兴战略的实现路径，总结科协组织助力乡村振兴的主要举措与典型案例，希望为各级科协干部及其他管理干部提供政策分析、管理方法、实施方案等内容借鉴，推动各级科协干部及其他管理干部能够更深刻地领会党中央部署精神，以更坚定的自信、更丰富的知识、更饱满的精神、更踏实的作风、更有效的举措，扎扎实实在乡村振兴战略中做出新的更大贡献。

辛宝英

2025 年 2 月 1 日

目　录

第一章　中国特色社会主义乡村振兴道路 ……………（1）
　一　中国实施乡村振兴战略的时代背景 …………（2）
　二　中国实施乡村振兴战略的顶层设计 …………（8）
　三　中国推进乡村全面振兴的路径选择 …………（29）
　四　以"三个统筹"为改革牵引　持续推进
　　　城乡融合发展……………………………………（45）

第二章　中国乡村振兴的科协责任担当 ……………（58）
　一　中国科协在乡村振兴中的优势与机遇 ………（59）
　二　中国科协在乡村振兴中的角色定位和
　　　责任担当…………………………………………（81）

第三章　中国乡村振兴与科协工作 …………………（105）
　一　产业振兴与科协工作 …………………………（105）
　二　人才振兴与科协工作 …………………………（123）
　三　文化振兴与科协工作 …………………………（141）
　四　生态振兴与科协工作 …………………………（155）
　五　组织振兴与科协工作 …………………………（169）

第四章　科协助力乡村振兴的经典案例……………（188）

案例1　山东泰山黄精：土特产变成"金疙瘩"……………………………………（189）

案例2　辽宁东港大米的"科技密码"…………（192）

案例3　山东潍坊："科创中国"赋能甜辣椒产业……………………………………（196）

案例4　黑龙江亚布力：科技小院赋能生猪产业提档升级……………………………（201）

案例5　山东泰安：科技助力乡村振兴的"四个坚持"……………………………（206）

案例6　安徽山核桃协会：基层科普行动计划服务老区振兴发展……………………（213）

案例7　山东菏泽："三位一体"工作模式助力乡村产业振兴……………………（216）

案例8　福建福安：打造"农民自家的农科院"…………………………………………（222）

案例9　山东泰安：岱岳区科协"三字诀"助推乡村全面振兴……………………（226）

案例10　山西忻州：科普项目引领科技赋能乡村……………………………………（232）

案例11　山东济南：科技顾问团为乡村振兴贡献人才力量……………………………（236）

案例12　山东淄博：科协助力人才振兴的"周村模式"…………………………（240）

案例13　甘肃定西：科协助力组织振兴的"农技协样板"………………………（245）

目 录

案例14 山东菏泽：科协基层组织建设的
"定陶模式" ………………………………（250）
案例15 浙江海盐："村庄科普化"的
县域样本 …………………………………（254）
案例16 山东济宁：科普惠农牵手"第一
书记" ……………………………………（258）
案例17 湖北武汉：打造农耕科普研学
基地 ………………………………………（261）
案例18 山东临沂：党建带科建打造"科普
沂蒙行"工作品牌 ………………………（264）
案例19 重庆：打造乡村科普馆 田园变
游园 ………………………………………（267）
案例20 上海：青村镇社区书院打造群众
精神家园 …………………………………（272）

第五章 科协助力乡村振兴的山东实践 ……………（277）
 一 实施"乡村振兴科普行动" ……………………（277）
 二 高标准建设科技小院 ……………………………（289）
 三 搭建乡村产业高质量发展平台 …………………（305）
 四 激发乡村振兴人才活力 …………………………（319）

附 录 ……………………………………………………（324）
 一 习近平同志《论"三农"工作》
  主要篇目介绍 ……………………………………（324）
 二 《乡村全面振兴规划（2024—2027年）》
  摘编 ………………………………………………（339）

· 3 ·

三 《中共中央 国务院关于进一步深化农村改革 扎实推进乡村全面振兴的意见》摘编 …………………………（344）

参考文献 …………………………………………（346）

后　记 …………………………………………（355）

第一章

中国特色社会主义乡村振兴道路*

当今世界正经历百年未有之大变局。世界经济复苏乏力，大国博弈日趋复杂，局部冲突和动荡频发，世界经济逆全球化势力抬头。中国经济发展进入新常态，劳动力成本提升、人口老龄化进程加快、"刘易斯拐点"出现、居民储蓄率下降等一系列客观形势的深刻变化，一定程度上制约了构建现代化体系的步伐。面对严峻复杂的国际形势和接踵而至的巨大风险挑战，中国坚持了不同于西方制度的"中国特色社会主义"新型举国体制，以中国式现代化推进中华民族伟大复兴，全面贯彻新发展理念，着力推动高质量发展，主动构建新发展格局，牢牢掌握了中国发展和安全的主动权，打赢了人类历史上规模最大的脱贫攻坚战，推动中国迈上全面建设社会主义现代化国家新征程。党的二十大确立了以中国式现代化全面推进强国建设、民

---

* 本章内容是在《中国乡村振兴与工会工作》（辛宝英等著，中国社会科学出版社 2024 年版，第 1—6 页）"第一章 中国乡村振兴的工会责任担当"中"第一节 乡村振兴，中华民族伟大复兴的题中应有之义"的内容基础上进行的更新与完善。

族复兴伟业的中心任务，明确概括了中国式现代化是人口规模巨大的现代化、是全体人民共同富裕的现代化、是物质文明和精神文明相协调的现代化、是人与自然相协调的现代化、是走和平发展道路的现代化。党的二十届三中全会明确，"城乡融合发展是中国式现代化的必然要求"。[①]新征程更好推进中国式现代化建设，需要始终把农业农村现代化放在更加突出的重要位置，走中国特色社会主义乡村振兴道路。

一 中国实施乡村振兴战略的时代背景

乡村兴则国家兴，乡村衰则国家衰。夫农者，国之本，本立然后可以议太平。回顾中华上下五千年历史，农村经济的发展、农村的稳定和农民生活的改善，始终是国家兴衰的重要标志。习近平总书记多次指出，"三农"问题是贯穿中国式现代化建设和实现中华民族伟大复兴进程中的根本问题。自2004年以来，历年中央一号文件主题均是关于农村农业农民的问题，"三农"问题成为"重中之重"。2005年10月，党的十六届五中全会上中央提出："生产发展、生活宽裕、乡风文明、村容整洁、管理民主"20字建设社会主义新农村的总体要求。[②] 改革开放四十多

[①]《中共中央关于进一步全面深化改革 推进中国式现代化的决定》，人民出版社2024年版，第22页。
[②] 魏后凯：《乡村振兴战略的历史形成及实施进程》，《中国乡村发现》2021年第3期。

第一章 中国特色社会主义乡村振兴道路

年的建设，中国农村地区的经济发展、生态环境、基础设施建设取得重大发展。尤其是"三农"问题成为"重中之重"的二十多年来，各地方政府在推动新农村建设、城乡统筹和美丽乡村建设等方面做了大量的有益探索和改革创新，但中国农村面积大、人口多，农村发展的差异性和多样性特征明显，特别是随着工业化、城镇化进程的快速推进，城乡发展不平衡、农村发展不充分问题日益突出。农村人口结构失衡、生态环境退化、传统文化衰落，农村基础设施和产业发展严重滞后于城市，民生领域欠账太多，城乡居民收入差距依然较大。2017年10月，党的十九大报告作出了"中国特色社会主义进入新时代，我国社会主要矛盾已经转化为人民日益增长的美好生活需要和不平衡不充分的发展之间的矛盾"[1]的科学论断。在中国社会主要矛盾发生变化的背景下，全面建设社会主义现代化国家，实现中华民族伟大复兴，最艰巨、最繁重的任务依然在农村，最广泛、最深厚的基础依然在农村。中国农业、农村、农民问题，依然是根本性的国计民生问题，是贯穿中国现代化过程的基本问题。实施乡村振兴战略正是基于中国特色社会主义进入新时代的科学论断，围绕当前社会主要矛盾变化的准确判断，结合中国乡村当前亟须解决的重大问题而做出的重大战略抉择。

---

[1] 习近平：《决胜全面建成小康社会 夺取新时代中国特色社会主义伟大胜利——在中国共产党第十九次全国代表大会上的报告》，人民出版社2017年版，第32页。

(一) 实现中华民族伟大复兴需要推进乡村全面振兴

乡村振兴是实现中华民族伟大复兴的一项重大任务。[①] 从中华民族伟大复兴战略的全局看，民族要复兴，乡村必振兴。乡村承载着中华文明永续发展之根，蕴藏着中华民族从哪里来到哪里去的基因。乡村既是中华文明发展的基础和前提，也是中国发展的原动力所在。乡村兴则中国兴，是中华文明演化和传承遵循的规律。中华民族伟大复兴是以乡村文明复兴为根的中华文明的复兴，其内涵是经济、政治、文化、社会与生态文明全面发展的复兴。党的十八大以来，以习近平同志为核心的党中央，从历史与文化传承的高度关注中国乡村命运和乡村地位问题，明确乡村在全面建设社会主义现代化国家新征程中的地位。2020年12月28日，习近平总书记在中央农村工作会议上指出："现在，我们的使命就是全面推进乡村振兴，这是'三农'工作重心的历史性转移。"[②] 习近平总书记强调："全面建设社会主义现代化国家，最艰巨最繁重的任务仍然在农村。"[③] 农业强不强、农村美不美、农民富不富，决定着社会主义现代化的质量，没有乡村现代化，就没有国

[①] 习近平：《习近平谈治国理政》第四卷，外文出版社2022年版，第139页。

[②] 习近平：《论"三农工作"》，中央文献出版社2022年版，第5页。

[③] 习近平：《高举中国特色社会主义伟大旗帜 为全面建设社会主义现代化国家而团结奋斗——在中国共产党第二十次全国代表大会上的报告》，人民出版社2022年版，第30、31页。

家现代化。共同富裕是社会主义的本质要求，是中国式现代化的重要特征，而要实现共同富裕，乡村振兴是必由之路。改革开放以来，中国实现了"国富"和"部分先富"，发展不平衡不充分问题还比较突出，城乡差距、区域差距、收入差距明显。党的十八大以来，以习近平同志为核心的党中央致力于实现"共富"，在推进共同富裕的实践途径中，脱贫攻坚解决了绝对贫困问题，乡村振兴正在逐步解决相对贫困问题。2023年12月，中央经济工作会议提出："要把推进新型城镇化和乡村全面振兴有机结合起来，促进各类要素双向流动，推动以县城为重要载体的新型城镇化建设，形成城乡融合发展新格局。"[1] 2024年7月，党的二十届三中全会提出："城乡融合发展是中国式现代化的必然要求。必须统筹新型工业化、新型城镇化和乡村全面振兴，全面提高城乡规划、建设、治理融合水平，促进城乡要素平等交换、双向流动，缩小城乡差距，促进城乡共同繁荣发展。"[2] 2024年中央一号文件指出，推进中国式现代化，必须坚持不懈夯实农业基础，推进乡村全面振兴。在中国发展进入新时代背景下，推进乡村全面振兴，既是解决新时代我国社会主要矛盾、实现城乡融合发展的重要举措，也是补齐全面建成小康社会短板、全面建设社会主义现代化强国、实现中华民族伟大复

---

[1] 《中央经济工作会议在北京举行》，《人民日报》2023年12月23日第1版。

[2] 《中共中央关于进一步全面深化改革　推进中国式现代化的决定》，人民出版社2024年版，第22页。

兴的战略选择。

（二）应对国际不确定不稳定风险挑战需要推进乡村全面振兴

顺应世界发展大势与潮流，方能推动本国经济蓬勃发展。习近平总书记指出："世界正处于大发展大变革大调整时期。"①"世界处于百年未有之大变局。"② 鉴于当前全球局势的动荡不安，不稳定性和不确定性显著升级，各类"黑天鹅"与"灰犀牛"事件层出不穷，风险与挑战如影随形的复杂背景，中国唯有坚定不移地强化内部管理，优化内部事务，方能构筑起更为坚实的防线，有效应对和化解各类风险与挑战。而"三农"问题作为当前中国发展进程中的显著短板与突出问题，如果不能很好解决，就会影响中国整体发展和中国对付当今世界不确定的各种风险和挑战。这就要求中国必须大力实施乡村振兴战略以解决"三农"问题。从当前国际格局的特殊背景审视，仍有少数发达国家逆流而动，违背世界发展的主流趋势，肆意干预他国内部事务，对全球和平与稳定的发展环境，尤其是对中国的发展进程，构成了明显的阻碍、风险与挑战。例如，贸易摩擦干扰了中国的粮食进口，对中国的粮食安全

---

① 习近平：《决胜全面建成小康社会　夺取新时代中国特色社会主义伟大胜利——在中国共产党第十九次全国代表大会上的报告》，人民出版社2017年版，第58页。
② 《坚持以新时代中国特色社会主义外交思想为指导　努力开创中国特色大国外交新局面》，《光明日报》2018年6月24日第1版。

第一章　中国特色社会主义乡村振兴道路

造成了不利影响,进一步阻碍了中国"三农"问题的顺利解决。实施乡村振兴战略,正是基于当今国际形势不断发生广泛而深刻的变化、世界正经历百年未有之大变局的世情背景下,以习近平同志为核心的党中央作出的重大战略部署。

从世界百年未有之大变局看,稳住农业基本盘、守好"三农"基础是应变局、开新局的"压舱石"。习近平总书记在 2020 年中央农村工作会议上提出了乡村是当代中国应变局、开新局的"压舱石"观点。从百年未有之大变局看,乡村的"压舱石"功能主要表现在三个方面。[①] 首先,乡村是化解当今世界诸多关系失衡危机的"压舱石"。当今世界是一个诸多关系对立与失衡的世界,人与自然的失衡、工业与农业的失衡、传统与现代的失衡、物质与精神的失衡、地区发展的失衡,而这些关系的对立与失衡皆与乡村与城市关系的失衡密切相关。随着城市的不断扩张和乡村的日趋消亡,全球城市化慢慢陷入高收入、低收益、负效应的困境。因此化解城市化发展所带来的人类文明危机,需要重塑城乡关系,需要乡村这块"压舱石"。其次,乡村是中国贡献给世界新文明模式的"压舱石"。历史证明,只有乡村和城市均衡发展的形态,才是可持续发展的文明形态。中国是世界上乡村文明发展历史最悠久、最成熟的国家,乡村是历史留给中华民族的最大遗产

---

① 张孝德：《大历史视野下乡村振兴的使命与前途》,载张孝德主编《乡村振兴专家深度解读》,东方出版社 2021 年版,第 22—25 页。

和财富。在城市与乡村失衡的世界文明体系中,乡村是中国贡献给失衡世界的新文明成长的新载体,是中国政治、经济和社会安全的保险阀,是化解风险与危机的"压舱石"。最后,乡村是解决当今中国粮食安全的"压舱石"。中国是一个人口大国,解决 14 多亿人的吃饭问题是一个重大的问题。习近平总书记多次告诫全党,中国有十几亿人口,如果哪天粮食出了问题,谁也救不了我们。[①] 党的十九大报告指出:"确保国家粮食安全,把中国人的饭碗牢牢端在自己手中。"[②] 世界百年未有之大变局,粮食安全成为对国家安全最重要的内容之一,而粮食问题亦是乡村发展问题。

二 中国实施乡村振兴战略的顶层设计

党的十九大将乡村振兴确立为国家战略以来,党中央、国务院发出庄严号召,亿万中国人民意气风发,奋勇向前,各地各部门全面贯彻落实习近平总书记重要论述,按照产业兴旺、生态宜居、乡风文明、治理有效、生活富裕总要求,统筹推进产业振兴、人才振兴、文化振兴、生态振兴和组织振兴,加快推进农业农村现代化,促进城乡融合发展,实现了乡村振兴良好开局。中国乡村正迈步走

---

① 陈锡文主编:《走中国特色社会主义乡村振兴道路》,中国社会科学出版社 2019 年版,第 4 页。

② 习近平:《决胜全面建成小康社会 夺取新时代中国特色社会主义伟大胜利——在中国共产党第十九次全国代表大会上的报告》,人民出版社 2017 年版,第 32 页。

第一章　中国特色社会主义乡村振兴道路

在乡村振兴、共同富裕的道路上。2021年脱贫攻坚取得胜利后，中央决定要全面推进乡村振兴，"三农"工作重心由脱贫攻坚转移到全面推进乡村振兴，这是"三农"工作重心的历史性转移。2021年2月国家乡村振兴局设立，标志着中国"三农"工作的重要任务已从脱贫攻坚转换到全面推进乡村振兴的新时代使命，这个具有里程碑意义的重大转换，要求各级党委农办、农业农村和乡村振兴部门要自觉把使命任务坚定不移地转移到巩固拓展脱贫攻坚成果接续推进乡村全面振兴上来，要把资源力量、政策举措、工作安排切实转移到全面推进乡村振兴上来。同年6月，中国第一部以"乡村振兴"命名的"三农"领域的基础性、综合性法律——《中华人民共和国乡村振兴促进法》生效施行，与《乡村振兴战略规划（2018—2022）》（中共中央、国务院2018年9月颁布）、《乡村全面振兴规划（2024—2027年）》（中共中央、国务院2025年1月颁布）、《中国共产党农村工作条例》（中共中央2019年9月印发，8月19日生效）、《关于实现巩固拓展脱贫攻坚成果同乡村振兴有效衔接的意见》（中共中央、国务院2021年3月发布）以及2018—2025年的八个中央一号文件，共同构成实施乡村振兴战略的"四梁八柱"。2018年2月，第二十个一号文件《中共中央　国务院关于实施乡村振兴战略的意见》正式公布，以此为据，各部门相继出台一系列相关配套政策，与上述法规、条例、规划、政策文件，共同构成了实施乡村振兴战略的顶层设计，奠定了乡村振兴开新局的制度基础。

2018年2月，《中共中央　国务院关于实施乡村振兴战略的意见》发布，这是 2018 年的中央一号文件，明确了乡村振兴战略的总体要求、目标任务、基本原则和具体措施，意味着正式向全党全国发出了乡村振兴战略的总动员，是乡村振兴战略的重要指导性文件。该文件提出，到 2020 年乡村振兴取得重要进展，制度框架和政策体系基本形成；到 2035 年乡村振兴取得决定性进展，农业农村现代化基本实现；到 2050 年乡村全面振兴，农业强、农村美、农民富全面实现。2019 年 4 月，《中共中央 国务院关于建立健全城乡融合发展体制机制和政策体系的意见》的颁布，为重塑新型城乡关系，走城乡融合发展之路，促进乡村振兴和农业农村现代化提供了行动指南。2019 年 6 月，国务院发布的《关于促进乡村产业振兴的指导意见》（国发〔2019〕12 号）和《关于加强和改进乡村治理的指导意见》，为乡村产业振兴与加强乡村治理提供了指导和遵循。2019 年 9 月，中共中央印发《中国共产党农村工作条例》，为加强党对农村工作的全面领导，贯彻党的基本理论、基本路线、基本方略，深入实施乡村振兴战略，提高新时代党全面领导农村工作的能力和水平提供了根本遵循。2020 年 12 月，《中共中央 国务院关于实现巩固拓展脱贫攻坚成果同乡村振兴有效衔接的意见》印发，为实现巩固拓展脱贫攻坚成果同乡村振兴有效衔接，提出了具体意见。2021 年 2 月，中共中央办公厅、国务院办公厅印发了《关于加快推进乡村人才振兴的意见》（中办发〔2021〕9 号），为促进各类人才投身乡村建设提供了行动指南。2022 年 5 月，中共中央办公厅、国务院办公厅印发《乡村建设行动实施方案》，为实施乡村建设提供了政策遵循。2022年,党的二十大对全面推进乡村振兴作出了具体而全面的部署,把全面推进乡村振兴作为加快构建新发展格局、着力推动高质量发展的五大重点任务之一,强调"全面建设社会主义现代化国家,最艰巨最繁重的任务仍然在农村",要"坚持农业农村优先发展","扎实推动乡村产业、人才、文化、生态、组织振兴"。[①] 2024年党的二十届三中全会明确指出,"城乡融合发展是中国式现代化的必然要求",将完善城乡融合发展体制机制,作为进一步全面深化改革的五个体制机制之一着重强调,对完善城乡融合发展体制机制作出了重要战略部署,既明确了城乡融合发展在推进中国式现代化建设中的重要地位,更指明了进一步全面深化农村改革的路径与方向。强调统筹新型工业化、新型城镇化和乡村全面振兴,全面提高城乡规划、建设、治理融合水平,促进城乡要素平等交换、双向流动,缩小城乡差别,促进城乡共同繁荣发展。2018—2025年的中央一号文件成为中国乡村振兴的灯塔型指引文件。

(一) 乡村振兴促进法为乡村振兴战略的实施提供了法律保障

为了保障乡村振兴战略的有效贯彻实施,并落实2018年中央一号文件提出的"强化乡村振兴法治保障"的要

---

① 习近平:《高举中国特色社会主义伟大旗帜 为全面建设社会主义现代化国家而团结奋斗——在中国共产党第二十次全国代表大会上的报告》,人民出版社2022年版,第30、31页。

求，促进农业全面升级、农村全面进步、农民全面发展，加快农业农村现代化，全面建设社会主义现代化国家，全国人大常委会启动了《中华人民共和国乡村振兴促进法》（以下简称《乡村振兴促进法》）的制定工作，并经2021年4月29日第十三届全国人民代表大会常务委员会第二十八次会议通过，自2021年6月1日起施行。这是中国第一部直接以"乡村振兴"命名的"三农"领域的一部固根本、稳预期、利长远的基础性、综合性法律，对于促进乡村产业、人才、文化、生态、组织"五大振兴"和推进城乡融合发展，具有重要的里程碑意义。该法将国家粮食安全战略纳入法治保障，为解决耕地和种子"两个要害"提供法律支撑，填补了中国乡村振兴领域的立法空白，为实施乡村振兴战略提供了法律基石、法治保障和法治利器，标志着乡村振兴战略迈入有法可依、依法实施的新阶段。

《乡村振兴促进法》内容丰富，总体按照"五个振兴"布局安排，共包括10章、74条（第一章"总则"11条；第二章"产业发展"12条；第三章"人才支撑"5条；第四章"文化繁荣"5条；第五章"生态保护"7条；第六章"组织建设"9条；第七章"城乡融合"8条；第八章"扶持措施"10条；第九章"监督检查"6条；第十章"附则"1条）内容。

《乡村振兴促进法》强调全面实施乡村振兴战略，应当坚持中国共产党的领导，贯彻创新、协调、绿色、开放、共享的新发展理念，走中国特色社会主义乡村振兴道路，促进共同富裕，遵循"坚持农业农村优先发展""坚持农民主体地位""坚持人与自然和谐共生""坚持改革创新""坚持因地制宜"的基本原则。

《乡村振兴促进法》强调应按照产业兴旺、生态宜居、乡风文明、治理有效、生活富裕的总要求，统筹推进农村经济建设、政治建设、文化建设、社会建设、生态文明建设和党的建设，对乡村产业发展、人才支撑、文化繁荣、生态保护、组织建设作出了具体规定，把农业强、农村美、农民富的目标要求用法律制度固定了下来，这是该法的主体内容。

《乡村振兴促进法》强调乡村振兴战略和新型城镇化战略应协同推进，整体筹划城镇和乡村发展，促进城乡融合发展。对各级人民政府如何优化乡村发展布局、推动城乡基础设施互联互通、推进城乡基本公共服务均等化、完善城乡统筹的社会保障制度、健全城乡均等的公共就业创业服务制度、促进城乡产业协同发展、依法保障农民工社会保障权益等方面作出了具体规定。

《乡村振兴促进法》对充分发挥乡村特有功能作出了明确规定。一是保障农产品供给和粮食安全，强调实行重要农产品保障战略，建立农用地分类管理制度，实行永久基本农田保护制度，建设并保护高标准农田，确保粮食产量保持在1.3万亿斤以上。二是保护生态环境，强调各级人民政府应当发挥农村资源和生态优势，按照国土空间规划和产业政策、环境保护的要求发展乡村产业。三是传承发展中华民族优秀传统文化，强调各级人民政府应当采取措施，加强对历史文化名镇名村、传统村落和乡村风貌、少数民族特色村寨等农业文化遗产和非物质文化遗产的保护，挖掘优秀农业文化深厚内涵，弘扬红色文化，传承和发展优秀传统文化。

（二）《乡村振兴战略规划（2018—2022 年）》为乡村振兴战略实施确定了 2018—2022 年的重点任务[①]

为贯彻落实党的十九大、2017 年中央经济工作会议、2017 年中央农村工作会议精神和 2018 年政府工作报告要求，描绘好战略蓝图，强化规划引领，科学有序推动乡村产业、人才、文化、生态和组织振兴，根据《中共中央、国务院关于实施乡村振兴战略的意见》，中共中央、国务院于 2018 年 9 月编制印发《乡村振兴战略规划（2018—2022 年）》。该规划以习近平总书记关于"三农"工作的重要论述为指导，按照产业兴旺、生态宜居、乡风文明、治理有效、生活富裕的总要求，对实施乡村振兴战略作出了阶段性谋划，明确了 2018—2022 年 5 年间乡村振兴的具体目标、重点任务和行动路径，为乡村振兴战略的实施提供了时间表和路线图。

《乡村振兴战略规划（2018—2022 年）》明确了乡村振兴的指导思想、基本原则、发展目标和远景谋划，并详细阐述了构建乡村振兴新格局、加快农业现代化步伐、发展壮大乡村产业、建设生态宜居的美丽乡村、繁荣发展乡村文化、健全现代乡村治理体系、保障和改善农村民生、完善城乡融合发展政策体系以及规划实施的具体措施。规划旨在通过统筹城乡发展、优化乡村布局、分类推进乡村

---

① 《乡村振兴战略规划（2018—2022 年）》，人民出版社 2018 年版。

第一章　中国特色社会主义乡村振兴道路

发展、打好精准脱贫攻坚战、加快农业现代化、发展乡村产业、建设美丽乡村、繁荣乡村文化、健全乡村治理体系、保障改善民生、完善城乡融合政策体系等多方面工作，实现农业强、农村美、农民富的目标，为全面建设社会主义现代化国家奠定坚实基础。

《乡村振兴战略规划（2018—2022年）》以篇、章结构明确2018—2022年推进乡村振兴的重点任务，共分为11篇37章。[①] 第一篇至第三篇为规划总论，包括规划背景（规划制定的重大意义、振兴基础和发展态势）、总体要求（规划的指导思想和基本原则、发展目标、远景谋划）和构建乡村振兴新格局。其中，第三篇构建乡村振兴新格局，分别阐述了统筹城乡发展空间（强化空间用途管制、完善城乡布局结构、推进城乡统一规划）、优化乡村发展布局（统筹利用生产空间、合理布局生活空间、严格保护生态空间）、分类推进乡村发展（集聚提升类村庄、城郊融合类村庄、特色保护类村庄、搬迁撤并类村庄）、坚决打好精准脱贫攻坚战（深入实施精准扶贫精准脱贫、重点攻克深度贫困、巩固脱贫攻坚成果）的主要内容。第四篇至第八篇是规划的主题内容，主要围绕加快农业现代化、发展壮大农村产业、建设生态宜居的美丽乡村、繁荣发展乡村文化、健全现代乡村治理体系进行阐述和安排。其中，第四篇加快农业现代化，主要包括夯实农业生产能力基础（健全粮食安全保障机制、加强耕地保护和建设、提

---

① 黄承伟：《问策中国乡村全面振兴》，广西人民出版社2024年版，第56页。

升农业装备和信息化水平)、加快农业转型升级(优化农业生产力布局、推进农业结构调整、壮大特色优势产业、保障农产品质量安全、培育提升农业品牌、构建农业对外开放新格局)、建立现代农业经营体系(巩固和完善农村基本经营制度、壮大新型农业经营主体、发展新型农村集体经济、促进小农户生产和现代农业发展有机衔接)、强化农业科技支撑(提升农业科技创新水平、打造农业科技创新平台基地、加快农业科技成果转化应用)、完善农业支持保护制度(加大支农投入力度、深化重要农产品收储制度改革、提高农业风险保障能力)等内容。第五篇发展壮大乡村产业,主要包括推动农村产业深度融合(发掘新功能新价值、培育新产业新业态、打造新载体新模式)、完善紧密型利益联结机制(提高农民参与程度、创新收益分享模式、强化政策扶持引导)、激发农村创新创业活力(培育壮大创新创业群体、完善创新创业服务体系、建立创新创业激励机制)等内容。第六篇建设生态宜居的美丽乡村,主要包括推进农业绿色发展(强化资源保护与节约利用、推进农业清洁生产、集中治理农业环境突出问题)、持续改善农村人居环境(加快补齐突出短板、着力提升村容村貌、建立健全整治长效机制)、加强乡村生态保护与修复(实施重要生态系统保护和修复重大工程、健全重要生态系统保护制度、健全生态保护补偿机制、发挥自然资源多重效益)等内容。第七篇繁荣发展乡村文化,主要包括加强农村思想道德建设(践行社会主义核心价值观、巩固农村思想文化阵地、倡导诚信道德规范)、弘扬中华优秀传统文化(保护利用乡村传统文化、重塑乡村文化生态、发展乡村特色文化产业）、丰富乡村文化生活（健全公共文化服务体系、增加公共文化产品和服务供给、广泛开展群众文化活动）等内容。第八篇健全现代乡村治理体系，主要包括加强农村基层党组织对乡村振兴的全面领导（健全以党组织为核心的组织体系、加强农村基层党组织带头人队伍建设、加强农村党员队伍建设、强化农村基层党组织建设责任与保障）、促进自治法治德治有机结合（深化村民自治实践、推进乡村法治建设、提升乡村德治水平、建设平安乡村）、夯实基层政权（加强基层政权建设、创新基层管理体制机制、健全农村基层服务体系）等内容。第九篇至第十一篇主要为保障方面的内容，分别从保障和改善农村民生、完善城乡融合发展政策体系、规划实施作出了具体内容安排。

（三）《乡村全面振兴规划（2024—2027年）》为推进乡村全面振兴确定了2024—2027年的重点任务[①]

为有力有效推进乡村全面振兴，中共中央、国务院于2025年1月印发了《乡村全面振兴规划（2024—2027年）》，并发出通知，要求各地区各部门结合实际认真贯彻落实。该规划以习近平新时代中国特色社会主义思想为指导，深入贯彻党的二十大和二十届二中、三中全会精神，认真贯彻落实习近平总书记关于"三农"工作的重要论述，对实施乡村振兴战略作出新一轮的阶段性部署，为

---

① 《乡村全面振兴规划（2024—2027年）》，中国政府网，https://www.gov.cn/zhengce/202501/content_7000493.htm。

有力有效推进乡村全面振兴绘就了美好蓝图、制定了行动路线，搭建起乡村全面振兴的四梁八柱，为推动农业高质高效、乡村宜居宜业、农民富裕富足筑牢坚实根基。

《乡村全面振兴规划（2024—2027年）》架构严谨，共含11章35节，对乡村振兴战略进行了系统性、精细化的战略擘画。其具体内容可归纳为三个要点：一是阐明规划制定的缘由；二是明确"到2027年，乡村全面振兴取得实质性进展，农业农村现代化迈上新台阶；到2035年，乡村全面振兴取得决定性进展，农业现代化基本实现，农村基本具备现代生活条件"两个具体目标；三是从产业升级、人才培育、文化繁荣、生态保护、组织建设等九个关键领域，全方位、深层次地部署重点任务。在部署"优化城乡发展格局，分类有序推进乡村全面振兴"重点内容时，强调要统筹优化城乡发展布局、推进城乡融合发展、分类推进乡村全面振兴、衔接推进脱贫地区全面振兴；在部署"加快现代农业建设，全方位夯实粮食安全根基"重点内容时，强调要提高粮食和重要农产品供给保障水平、加强农业基础设施建设、强化农业科技和装备支撑、加大粮食生产支持力度；在部署"推动乡村产业高质量发展，促进农民收入增长"重点内容时，强调要构建现代乡村产业体系、深化农村一二三产业融合发展、强化农民增收举措、全面促进农村消费；在部署"大力培养乡村人才，吸引各类人才投身乡村全面振兴"重点工作时，强调要壮大乡村人才队伍、完善乡村人才培养体系、健全乡村人才保障机制；在部署"繁荣乡村文化，培育新时代文明乡风"重点工作时，强调要提升乡村精神风貌、重塑乡村文化生态、增强乡村文化影响力；在部署"深入推进乡村生态文明建设，加快发展方式绿色转型"重点工作时，强调要加快农业绿色低碳发展、改善乡村生态环境、完善生态产品价值实现机制；在部署"建设宜居宜业和美乡村，增进农民福祉"重点工作时，强调要推进基础设施提档升级、持续改善人居环境、稳步提升基本公共服务水平、完善农村社区服务设施、加快数字乡村建设、优化乡村规划建设；在部署"深化农业农村改革，激发农村发展活力"重点工作时，强调要巩固和完善农村基本经营制度、深化农村土地制度改革、健全多元化乡村振兴投入保障机制、扎实推进农村改革各项重点任务；在部署"加强农村基层组织建设，推进乡村治理现代化"重点工作时，强调要深入推进抓党建促乡村全面振兴、推进以党建引领乡村治理、维护乡村和谐稳定。

《乡村全面振兴规划（2024—2027年）》提出，推进乡村全面振兴要坚持和加强党中央集中统一领导，坚持中央统筹、省负总责、市县乡抓落实的乡村振兴工作机制，全面落实乡村振兴责任制。要加强统计监测，适时开展规划实施评估。建立乡村全面振兴工作联系点。加快涉农法律法规制定修订，完善乡村振兴法律规范体系。加强宣传和舆论引导，充分发挥工会、共青团、妇联等作用，激发全社会参与乡村全面振兴的积极性，营造良好社会氛围。各地各有关部门要结合实际推动目标任务落地见效，工作中要坚决防止形式主义、官僚主义、形象工程。重大事项及时按程序向党中央、国务院请示报告。

（四）2018—2025 年的中央一号文件构成了乡村振兴战略实施的灯塔型指引文件

中央一号文件，顾名思义就是中共中央每年发布的第一份文件，通常在年初发布。1949 年 10 月 1 日，中华人民共和国中央人民政府开始发布《第一号文件》。1982 年至今，中共中央、国务院已经发布了以"三农"工作为主题的 27 个中央一号文件。主要包括 1982—1986 年的 5 个中央一号文件、2004—2025 年的 22 个中央一号文件。中央一号文件连续二十年关注农业农村工作，其中 2018 年、2021—2025 年中央一号文件标题锁定乡村振兴，成为中国乡村振兴的灯塔型指引文件。为了充分凸显"三农"问题在中国社会主义现代化时期的"重中之重"地位，本书对以"三农"工作为主题的历年中央一号文件进行了简单梳理。[1]

1982 年 1 月，中共中央批转 1981 年 12 月的《全国农村工作会议纪要》，这也是我们通常所说的改革开放后第一个关于"三农"问题的中央一号文件。该文件对十一届三中全会后迅速推开的农村改革进行了总结，其主题和核心内容是第一次以中央的名义正式承认了包产到户的合法性，从制度上肯定了多种形式的责任制，特别是包产到户、包干到户或大包干。

---

[1] 根据 1982—1986 年和 2004—2025 年中央一号文件整理。其中，2018—2025 年中央一号文件针对实施乡村振兴战略，明确规划了详尽的时间表、清晰的路线图以及具体的任务书，为这一重大战略的阶段性工作举措提供了有力的指导和保障。

第一章　中国特色社会主义乡村振兴道路

1983年1月，中共中央第二个一号文件《当前农村经济政策的若干问题》正式颁布。文件在完善生产责任制的同时，提出了放活农村工商业，促进商品流通。文件指出农业家庭联产承包责任制"是在党的领导下中国农民的伟大创造，是马克思主义农业合作化理论在我国实践中的新发展"。

1984年1月，中共中央第三个一号文件《关于一九八四年农村工作的通知》正式颁布。文件强调要继续稳定和完善联产承包责任制（决定土地承包期从原来的3年延长到15年）基础之上，提高生产力水平，梳理流通渠道，发展商品生产。

1985年1月，中共中央第四个一号文件《关于进一步活跃农村经济的十项政策》印发。文件提出要改革农村经济管理体制，政策核心是取消了30年来农副产品的统购统销制度，对粮、棉等少数重要产品采取国家计划合同收购的新政策，调整产业结构。

1986年1月，中共中央第五个一号文件《关于一九八六年农村工作的部署》下发。该文件肯定了农村改革的方针政策是正确的，必须继续贯彻执行。政策的核心是继续调整统派购制度，保证农民生产的积极性；继续调整农业生产结构，保证农产品的流通顺畅等。

2004年1月，21世纪以来第一个、改革开放以来第六个中央一号文件《中共中央　国务院关于促进农民增加收入若干政策的意见》发布。该文件旨在重点解决20世纪90年代以来中国农业农村工作积弊，针对全国农民人均纯收入连续增长缓慢的情况，进行部署安排。

2005年1月，中共中央第七个一号文件《中共中央国务院关于进一步加强农村工作提高农业综合生产能力若干政策的意见》发布。文件要求，坚持"多予少取放活"的方针，稳定、完善和强化各项支农政策。强调要把加强农业基础设施建设，加快农业科技进步，提高农业综合生产能力，作为一项重大而紧迫的战略任务，切实抓紧抓好。

2006年2月，中共中央第八个一号文件《中共中央国务院关于推进社会主义新农村建设的若干意见》发布。文件对中共十六届五中全会提出的社会主义新农村建设的重大历史任务进行了战略部署，着重提出了社会主义新农村建设的二十字方针："生产发展、生活宽裕、乡风文明、村容整洁、管理民主。"

2007年1月，中共中央第九个一号文件《中共中央国务院关于积极发展现代农业扎实推进社会主义新农村建设的若干意见》发布。文件提出，发展现代农业是社会主义新农村建设的首要任务，要用现代物质条件装备农业，用现代科学技术改造农业，用现代产业体系提升农业，用现代经营形式推进农业，用现代发展理念引领农业，用培养新型农民发展农业，提高农业水利化、机械化和信息化水平，提高土地产出率、资源利用率和农业劳动生产率，提高农业素质、效益和竞争力。

2008年1月，中共中央第十个一号文件《中共中央国务院关于切实加强农业基础建设进一步促进农业发展农民增收的若干意见》发布。文件明确提出，要加强农业基础地位，走中国特色农业现代化道路，建立以工促农、以城带乡长效机制，形成城乡经济一体化新格局。

第一章　中国特色社会主义乡村振兴道路

2009年2月，中共中央第十一个一号文件《中共中央　国务院关于2009年促进农业稳定发展农民持续增收的若干意见》发布。文件围绕稳粮、增收、强基础、重民生等主题，强调要加大投入力度，优化产业结构，推进改革创新，千方百计保证国家粮食安全和主要农产品有效供给，千方百计促进农民收入持续增长。

2010年1月，中共中央第十二个一号文件《中共中央　国务院关于加大统筹城乡发展力度进一步夯实农业农村发展基础的若干意见》发布。文件强调破解农村经济发展中面临的问题，夯实农业农村发展基础，必须具备城乡统筹发展的视野，把城乡统筹发展作为全面建设小康社会的根本要求。完善了农业支持保护政策，强调要健全强农惠农政策，推动资源要素向农村配置。

2011年1月，中共中央第十三个一号文件《中共中央　国务院关于加快水利改革发展的决定》发布。该文件以水利改革发展为主题，首次对水利工作进行全面部署。重点内容是加快水利发展，增强水利支撑保障能力，实现水利资源可持续利用。

2012年2月，中共中央第十四个一号文件《中共中央　国务院关于加快推进农业科技创新持续增强农产品供给保障能力的若干意见》发布。文件突出强调部署农业科技创新，把推进农业科技创新作为"三农"工作的重点，对于推动农业科技跨越式发展，促进农业增产、农民增收、农村繁荣具有重要意义。

2013年1月，中共中央第十五个一号文件《中共中央　国务院关于加快发展现代农业，进一步增强农村发展活力的若干意见》发布。这是党的十八大以来第一个以"三农"为主题的中央一号文件，文件没有延续 21 世纪以来中央一号文件惯常的攻克某一方面具体问题的思路，重点对现代农业发展进行了战略部署。

2014 年 1 月，中共中央第十六个一号文件《关于全面深化农村改革加快推进农业现代化的若干意见》发布。文件围绕加快推进农业现代化部署全面深化农村改革的各项事宜，制定和出台了一系列针对性强、影响深远的政策措施。具体包括：完善国家粮食安全保障体系，强化农业支持保护制度，建立农业可持续发展长效机制，深化农村土地制度改革，构建新型农业经营体系，加快农村金融制度创新，健全城乡发展一体化体制机制，改善乡村治理机制。

2015 年 2 月，中共中央第十七个一号文件《中共中央 国务院关于加大改革创新力度加快农业现代化建设的若干意见》发布。文件围绕改革创新安排部署农业农村现代化建设的相关事宜，首次提出了农村一二三产业融合发展的理念，强调要加快转变农业发展方式、加大惠农政策力度、深入推进新农村建设、全面深化农村改革、加强农村法治建设。

2016 年 1 月，中共中央第十八个一号文件《中共中央 国务院关于落实发展新理念加快农业现代化实现全面小康目标的若干意见》发布。文件聚焦加快农业现代化建设和实现全面建设小康目标两个主题，要求以"创新、协调、绿色、开放、共享"五大发展理念，破解"三农"新难题，强调要持续夯实现代农业基础，提高农业质量效益和竞争力；加强资源保护和生态修复，推动农业绿色发展；推进农村产业融合，促进农民收入持续较快增长；推动城乡协调发展，提高新农村建设水平；深入推进农村改革，增强农村发展内生动力；加强和改善党对"三农"工作指导。

2017年2月，中共中央第十九个一号文件《中共中央 国务院关于深入推进农业供给侧结构性改革加快培育农业农村发展新动能的若干意见》发布。文件以增加农民收入和保障农产品的有效供给为主要目标，以深入推进农业供给侧结构性改革和加快培育农业农村发展新动能为主线，提出了一系列崭新的思路和方法来实现农业新动能的顺畅转变。主要有：优化产品产业结构，着力推进农业提质增效；推行绿色生产方式，增强农业可持续发展能力；壮大新产业新业态，拓展农业产业链价值链；强化科技创新驱动，引领现代农业加快发展；补齐农业农村短板，夯实农村共享发展基础；加大农村改革力度，激活农业农村内生发展动力。

2018年2月，中共中央第二十个一号文件《中共中央 国务院关于实施乡村振兴战略的意见》发布。实施乡村振兴战略是党的十九大作出的重大决策部署，此次中央一号文件对如何实施乡村振兴战略做了全面部署，提出了"八个坚持"，首次系统地提出了"中国特色的乡村发展道路"，要求坚持乡村全面振兴，挖掘乡村多种功能和价值，统筹推进农村经济建设、政治建设、文化建设、社会建设、生态文明建设，强化乡村振兴投入保障，坚持和完善党对"三农"工作的领导。

2019年2月，中共中央第二十一个一号文件《中共中

央 国务院关于坚持农业农村优先发展做好"三农"工作的若干意见》发布。文件要求必须坚持把解决好"三农"问题作为全党工作重中之重不动摇。强调紧紧围绕统筹推进"五位一体"总体布局和协调推进"四个全面"战略布局，牢牢把握稳中求进工作总基调，落实高质量发展要求，坚持农业农村优先发展总方针，以实施乡村振兴战略为总抓手，对标全面建成小康社会"三农"工作必须完成的硬任务，适应国内外复杂形势变化对农村改革发展提出的新要求，抓重点、补短板、强基础，围绕"巩固、增强、提升、畅通"深化农业供给侧结构性改革，坚决打赢脱贫攻坚战，充分发挥农村基层党组织战斗堡垒作用，全面推进乡村振兴，确保顺利完成到2020年承诺的农村改革发展目标任务。

2020年2月，中共中央第二十二个一号文件《中共中央 国务院关于抓好"三农"领域重点工作确保如期实现全面小康的意见》发布。文件明确2020年两大重点任务是集中力量完成打赢脱贫攻坚战和补上全面小康"三农"领域突出短板，并提出一系列含金量高、操作性强的政策举措。主要包括：坚决打赢脱贫攻坚战，对标全面建成小康社会加快补上农村基础设施和公共服务短板，保障重要农产品有效供给和促进农民持续增收，加强农村基层治理，强化农村补短板保障措施。

2021年2月，中共中央第二十三个一号文件《中共中央 国务院关于全面推进乡村振兴加快农业农村现代化的意见》发布。在党的十九届五中全会审议通过的《中共中央关于制定国民经济和社会发展第十四个五年规划和二〇

第一章 中国特色社会主义乡村振兴道路

三五年远景目标的建议》背景下，该文件对新发展阶段优先发展农业农村、全面推进乡村振兴作出总体部署。文件包括总体要求、实现巩固拓展脱贫攻坚成果同乡村振兴有效衔接、加快推进农业现代化、大力实施乡村建设行动、加强党对"三农"工作的全面领导五个部分。文件指出，民族要复兴，乡村必振兴，要把全面推进乡村振兴作为实现中华民族伟大复兴的一项重大任务，举全党全社会之力加快农业农村现代化。文件强调，要坚持农业现代化与农村现代化一体设计、一并推进，这意味着不能把两者割裂开来，更不能说只重视农业现代化，不重视农村现代化。同时强调要把乡村建设摆在社会主义现代化建设的重要位置。文件还有一个创新，即提出要促进农业高质高效、乡村宜居宜业、农民富裕富足，也即"两高两宜两富"理论，是"农业要强、农村要美、农民要富"的阶段性目标表达。

2022年2月，中共中央第二十四个一号文件《中共中央 国务院关于做好2022年全面推进乡村振兴重点工作的意见》发布。文件提出全力抓好粮食生产和重要农产品供给、强化现代农业基础支撑、牢牢守住保障国家粮食安全和不发生规模性返贫两条底线，突出年度性任务、针对性举措、实效性导向，充分发挥农村基层党组织领导作用，扎实有序做好乡村发展、乡村建设、乡村治理重点工作，推动乡村振兴取得新进展、农业农村现代化迈出新步伐。

2023年2月，中共中央第二十五个一号文件《中共中央 国务院关于做好2023年全面推进乡村振兴重点工作的意见》发布。文件共九个部分，包括抓紧抓好粮食和重要农产品稳产保供、加强农业基础设施建设、强化农业科技和装备支撑、巩固拓展脱贫攻坚成果、推动乡村产业高质量发展、拓宽农民增收致富渠道、扎实推进宜居宜业和美乡村建设、健全党组织领导的乡村治理体系、强化政策保障和体制机制创新。文件指出，全面建设社会主义现代化国家，最艰巨最繁重的任务仍然在农村。世界百年未有之大变局加速演进，中国发展进入战略机遇和风险挑战并存、不确定难预料因素增多的时期，守好"三农"基本盘至关重要、不容有失。文件强调，强国必先强农，农强方能国强。必须坚持不懈把解决好"三农"问题作为全党工作重中之重，举全党全社会之力全面推进乡村振兴，加快农业农村现代化。

2024年2月，中共中央第二十六个一号文件《中共中央 国务院关于学习运用"千村示范、万村整治"工程经验有力有效推进乡村全面振兴的意见》发布。文件指出，推进中国式现代化，必须坚持不懈夯实农业基础，推进乡村全面振兴。要学习运用"千万工程"蕴含的发展理念、工作方法和推进机制，把推进乡村全面振兴作为新时代新征程"三农"工作的总抓手。文件强调，要坚持和加强党对"三农"工作的全面领导，锚定建设农业强国目标，以学习运用"千万工程"经验为引领，以确保国家粮食安全、确保不发生规模性返贫为底线，以提升乡村产业发展水平、提升乡村建设水平、提升乡村治理水平为重点，强化科技和改革双轮驱动，强化农民增收举措，打好乡村全面振兴漂亮仗，绘就宜居宜业和美乡村新画卷，以加快农业农村现代化更好推进中国式现代化建设。

2025年2月，中共中央第二十七个一号文件《中共中

央国务院 关于进一步深化农村改革 扎实推进乡村全面振兴的意见》发布。文件以习近平新时代中国特色社会主义思想为指导，锚定推进乡村全面振兴、建设农业强国目标，以改革开放和科技创新为动力，重点抓好"三个确保"（粮食安全、防止规模性返贫、乡村发展质量提升），着力实现"三增"（农业增效、农村增活、农民增收）。强调坚持农业农村优先发展，深化城乡融合，推动"千万工程"经验落地见效，为推进中国式现代化提供基础支撑。文件以深化农村改革为主线，围绕增强粮食安全、巩固脱贫攻坚成果、壮大县域富民产业、推进乡村建设、健全乡村治理体系以及健全要素保障和优化配置体制机制等提出系统性部署。

三　中国推进乡村全面振兴的路径选择

2021年脱贫攻坚取得胜利后，中央决定"三农"工作重心由脱贫攻坚转变为全面推进乡村振兴，这是"三农"工作重心的历史性转移。习近平总书记在2023年中央农村工作会议上强调："推进中国式现代化，必须坚持不懈夯实农业基础，推进乡村全面振兴。""锚定建设农业强国目标，把推进乡村全面振兴作为新时代新征程'三农'工作的总抓手。""各级党委和政府要坚定不移贯彻落实党中央关于'三农'工作的决策部署，坚持农业农村优先发展，坚持城乡融合发展，把责任扛在肩上、抓在手上，结合实际创造性开展工作，有力有效推进乡村全面振兴，以加快农业农村现代化更好推进中国式现代化建设。"① 在新时代的发展脉络中，乡村振兴战略被赋予了更为深远的战略意义。从2019年的"坚持把实施乡村振兴战略作为新时代'三农'工作总抓手"，到2023年"把推进乡村全面振兴作为新时代新征程'三农'工作的总抓手"，这一变化不仅丰富了乡村振兴在强国建设和民族复兴伟业中的战略内涵，还更加凸显了实施乡村振兴战略的时代特征。特别是在"新时代"后增加了"新征程"的表述，更加明确了乡村振兴战略在新时代背景下的新任务和新使命。同时，从"全面推进乡村振兴"到"推进乡村全面振兴"的表述变化，也进一步强调了乡村振兴是"五位一体"总体布局和"四个全面"战略布局在"三农"工作中的具体体现。这意味着乡村振兴不仅局限于农村经济建设，而是需要统筹推进农村经济、政治、文化、社会和生态文明建设以及党的建设。这种理念更加立足大局、注重系统谋划和整体联动，突出了加快实现农业全面升级、农村全面进步、农民全面发展的全面性特征。

　　新时代新征程上如何推进乡村全面振兴，我们需要明确"乡村振兴"与"乡村全面振兴"在内涵和目标上的区别与联系。乡村振兴主要关注的是乡村经济的增长和社会发展的提升，旨在通过一系列政策和措施，激发乡村发展的内生动力，推动农村经济社会的全面发展。而乡村全面振兴则是在此基础上，更加强调乡村发展的整体性、系统性和可持续

---

① 《中央农村工作会议在京召开　习近平对"三农"工作作出重要指示》，《人民日报》2023年12月21日第1版。

性，要求在经济、文化、生态、治理等多个方面实现全面进步和提升。这种转变体现了我们对于乡村发展认识的不断深化和拓展，也反映了国家对于乡村地区发展的更高期待，意味着乡村振兴战略在新时代新征程中扮演着越来越重要的角色，其战略内涵和实践要求也在不断深化和拓展。"推进乡村全面振兴"，这就不光是产业的振兴，还包括人才、文化、生态、组织"五大振兴"等方方面面。[①]

（一）乡村独特的功能与乡村全面振兴路径

推进乡村全面振兴，首先要明确乡村的功能定位，更好地发挥乡村应有的功能。城市与农村具有不同的功能，双方的功能不可互为取代。从国家和民族发展的角度看，城市与乡村是相互依存的共同体，充分发挥好城市与乡村各自的功能，整个国家和民族才能持续健康地发展。正因如此，理解乡村振兴，首先就要明确乡村的功能定位。发挥乡村的功能可能才是乡村振兴最该振兴的地方。[②] 城市的功能主要在于聚集、融合，而乡村的功能则主要在于守护和传承。城市通过融合各方聚集的要素，形成创新活力，不断推出新的技术、新的产品、新的理念，从而创造新的生产方式和生活方式，以此来引领一个地区乃至一个国家经济社会发展的增长极。乡村是维系民族和国家的基因纽带，

[①] 魏后凯：《如何理解从"乡村振兴"到"乡村全面振兴"？》，《新型城镇化》2024年第5期。

[②] 辛宝英：《乡村观察》，中国社会科学出版社2023年版，第193页。

乡村的创新，必须建立守护和传承这个国家乃至这个民族生存和发展的根脉之上。① 具体来看，乡村特有的功能主要表现在三个方面：一是保证国家粮食安全和重要农产品供给的功能。这个功能是城镇所不具备的。城镇越发展，在城镇集聚的人口越多，乡村的这一功能就越显重要。二是提供生态屏障和生态产品的功能。城镇在国土总面积中所占比例很低，因此，能够起到维护整个国家生态安全功能的主体必然是乡村。三是传承国家、民族、地方优秀传统文化的功能。城镇的文化具有包容性，是多元化、多样性所融合而成的文化；乡村的文化则更多地体现植根于本土、传承于历史的民族性、地域性特征。显然，乡村的这些功能都是城镇所不具备的，但发挥好乡村的这些特有功能，对于国家抵御国际风云变幻和实现中华民族伟大复兴却都是必不可少的。② 党中央提出的"产业兴旺、生态宜居、乡风文明、治理有效、生活富裕"的乡村振兴总要求，实际上就包含了乡村应发挥好的"粮食生产、生态屏障、文化传承"三大独特功能。而要想发挥好乡村特有的功能，就必须围绕乡村全面振兴这一长远目标，持续、深入地推进农村改革，推进产业振兴、人才振兴、文化振兴、生态振兴和组织振兴。这"五个振兴"是当前促进乡村全面振兴的核心内涵，也是实施乡村振兴战略的五个关键支撑点。

---

① 陈锡文：《乡村振兴应重在功能》，载张孝德主编《乡村振兴专家深度解读》，东方出版社2021年版，第3页。

② 陈锡文：《乡村振兴应重在功能》，载张孝德主编《乡村振兴专家深度解读》，东方出版社2021年版，第4页。

第一章　中国特色社会主义乡村振兴道路

推进产业振兴。产业振兴是乡村振兴的物质基础,是解决农村一切问题的前提。产业兴,则经济兴、农村兴。目前,促进产业振兴的政策体系已经初步形成,主要包括:《中华人民共和国乡村振兴促进法》《乡村振兴战略规划(2018—2022年)》《乡村全面振兴规划(2024—2027年)》《全国乡村产业发展规划(2020—2025年)》《关于脱贫地区特色产业可持续发展的指导意见》《中央财政衔接推进乡村振兴补助资金管理办法》《中共中央　国务院关于全面推进乡村振兴加快农业农村现代化的意见》《中共中央　国务院关于学习运用"千村示范、万村整治"工程经验有力有效推进乡村全面振兴的意见》等政策文件。产业振兴的标志,就是要形成绿色安全、优质高效的现代农村产业体系,实现产业兴旺,为农民持续增收提供坚实的产业支撑。[①] 为此,各地要坚持产业兴农、质量兴农、绿色兴农,培育现代乡村产业,做好"土特产"文章,发展乡村种养业、加工流通业、休闲旅游业、乡村服务业。要深化农村一二三产业融合发展,强化农民增收举措,全面促进农村消费。

推进人才振兴。人才振兴是乡村全面振兴的关键因素。实现乡村全面振兴,人是最关键、最活跃、起决定性作用的因素。如果没有人才支撑,乡村振兴只能是一句空话。

[①] 中国社科院中国农村发展报告课题组:《走中国特色的乡村全面振兴之路》,载魏后凯、闫坤主编《中国乡村发展报告——新时代乡村全面振兴之路》,中国社会科学出版社2018年版,第62页。

乡村人才振兴的关键，就是让更多人才愿意来、留得住、干得好、能出彩，人才的数量、结构和质量能够满足乡村振兴的需要。目前关于人才振兴的政策主要包括：中共中央、国务院 2015 年印发的《乡村全面振兴规划（2024—2027 年）》、国务院办公厅 2021 年年初印发的《关于加快推进乡村人才振兴的意见》，以及各地各部门制定的《"十四五"农业农村人才队伍建设发展规划》等政策文件。根据党中央国务院决策部署，推进人才振兴各地各部门应该大力培养乡村人才，吸引各类人才投身乡村全面振兴。为此，要强化"人才为先"在乡村振兴全局中的战略定位，创造有利于各类人才成长、发挥作用的良好环境，要有一个好的制度安排，把现有的农村各类人才稳定好、利用好，充分发挥现有人才的作用。[1] 要加强农村人才的培养，切实做好农村干部、农民企业家、新型主体和农民的培训，提高农民素质和科学文化水平，建立一支符合乡村振兴需要的干部和专业人才队伍。[2] 要积极创造条件，打通人才发展梗阻，挖掘本土人才，吸引返乡人才和下乡人才，大力支持"城归"群体和外出农民工返乡创业就业。[3]

推进文化振兴。文化振兴是乡村全面振兴的精神根基。

---

[1] 辛宝英、安娜、庞嘉萍编著：《人才振兴——构建满足乡村振兴需要的人才体系》，中原农民出版社、红旗出版社 2019 年版，第 12 页。

[2] 辛宝英：《乡村观察》，中国社会科学出版社 2023 年版，第 223 页。

[3] 辛宝英：《打通人才梗阻，激活乡村发展动能》，《济南日报》2022 年 7 月 26 日第 2 版。

第一章　中国特色社会主义乡村振兴道路

乡村文化是农民生活的意义与价值之源，它不仅是中华优秀传统文化的根脉，还是民族精神的源泉。[①] 如果说"产业振兴""人才振兴""生态振兴""组织振兴"是塑形工程，那么"文化振兴"则是"以文化人、以文育人"的塑魂工程。习近平总书记指出："乡村振兴，既要塑形，也要塑魂。"[②] 没有乡村文化的高度自信，没有乡村文化的繁荣发展，就难以实现乡村振兴的伟大使命。因此，推进乡村全面振兴的过程中，我们不仅需要强大的物质力量，也需要强大的精神力量。乡村文化振兴的标志，核心是实现乡风文明，农村精神文明和文化建设能够满足人民群众日益增长的精神需求。[③] 习近平总书记提出"人类命运共同体"概念，并将"乡村文化振兴"作为"乡村振兴"的核心内容予以强调，这有助于将乡村文化的内涵与外延置于更大的时空进行深度理解。[④] 为此，我们在探索乡村文化振兴的路径过程中，要充分强调农耕文明、乡村文明、乡土文化、优秀乡村文化的重要性和价值意义。要立足于当下中国实

[①] 辛宝英等：《中国乡村振兴与工会工作》，中国社会科学出版社2024年版，第96页。

[②] 中共中央党史和文献研究院编：《习近平关于"三农"工作论述摘编》，中央文献出版社2009年版，第123页。

[③] 中国社科院中国农村发展报告课题组：《走中国特色的乡村全面振兴之路》，载魏后凯、闫坤主编《中国乡村发展报告——新时代乡村全面振兴之路》，中国社会科学出版社2018年版，第63页。

[④] 赵秀玲：《乡村文化振兴的历史演进与创新路径》，《东北师大学报》（哲学社会科学版）2024年第4期。

际创新性发展和创造性转化优秀传统文化，探索乡村文化知识、习俗、道德、精神方面的振兴路径。

推进生态振兴。生态振兴是乡村全面振兴的重要支撑。生态振兴是指在经济社会发展过程中，秉持绿色发展理念，充分考虑生态环境保护与修复，通过科学合理的规划和措施，实现乡村生态环境的全面优化与可持续发展，从而促进人与自然的和谐共生。生态振兴不仅是应对环境问题的必然选择，更是推动可持续发展的重要路径。它不只是简单的环境治理，更是涵盖生态系统修复、生态资源合理利用以及生态文化培育等多维度的系统性工程，旨在构建人与自然和谐共生的乡村发展新格局。因此，各地各部门在推进生态振兴的过程中，应强化生态环境治理与保护，采取系统性措施。首先，要加大对乡村污染的治理力度，建立完善的垃圾、污水收集处理体系，严格管控农业面源污染，降低农药、化肥的使用量，推广绿色农业生产方式。同时，加强对乡村自然生态系统的保护，划定生态保护红线，严禁破坏森林、湿地、河流等生态空间，并通过植树造林、湿地修复等工程提升生态系统的稳定性和服务功能。其次，发展生态友好型产业，大力推广生态农业、有机种植和养殖模式，打造绿色农产品品牌，提升农产品附加值；充分挖掘乡村生态资源，发展生态旅游、休闲农业等产业，促进一二三产业融合发展，将生态优势转化为经济优势，带动农民增收致富。此外，加强生态文化建设，通过宣传教育、文化活动等方式普及生态环保知识，增强农民的生态意识，引导形成绿色生活方式，并挖掘和传承乡村传统生态文化，将其与现代生态理念相结合，打造具有地方特色的生态文化品牌，营造全社会关心、支持生态振兴的良好氛围。最后，完善政策保障与制度支撑，政府应制定和完善相关政策法规，加大对生态振兴的资金投入和政策扶持力度，建立健全生态补偿机制，对保护生态环境的主体给予合理补偿，同时加强生态环境监管执法，严厉打击破坏生态环境的违法行为，为生态振兴提供坚实的制度保障。

推进组织振兴。组织振兴是乡村全面振兴的保障条件。乡村组织振兴的标志主要体现在以下几个方面：一是基层党组织建设得到全面加强，党组织的领导核心作用充分发挥，能够有效凝聚群众、引领发展；二是村民自治机制更加健全，村民参与乡村治理的积极性显著提升，民主决策、民主管理、民主监督得到落实；三是乡村社会组织蓬勃发展，各类合作社、协会等组织在促进产业发展、提供公共服务等方面发挥重要作用；四是乡村治理体系现代化水平显著提高，法治化、规范化、信息化程度不断提升。为推进组织振兴，各地各部门需采取以下具体路径与措施：首先，加强基层党组织建设，选优配强村"两委"班子，提升基层干部的能力和素质，增强党组织的凝聚力和战斗力；其次，完善村民自治制度，健全村规民约，推动村民广泛参与乡村治理，形成共建共治共享的治理格局；再次，培育和发展乡村社会组织，支持农民合作社、行业协会等组织发挥作用，促进乡村经济和社会事业发展；最后，创新乡村治理方式，推动"互联网+乡村治理"模式，利用现代信息技术提升治理效能，同时加强法治乡村建设，为组织振兴提供制度保障。通过以上措施，全面激发乡村组织活力，为乡村全面振兴奠定坚实基础。

（二）以农业新质生产力推进乡村全面振兴

乡村振兴是一项涵盖产业振兴、人才振兴、文化振兴、生态振兴和组织振兴的全面振兴工程，是建设农业强国的重要基础。新质生产力不仅体现在高新技术行业领域，还广泛存在于通过新技术创造新的物质生产过程和社会生产关系的过程中。因此，乡村全面振兴的实现需要新质生产力的全方位赋能，以推动乡村经济、社会、文化和生态的协调发展，为农业现代化和乡村可持续发展注入强劲动力。2023年9月，习近平总书记在黑龙江省主持召开新时代推动东北全面振兴座谈会上指出，"要以发展现代化大农业为主攻方向，加快推进农业农村现代化"，"积极培育新能源、新材料先进制造、电子信息等战略性新兴产业，积极培育未来产业，加快形成新质生产力，增强发展新动能"。[①] 习近平总书记的重要讲话明确了农业农村现代化的主攻方向。将新质生产力与农业农村发展深度融合，不仅为乡村全面振兴注入新动能、开辟新路径，也成为加快推进农业农村现代化的重要着力点。这一结合为推动农业产业升级、农村经济社会高质量发展提供了强有力的支撑。

新质生产力是习近平总书记提出的原创理论概念，是马克思主义理论中国化时代化和中国特色社会主义理论体

[①] 《习近平主持召开新时代推动东北全面振兴座谈会强调 牢牢把握东北的重要使命　奋力谱写东北全面振兴新篇章》，《人民日报》2023年9月10日第1版。

第一章　中国特色社会主义乡村振兴道路

系的最新成果。2023年7月以来，习近平总书记在四川、黑龙江、浙江、广西等地考察调研时提出了新质生产力的概念以及加快形成新质生产力的要求，强调"要整合科技创新资源，引领发展战略性新兴产业和未来产业，加快形成新质生产力"。[①] 2023年12月，在中央经济工作会议上，习近平总书记又提出要以科技创新推动产业创新，特别是以颠覆性技术和前沿技术催生新产业、新模式、新动能，发展新质生产力。[②] 2024年1月，习近平总书记在主持二十届中共中央政治局第十一次集体学习时，对新质生产力的理论内涵、发展要求进行了系统阐述。"新质生产力是创新起主导作用，摆脱传统经济增长方式、生产力发展路径，具有高科技、高效能、高质量特征，符合新发展理念的先进生产力质态。它由技术革命性突破、生产要素创新性配置、产业深度转型升级而催生，以劳动者、劳动资料、劳动对象及其优化组合的跃升为基本内涵，以全要素生产率大幅提升为核心标志，特点是创新，关键在质优，本质是先进生产力。"[③]

那么，什么是农业新质生产力？从本质上来讲，农业新质生产力必然是能够促进农业农村领域实现高科技、高效能、高质量发展的先进生产力形态。它的培育立足于农

[①] 习近平：《发展新质生产力是推动高质量发展的内在要求和重要着力点》，《求是》2024年第11期。

[②] 《中央经济工作会议在北京召开》，《人民日报》2023年12月23日第1版。

[③] 习近平：《发展新质生产力是推动高质量发展的内在要求和重要着力点》，《求是》2024年第11期。

业农村领域技术的革命性突破、农业农村发展生产要素的创新性配置和农业产业领域的深度转型升级。农业新质生产力的发展也必然进一步带来农业农村领域新的生产关系的形成。因此，农业新质生产力的发展既要遵循其内在的逻辑性与规律性，同时也需要紧密结合我国的国情农情，围绕农业农村现代化的目标稳步推进。这一过程既要体现生产力发展的普遍规律，也要彰显中国特色农业农村现代化道路的独特要求。

第一，农业新质生产力的发展需要发挥好"三农"基本盘的稳定器作用。许多理论实践研究者和政策制定者认为，发展新质生产力意味着要摒弃传统的农业增长方式和生产力路径，实现生产方式的根本性转变，因此倾向于发展颠覆性、前瞻性的高新科技产业，像城市和工业那样搞高端制造业和服务业。然而，农业新质生产力的发展实际上依赖于稳定的"三农"基本盘，它需要传统生产力和生产方式继续承载小农户、老弱人口，并作为农民城乡流动的蓄水池。因此，农业新质生产力的发展必须兼容传统生产力和生产方式，通过新型生产关系的逐步扩散，适应小农户和老弱人口的渐进性退出，以确保"三农"基本盘对新型工业化、城镇化和国民经济稳健发展的支撑作用。

第二，农业新质生产力的发展需考虑层次差异，需要久久为功、稳扎稳打。中国农业农村的区域分层和领域分异现象尤为显著。与城市工业的标准化和集约化特征相比，农业农村各领域因受自然环境和资源条件的影响，难以形成区域或领域上的一致性，展现出明显的区域分层和领域分异。具体表现为：农村现代化整体上滞后于农业现

第一章 中国特色社会主义乡村振兴道路

代化，区域间及领域内发展不均衡，比如说，小农户与新型经营主体间生产力层次差异明显。因此，新质生产力在农业农村领域对传统生产力的替代，需考虑不同层次的实际情况，不能盲目追求统一的发展水平。应基于生产力与生产关系的相互适应，从乡村全面振兴的实际出发，逐步引入和提升新质生产力水平，实现渐进性的发展与提升。

第三，应该把新发展理念、共同富裕导向纳入农业新质生产力的衡量标准，发挥新质生产力促进农民农村共同富裕的重要作用。乡村全面振兴旨在推动共同富裕，因此农业新质生产力的发展不仅注重效率提升，更强调前沿科技、新型业态、新质人才与农业农村发展的深度融合，以此实现效率与质量的双重飞跃。然而，技术、规模、能力等门槛可能加剧小农户和老弱群体的边缘化风险。面对这一挑战，我们不应放弃发展新质生产力的机遇，也不能片面追求生产效率而忽视小农户、小微主体和老弱群体的利益。因此，为确保新质生产力的发展成果惠及全体农民，实现共同富裕目标，应将新发展理念和共同富裕导向作为衡量新质生产力的重要标准。采取包容性与共性的策略机制，确保新质生产力的引入与农业农村的生产力结构和生产关系层次相匹配，从而充分发挥新质生产力在促进农民农村共同富裕中的关键作用。

然而，以农业新质生产力推进乡村全面振兴，既面临着农村老龄化、空心化以及以小农户经营为主体等传统生产力向新质生产力跃升障碍，也面临着各种体制机制的障碍和挑战。一是产业载体薄弱，难以承载新质生产力。现代农业与乡村产业体系发展滞后，传统农业仍占主导地位，农业生产能力弱、农产品竞争力不足、综合效益低下。乡村服务业发展滞后，现代服务业主要集中在城市，与农业农村产业深度融合的机制尚未建立，农业专业化社会化服务及农村生活性服务业发展缓慢，要素导入、创业就业服务等市场服务尤为薄弱。农村服务体系与平台建设滞后，增加了农村创业就业和产业发展的成本与风险。二是要素支撑不足，制约新质生产力发展。首先，农业农村领域缺乏人才、资金、技术等关键资源，难以满足新质生产力的发展需求。其次，乡村基础设施滞后，尤其是数字化基础设施薄弱，导致大数据、云平台、互联网等高新技术难以落地，制约了科技创新驱动农业农村现代化的进程。再次，城乡二元体制阻碍了要素的平等交换和自由流动，城乡要素配置不均衡问题突出。最后，乡村治理体制与科技创新、现代产业的配套机制不完善，风险防范和伦理约束机制在农业农村发展制度体系中尚处于空白。三是生产关系与生产力矛盾突出，阻碍新质生产力落地。一方面，小散弱分散化经营仍是主体，缺乏与新型生产经营机制的衔接，家庭联产承包经营体制"统"的短板制约了适度规模经营和农业综合能力提升。另一方面，新型农业经营主体和服务主体的素质及辐射带动能力有限，科技素质和经营能力相对较弱，现代产业组织、公共平台和服务体系发育滞后，难以形成匹配新质生产力的生产关系。四是创新驱动基础不牢，难以支撑新质生产力发展。首先，农业农村创新基础薄弱，农业科技在全球多领域处于并跑或跟跑地位，科技要素覆盖广度和渗透深度有限。其次，生物育种等关键核心技术能力较弱，难以支撑原创性颠覆性创新突破。最后，农业科技创新体系整体效能不高，创新链条各环节衔

第一章　中国特色社会主义乡村振兴道路

接不畅，缺乏统筹机制和协同支持，导致研发成果转化能力较弱。[1]

综上所述，发展新质生产力是一个复杂的系统工程，农业新质生产力又有其独特的逻辑性与规律性，在推进乡村全面振兴的过程中还面临着产业、要素、创新驱动等障碍与挑战。因此，以农业新质生产力推动乡村全面振兴，需要围绕农业农村农民现代化和城乡融合发展，系统谋划、统筹考虑、先立后破、积极作为。

第一，建设乡村现代产业体系，夯实乡村全面振兴的产业支撑。一是坚持产业兴农、质量兴农、绿色兴农和品牌强农、服务强农，构建粮经饲统筹、农林牧渔并举、产加销贯通、农文旅融合的现代农业产业体系。二是推动农业与医疗健康、可再生能源等产业深度融合，培育生物制造、新型食品等新兴产业。三是推动互联网、物联网、区块链、云计算、大数据、人工智能等新一代信息技术深度覆盖农业产业链，整合新型生产要素，发展农产品精深加工、乡村文旅、电子商务等新业态，探索智能、融合、高效、绿色的发展路径。四是依托农业生产基地、示范区、加工园、农业科技园区、现代农业产业园等载体，发挥龙头企业、专业合作社等新型经营主体的引领作用，夯实乡村现代产业体系基础。

---

[1] 中国社科院中国农村发展报告课题组：《以新质生产力推进乡村全面振兴》，载魏后凯、杜志雄主编《中国乡村发展报告——以新质生产力推进乡村全面振兴》，中国社会科学出版社2024年版，第31—38页。

第二，促进城乡要素良性循环，保障乡村全面振兴的要素供给。一是通过建立健全城乡劳动力、土地、资金等要素流动机制，完善城乡融合发展的顶层设计，推动城市先进优质生产要素向农业农村高效配置。二是建立城乡数据共享机制，协调网络、技术、媒介等要素，打造城乡融合发展的具体应用场景，形成创新驱动路径。三是健全县域城乡融合和经济发展机制，统筹布局产业链、供应链、服务链，建立联结城市、县城、乡镇和乡村的桥梁，使新质生产力成为县域经济发展的新引擎。

第三，加快培育新型农业经营主体，构建现代化农业生产关系。一是完善土地流转机制，推动土地适度规模经营，鼓励家庭农场、专业合作社、农业企业等新型经营主体发展，提升农业组织化程度。二是加强新型农业经营主体的培训与扶持，提升其科技素质、经营能力和辐射带动作用，推动其与现代农业产业链深度融合。三是建立健全农业社会化服务体系，搭建公共平台，提供技术、金融、市场等全方位支持，促进小农户与现代农业有机衔接。四是创新农业生产经营模式，推广"龙头企业+合作社+农户"等联农带农机制，形成与新质生产力相匹配的现代化生产关系，为乡村全面振兴提供有力支撑。

第四，强化农业科技创新体系建设，夯实新质生产力发展基础。一是加大对农业科技研发的投入，重点突破生物育种、智能装备、绿色技术等关键核心技术，推动农业科技从"并跑"向"领跑"转变。二是完善农业科技创新链条，加强基础研究、应用研究和成果转化的衔接，建立产学研用深度融合机制，提升研发成果的转化效率。三是构建协同创新平台，整合科研机构、高校、企业等资源，形成创新合力，推动科技要素在农业农村领域的广泛覆盖和深度渗透。四是健全农业科技推广服务体系，加强基层农技推广队伍建设，确保先进技术及时落地应用，为乡村全面振兴提供坚实的科技支撑。

四 以"三个统筹"为改革牵引持续推进城乡融合发展[①]

城乡融合发展可以为乡村振兴创造战略发展条件、提供发展路径和发展动能。乡村振兴战略的实施要以构建城乡融合发展的体制机制为前提条件，不断缩小城乡差距，实现城乡融合发展。习近平总书记指出："城乡融合发展是中国式现代化的必然要求。"[②] 在中国式现代化进程中，农业农村现代化一直是薄弱环节。中央对农业农村现代化的充分重视，意味着农业农村现代化在国家现代化中有着不可忽视、不可替代的价值和作用。原因在于中国是人口大国，也是农村人口大国。2023年年末，中国城镇化率已达66.16%，但仍有4.77亿人生活在农村，没有农业农村现代化，就没有整个国家现代化。长期以来，农业在国家政策中占据重中之重、基础中的基础之地位，尤其是在确

[①] 内容摘自辛宝英在民建中央2024年参政议政专项培训会上的辅导报告。

[②]《中共中央关于进一步全面深化改革 推进中国式现代化的决定》，人民出版社2024年版，第22页。

保国家粮食安全上肩负着巨大责任。虽然目前中国农业机械化水平有了很大提高，农业科技进步贡献率已达63%以上，但是依然没有改变农业的产业弱势地位。从2024年上半年三次产业增加值占GDP的比重数据可以看出，中国经济正逐步向以服务业为主导的结构转变，但也可以看出农业的产业弱势地位依然非常明显。同样的情况是，农业基础还不稳固，城乡居民在收入、教育、医疗、消费、就业以及公共服务上还存在很大差距。近十年来，城镇居民人均可支配收入和农村居民人均可支配收入分别以7.1%和8.3%的平均速度递增，城乡居民收入比逐步缩小，由2013年的2.81∶1下降到2023年的2.39∶1，但城乡居民收入的绝对差距仍然不小，城乡收入差距仍然显著。同时，人口外出、老龄化、空心化等问题，乡村人才、土地、资金等要素过多流向城市的格局尚未根本改变，农村社会结构问题也亟待解决。这些都是当前城乡融合发展所亟须破解的，是中国现代化面临的任务和挑战。因此，如何通过深化体制机制改革与政策创新有效实现城乡融合发展，已成为中国式现代化进程中的一项核心议题。

习近平总书记强调，在现代化进程中，如何处理好工农关系、城乡关系，在一定程度上决定着现代化的成败。推进中国式现代化，不能"一边是繁荣的城市、一边是凋敝的农村"。[①] 党的十六大首次明确提出"统筹城乡经济发展"方略；党的十七大进一步明确提出建立以工促农、以

---

① 习近平：《把乡村振兴战略作为新时代"三农"工作总抓手》，《习近平谈治国理政》第三卷，外文出版社2020年版。

第一章　中国特色社会主义乡村振兴道路

城带乡长效机制，形成城乡经济社会发展一体化新格局；党的十八大强调，城乡一体化发展是解决"三农"问题的根本途径；党的十九大进一步提出，建立健全城乡融合发展体制机制和政策体系，加快推进农业农村现代化；党的二十大强调，坚持农业农村优先发展，坚持城乡融合发展，畅通城乡要素流动。党的二十届三中全会进一步明确指出，"城乡融合发展是中国式现代化的必然要求"，[①] 将完善城乡融合发展体制机制，作为进一步全面深化改革的五个体制机制之一着重强调，对完善城乡融合发展体制机制作出重要战略部署，既明确了城乡融合发展在推进中国式现代化建设中的重要地位，更指明了进一步全面深化农村改革的路径与方向。提出了以"三个统筹"为改革牵引，持续推进城乡融合发展的基础逻辑。即强调统筹新型工业化、新型城镇化和乡村全面振兴，全面提高城乡规划、建设、治理融合水平，促进城乡要素平等交换、双向流动，缩小城乡差别，促进城乡共同繁荣发展。与2023年12月中央经济工作会议所提出的"统筹新型城镇化和乡村全面振兴"相比，将新型工业化纳入统筹范畴，并将其置于首要位置，反映了对城乡融合发展规律认识的深化。统筹新型城镇化和乡村全面振兴重在要求城镇表现出更高的包容性，加快实现进城农民的市民化。然而，仅仅提高城镇的包容性还不能够实现高水平的城乡融合，因为缺少新型工业化的支撑，乡村难以全面振兴，城乡也难以实现有机融合。新型

[①]《中共中央关于进一步全面深化改革　推进中国式现代化的决定》，人民出版社2024年版，第22页。

工业化是中国式现代化的动力源，是城乡融合的关键前提，新型城镇化是实现中国式现代化的主要标志，全面推进乡村振兴是中国式现代化的重要支撑，只有三者统筹推进，才能实现高水平的城乡融合。新型工业化、新型城镇化与乡村全面振兴的统筹协调推进，构成了推进中国式现代化进程中城乡融合发展的基础逻辑。

（一）健全推进新型城镇化体制机制

纵观世界上的现代化国家，农业人口的比重一般不超过25%，也就是说至少有75%的人口属于城镇人口。近年来，中国常住人口城镇化率明显提升，2023年中国常住人口城镇化率达到66.16%，但户籍人口城镇化率仅为48.3%，常住人口和户籍人口城镇化率之间还有很大差距，约存在2.5亿农民工及其家属在城镇工作或生活但没能落户。因此，当前提升新型城镇化的核心就在于推进农业转移人口的市民化进程，重点就是要解决这一类群体的进城问题。虽然，国家和各级地方政府不断推出城镇户籍制度改革的措施，但城镇户籍人口比重提高效果并不明显。其根本原因在于农业转移人口市民化存在巨大的难点和痛点，其难点是农业转移人口没有可供落户的稳定住房；痛点是农业转移人口随迁子女不能享有当地市民子女同等的教育权利。从目前的情况来看，这个痛点和难点问题不能指望短期内解决。原因主要有两点：一是如果给农民工提供大量可供落户的保障性住房，会涉及大量资源投资；二是在高中、大学教育资源难以大幅增加的背景下，如果大量新落户的农业转移人口子女可以享受和原来的市民子女同等的教育权利，可能会引发新的社会矛盾。因此，城镇化问题仍然是一个艰巨且长期的任务。关于农业人口市民化的问题，我们要有足够的历史耐心。

那么如何健全推进新型城镇化体制机制，党的二十届三中全会作出了具体部署：首先，要构建产业升级、人口集聚、城镇发展良性互动机制，通过制造业升级带动人口集聚，进而促进城镇发展繁荣，形成三者相互促进的良性循环，推动城镇化从单一驱动向产业、人口、城镇协同发展转变，打造更加可持续的城镇发展模式；其次，要推行常住地登记户口提供基本公共服务制度，确保符合条件的农业转移人口在社会保险、住房保障、随迁子女义务教育等方面享有与迁入地户籍人口同等权利，加快农业转移人口市民化进程，进一步开放城市户籍限制；再次，要保障进城落户农民合法土地权益，依法维护其土地承包权、宅基地使用权和集体收益分配权，并探索建立自愿有偿退出机制，消除进城落户农民的后顾之忧；最后，针对破解大城市病、促进城市高质量发展，要深化城市建设运营和治理体制改革，赋予特大镇与人口和经济规模相适应的经济社会管理权，同时深化城市安全韧性提升行动，建设让人民生活更美好的城市。这些举措从产业、人口、公共服务、土地权益、城市治理等多方面入手，旨在构建更加完善的新型城镇化体制机制，推动城镇化高质量发展。

（二）巩固和完善农村基本经营制度

农村基本经营制度是党的农村政策的基石，是中国农村改革发展的产物，其核心内容包括土地集体所有、家庭经营基础和承包关系纽带三个方面。实践证明，中国农村基本经营制度符合生产力发展规律，顺应广大农民需求，是一项符合国情农情的制度安排，必须毫不动摇坚持，不断加以完善。但是我们需要明确究竟要巩固什么？完善什么？"巩固"，就是要坚持农村土地农民集体所有，坚持土地承包关系稳定并保持长久不变，坚持家庭承包经营的基础性地位，不断巩固和夯实农村基本经营制度的基础。为此，需要有序推进第二轮土地承包到期后再延长三十年试点，深化承包地"三权"分置改革，既要落实集体所有权，又要稳定农户承包权，更要着力放活土地经营权，充分发挥"三权"的各自功能和整体效用。现在到2028年，我们将集中迎来第二轮土地承包大规模到期，平稳有序做好到期后再延长三十年工作，关系亿万农民自身利益和农村社会稳定大局。我们必须要坚持"大稳定、小调整"，确保绝大多数农户原有承包地继续保持稳定，顺利延包，不能推倒重来、打乱重分，更不能借机违法调整或收回农户承包地。完善，就是要适应农村经济社会发展新形势，瞄准建设现代化农业强国和实现共同富裕目标，在总结各地丰富实践经验的基础上，因地制宜提高"统"的层次，探索多样化统分结合的有效实现形式，充分赋予经营体制新的内涵和长久的制度活力，在更高层次上进一步完善农村基本经营制度。这就需要发展多种形式的农业适度规模经营，不断完善农业经营体系和联农带农机制，进一步健全便捷高效的农业社会化服务体系，加快发展新型农村集体经济，推动提高农业生产集约化、专业化、组织化、现代化，使农村基本经营制度焕发出更加持久、更加有力的

第一章　中国特色社会主义乡村振兴道路

制度活力。

当前，中国农村土地适度规模经营发展迅速，据统计，2022年中国农民合作社达222.2万家，家庭农场有390万个，但小农户生产依然是中国农业生产的基本面，2.3亿农户承包土地，其中2.1亿农户的土地承包规模在1公顷以下。这表明，尽管规模化经营在推进，但小农户仍占据主导地位。因此，农业规模经营需要从国情出发，采取"两条腿走路"的策略：一方面，通过土地经营权流转实现规模经营，目前全国土地流转率已达36%，但由于土地租金上涨和外部经济环境变化，土地流转速度有所下降，许多农民更倾向于保留土地经营权。对此，需要保持历史耐心，为农民留出进城与返乡的双向选择空间；另一方面，基于社会化服务的规模经营正在兴起，通过代耕代种、环节托管或全程托管等服务模式，小农户和小型家庭农场等经营主体无须单独购置农业机械装备，通过购买服务则可降低成本、提高效益。实践证明，社会化服务是实现小农户与现代农业有机衔接的基本途径和主要机制，不仅激发了农民生产积极性，还推动了农业生产力发展，适应了中国国情农情，丰富了农村基本经营制度的内涵，创新了在小农生产基础上实现规模化、现代化的农业发展新形态。对农民而言，土地承包期的延长进一步保障了他们的土地经营权，使其能够更放心地进行生产经营，而适度规模经营则提升了农业竞争力，促进了农民收入稳步增长。从土地承包制的确立到承包期的延长，这一系列政策是对土地制度的重要延续和深化改革，进一步强化了农民的土地经营权，为农业现代化奠定了坚实基础。

（三）完善强农惠农富农支持制度

完善强农惠农富农支持制度，这是党的二十届三中全会的新提法。与过去强调的农业支持保护制度相比，强农惠农富农支持制度的内涵和外延更加丰富，更加强调对农业农村农民的全方位支持，更加注重人力投入、物力配置、财力保障等制度供给的系统集成。

对于如何完善强农惠农富农支持制度，党的二十届三中全会提出了很多有含金量的改革举措。比如，壮大县域富民产业，构建多元化食物供给体系，培育乡村新产业新业态；完善覆盖农村人口的常态化防止返贫致贫机制，建立农村低收入人口和欠发达地区分层分类帮扶制度；完善覆盖农村人口的常态化防止返贫致贫机制，建立农村低收入人口和欠发达地区分层分类帮扶制度等。

壮大县域富民产业，构建多元化食物供给体系，培育乡村新产业新业态，指明了乡村产业发展方向。壮大县域富民产业是激活县域经济活力的重要抓手，县域富民产业重在富民，要通过发展具有比较优势、带动能力强、就业容量大的产业，促进农民工稳岗就业，挖掘经营增收和务工增收潜力。构建多元化食物供给体系是把牢粮食安全主动权、提升食物保障能力和水平之必需。从供给侧看，中国饲料、油料、糖料"三料"不足的结构性矛盾异常突出，从需求侧看，中国人均年食物消费量从 1978 年的 515 公斤增加到 2021 年的超过 1400 公斤，但同期人均年原粮消费量则由 247.8 公斤下降到 130 公斤，人民群众食物结构加快升级，开发特色丰富的食物品种是实现各类食物供

第一章　中国特色社会主义乡村振兴道路

求均衡、更好满足人民美好生活需要之必需。从约束条件看，中国人均耕地资源先天不足（人均耕地面积仅1.37亩），充分证明了大食物消费之趋势和开发之必要。因此，要充分挖掘农业多种功能、乡村多元价值，加快构建粮经饲统筹、农林牧渔并举、产加销贯通、农文旅融合的现代乡村产业体系，把农业建成现代化大产业，打造乡村经济新的增长点。

完善覆盖农村人口的常态化防止返贫致贫机制，建立农村低收入人口和欠发达地区分层分类帮扶制度。这是巩固拓展脱贫攻坚成果、激发内生发展动力的重要制度安排。脱贫攻坚目标任务完成后，党中央决定设立五年过渡期，做到扶上马、送一程。正是有了这一制度安排，尽管近几年经历了重大疫情、自然灾害等多重冲击和挑战，我们始终牢牢守住了不发生规模性返贫的底线。目前，防返贫年度监测标准最高的省份达到9100元、最低的省份也达到7800元。截至2024年6月底，全国防止返贫监测对象774.2万人，约60%已消除了返贫风险，其余也都落实了帮扶措施。但要看到，过渡期以后，因疾病、事故、灾害等各种原因造成一些低收入农民家庭甚至局部区域规模性返贫致贫的风险仍然存在。下一步，要健全动态监测机制，推动防止返贫帮扶政策和农村低收入人口常态化帮扶政策衔接并轨，把符合条件的对象全部纳入常态化帮扶范围。要实行分层分类帮扶，对没有劳动能力的，通过综合性社会保障措施兜底，兜牢最低生活保障底线，完善社会救助举措，实现应保尽保，确保基本生活无忧。对有劳动能力的，要在保障基本生活基础上，实行扶智扶志相结合，加大开发式帮扶力度，帮助他们增强"造血"能力，靠自己勤劳的双手创造更加美好生活。同时，要建立欠发达地区常态化帮扶机制，补上公共服务短板，发展壮大特色产业。

统筹建立粮食产销区省际横向利益补偿机制，在主产区利益补偿上迈出实质步伐。这是党的二十届三中全会提出的改革措施中的一大亮点。粮食主产区是保障国家粮食安全的"压舱石"。2003—2023年，中国13个粮食主产区粮食产量增加4718.5亿斤，占全国增量的89.1%，贡献了全国75%以上的粮食产量、80%以上的商品粮、90%左右的粮食调出量。但长期以来，粮食主产区往往面临"产粮多、经济弱、财政穷"困境，严重影响到主产区发展粮食生产的能力和积极性。主销区从主产区调粮食，一定意义上相当于调耕地、调水资源，也调了发展其他高效产业的机会，对主产区给予一定经济补偿是合理也是应该的。构建粮食产销区省际横向利益补偿机制，涉及产销区利益的重大调整。需要统筹考虑粮食生产、流通、消费等相关因素，兼顾区域发展实际和财力条件，合理确定谁补偿、补偿谁、补多少、怎么补等问题，让销区可承受、产区得实惠。中央农办、财政部、农业农村部正在研究具体实施办法。需要强调的是，构建粮食产销区省际横向利益补偿机制，并不意味着减轻主销区生产保供的责任，绝不能以此为借口放松粮食生产。

（四）深化土地制度改革

土地是发展的重要资源，人多地少是中国的基本国

第一章　中国特色社会主义乡村振兴道路

情。推动城乡融合发展，深化土地制度改革是一个关键。总的要求就是坚持节约集约用地，健全同宏观政策和区域发展高效衔接的土地管理制度。对于耕地，注重保数量、提质量。党的二十届三中全会提出的土地制度改革方向，主要包括严格保护耕地、盘活闲置土地资源、优化土地管理几个方面。下面逐一深入分析这些改革措施。

围绕严格保护耕地，党的二十届三中全会提出改革完善耕地占补平衡制度，完善高标准农田建设、验收、管理机制，健全保障耕地用于种植基本农作物管理体系，这是加强耕地用途引导和管控的有效手段，将有限的耕地资源优先用于基本农作物生产，集中力量把重要农产品保住守好。下一步需要统筹粮食安全和重要农产品供给，因地制宜确定基本农作物目录，建立耕地种植用途监测体系，确保农地农用、良田粮用。但做这件事，要统筹好粮食安全、生态保护和农民增收的关系，不能不切实际地下种植这种植那的指标，也不能强行砍树拔苗，搞得农村鸡飞狗跳。

围绕盘活闲置土地资源，党的二十届三中全会提出了有序推进农村集体经营性建设用地入市改革和健全土地增值收益分配机制两项政策。允许农户合法拥有的住房通过出租、入股、合作等方式盘活利用，这项政策进一步扩大了农民的宅基地权利，能更好引导社会投资、社会消费向乡村转移，助力农民增收，后续或有相关政策文件出台。但我们需要注意的是农村闲置住房盘活利用是个大问题，不能在扩大买卖交易范围上做文章，而要通过出租、入股、合作等方式盘活利用起来。许多地方搞农家乐、乡村旅游、引进外来农创客等，都是通过这些方式把闲置农房用起来、干起来的。这方面需要强化对租赁双方权益平等保护的制度安排，如健全合同管理、规范交易平台、强化司法保障等。只要是合法租赁，谁都要按合同协议办事，不能随意变更、侵害对方权益，让双方都安心放心，只有这样，流转才能顺畅起来。但城里人到农村买卖宅基地的口子不能开，更要严格禁止下乡利用农村宅基地建设别墅大院和私人会馆等。有序推进农村集体经营性建设用地入市改革，健全土地增值收益分配机制，这项政策含金量很高，有利于改善农村财政状况，为乡村全面振兴提供新动力。过去农村集体土地要变成城市建设用地，需要办理征地等一系列手续，转变土地性质，农村集体经营性建设用地入市改革之后，集体经营性建设用地可以直接入市交易，土地供给者和土地需求者直接议价，减少了很多环节，改变了以前城市建设用地只能使用国有土地的格局。但集体经营性建设用地交易的对象、交易土地的用途、需要办理的手续、价格形成机制、土地增值收益分配机制、如何整合零散的集体经营性建设用地等具体事项需要制定管理办法和实施细则，才能进一步推进。集体经营性建设用地入市的核心问题是土地增值收益分配问题，在上一轮改革中各地探索了不同的做法，在接下来的实践中土地增值收益如何分配尤为重要。另外，集体经营性建设用地入市与国有土地入市要坚持同地同价同权同责，后续相关政策要真正落地，还需要重点关注集体经营性建设用地收益分配、集体经济组织的履职能力、土地使用权如何抵押贷款等问题。

第一章　中国特色社会主义乡村振兴道路

围绕优化土地管理，党的二十届三中全会提出了多项改革举措。比如，健全同宏观政策和区域发展高效衔接的土地管理制度，优先保障主导产业、重大项目合理用地，使优势地区有更大发展空间；建立新增城镇建设用地指标配置同常住人口增加协调机制，优化城市工商业土地利用，加快发展建设用地二级市场，推动土地混合开发利用、用途合理转换，盘活存量土地和低效用地；制定工商业用地使用权延期和到期后续期政策等。2019年8月，中央财经委员会第五次会议指出，要改革土地管理制度，增强土地管理灵活性，使优势地区有更大发展空间。2024年2月，中央全面深化改革委员会第四次会议审议通过了《关于改革土地管理制度增强对优势地区高质量发展保障能力的意见》，强调要建立健全同宏观政策、区域发展更加高效衔接的土地管理制度，提高土地要素配置精准性和利用效率，推动形成主体功能约束有效、国土开发协调有序的空间发展格局，增强土地要素对优势地区高质量发展保障能力。党的二十届三中全会重申了要健全同宏观政策和区域发展高效衔接的土地管理制度。各地每年都有一定的建设用地指标，但优势地区发展较快，用地指标比较紧张，对当地建设和发展形成制约。应通过用地指标调剂等多种方式，保障优势地区发展用地。建立新增城镇建设用地指标配置同常住人口增加协调机制，探索国家集中垦造耕地定向用于特定项目和地区落实占补平衡机制，盘活存量土地和低效用地，都是优化区域建设用地供应的重要途径。

第二章

中国乡村振兴的科协责任担当

党的二十大报告擘画了以中国式现代化全面推进中华民族伟大复兴的宏伟蓝图,对推进乡村振兴工作作出了全面的系统部署。党的二十届三中全会也提出要完善强农惠农富农支持制度。乡村全面振兴是党和国家未来一段时期的重大任务,是一个多层次、多主体、多目标的系统战略工程,涉及产业、文化、人才、生态和组织五个方面,需要系统谋划、统筹推进。[①] 在推进乡村全面振兴的过程中,科技创新是战略引擎,是推动农业发展的第一动力。科技创新赋能乡村全面振兴必须要发挥广大科学技术工作者的关键作用。中国科学技术协会(以下简称"中国科协")是中国科学技术工作者的群众性组织,是中国共产党领导下的人民团体,是党和政府联系科学技术工作者的桥梁和纽带,在实现中国式现代化、全面推进乡村振兴的征程中承担着重要的历史使命。

---

① 辛宝英等:《中国乡村振兴与工会工作》,中国社会科学出版社2024年版,第133页。

第二章　中国乡村振兴的科协责任担当

一　中国科协在乡村振兴中的优势与机遇

（一）中国科协的性质与职能

中国科协具有悠久的历史和文化传统，在不断发展的过程中，其性质和职能虽有所变化，但服务于党和国家中心任务始终是中国科协的政治责任。历届中国科协章程都对中国科协的性质做出了明确的表述。1958 年，中国科协第一次全国代表大会通过的《关于建立"中华人民共和国科学技术协会"的决议》将中国科协的性质表述如下："中国科协是中国共产党领导下的、社会主义的、全国性的科学技术群众团体，是党动员广大科技工作者和人民群众进行技术革命和文化革命的，建设社会主义和共产主义的一个有力的工具和助手。"中国科协第一次全国代表大会并没有形成中国科协章程，但对中国科协的性质有了明确的表述。1980 年，中国科协二大通过了《中国科学技术协会章程》（以下简称《中国科协章程》），将中国科协性质规定为："中国科协是在中国共产党领导下的各种科学技术工作者群众团体的联合组织，其宗旨是促进我国科学技术的发展和繁荣，普及和推广，为提高整个中华民族的科学文化水平，为尽快把我国建设成为现代化的社会主义强国作出贡献。"这就明确将中国科协规定为各种科学技术工作者的群众团体的联合组织，并且对中国科协的职能有了较为清晰的概括。1981 年，党的十一届六中全会通过的《关于建国以来党的若干历史问题的决议》指出要保证"工会、共青团、妇联、科协、文联等群众性组织主动负责地工作"，这就确立了中国科协作为人民团体在中国政治生活中的重要地位。①

1986年，中国科协三大通过了新的《中国科协章程》，指出"中国科学技术协会是中国共产党领导下的科学技术工作者的群众团体，是全国性学会和地方科协的联合组织，是党和政府联系科学技术工作者的纽带，是党和政府发展科学技术事业的助手"。中国科协三大对中国科协性质的表述相较于中国科协二大有了较大程度的完善，在中国科协发展历史中具有重要地位，奠定了以后历次《中国科协章程》中对中国科协性质描述的基础。1991年，中国科协四大对《中国科协章程》进行了修订，对中国科协性质的表述为："中国科学技术协会是科学技术工作者的群众组织，由全国学会、协会、研究会（简称学会）和地方科协组成，是中国共产党领导下的人民团体，是党和政府联系科学技术工作者的纽带和发展科学技术事业的助手。"中国科协四大首次将科协表述为中国共产党领导下的人民团体，继续将中国科协定位为党和政府联系科学技术工作者的纽带和发展科学技术事业的助手，具有重要的历史意义。1996年，中国科协五大通过的《中国科协章程》对中国科协性质的表述为："中国科学技术协会是科学技术工作者的群众组织，是中国共产党领导下的人民团体，是党和政府联系科学技术工作者的纽带，是国家发展科学技术事业的重要社会力量。"将"助手"修改为"重要社会力量"，表述更加客观和确切。2001年召开的中国科协

---

① 李森：《正确认识中国科协的功能定位》，《科协论坛》2014年第3期。

六大基本延续了中国科协五大对《中国科协章程》的表述，只是将"是国家发展科学技术事业的重要社会力量"改为"是国家推动科学技术事业的重要社会力量"。2006年召开的中国科协七大和2011年召开的中国科协八大对中国科协性质的表述都延续了中国科协六大的相关表述。[1]

党的十八大以来，习近平总书记十分重视和关心科协工作。2016年，习近平总书记在出席中国科协九大时强调："中国科协各级组织要坚持为科技工作者服务、为创新驱动发展服务、为提高全民科学素质服务、为党和政府科学决策服务的职责定位，团结引领广大科技工作者积极进军科技创新，组织开展创新争先行动，促进科技繁荣发展，促进科学普及和推广。"[2] 2021年，习近平总书记在出席中国科协十大时又强调："中国科协要肩负起党和政府联系科技工作者桥梁和纽带的职责，坚持为科技工作者服务、为创新驱动发展服务、为提高全民科学素质服务、为党和政府科学决策服务，更广泛地把广大科技工作者团结在党的周围，弘扬科学家精神，涵养优良学风。要坚持面向世界、面向未来，增进对国际科技界的开放、信任、合作，为全面建设社会主义现代化国家、推动构建人类命运共同体作出更大贡献。"[3]

---

[1] 李森：《正确认识中国科协的功能定位》，《科协论坛》2014年第3期。

[2] 习近平：《为建设世界科技强国而奋斗——在全国科技创新大会、两院院士大会、中国科协第九次全国代表大会上的讲话》，《人民日报》2016年6月1日第2版。

[3] 《两院院士大会中国科协第十次全国代表大会在京召开》，《人民日报》2021年5月29日第1版。

习近平总书记关于科协工作的重要指示精神，进一步为面向世界、面向未来的中国特色社会主义科技群团发展提供了根本遵循。

面对新形势、新任务、新要求，中国科协以与时俱进的精神、守正创新的勇气，不断完善组织体系建设，适时调整自身职能定位。2021年5月，中国科协十大通过的《中国科协章程》对中国科学技术协会的性质又做出了新的表述："中国科学技术协会是中国科学技术工作者的群众组织，是中国共产党领导下的人民团体，是党和政府联系科学技术工作者的桥梁和纽带，是国家推动科学技术事业发展、建设世界科技强国的重要力量。"相对于以往对中国科协性质的表述，党和国家赋予了科协更加重要的使命，首次提出科学技术协会是建设科技强国的重要力量。

历次《中国科协章程》关于中国科协性质的表述主要体现出中国科协的政治性、先进性、群众性。政治性是开展新时代群团工作必须遵循的核心属性。群团事业是党的事业的重要组成部分，群团组织的职能和服务对象必须始终坚持党的领导，贯彻党的意志和主张、始终在思想上和行动上同党中央保持一致。中国科协从创建成立到规范运行，从恢复活动到繁荣发展，都是党坚强领导的结果。1945年7月，在中国共产党的倡导支持下，在重庆成立了具有爱国统一战线性质的中国科学工作者协会。1949年7月，中国科学工作者协会等4家科技社团共同发起召开中华全国自然科学工作者代表会议筹备会，选出15名正式代表和2名候补代表出席第一届中国人民政治协商会议。1950年8月，经党中央批准，中华全国自然科学工作者代

第二章 中国乡村振兴的科协责任担当

表会议召开,成立中华全国自然科学专门学会联合会和中华全国科学技术普及协会;1958年9月,两会合并为中华人民共和国科学技术协会;1980年3月,更名为中国科学技术协会。1981年6月,党的十一届六中全会通过《关于建国以来党的若干历史问题的决议》,确定科协作为人民团体在国家政治、社会生活中的地位,科协从此成为党领导下团结动员广大科技工作者为完成党的中心任务而奋斗的人民团体。[①] 进入新时代,中国科协工作取得了举世瞩目的成就,关键在党的领导。中国科技工作者及其组织开展的工作和行动,任何时候都必须在党的坚强领导下进行,政治性是科协组织坚持党的领导、发挥工作主动精神和团结凝聚广大科技工作者的思想基础。

先进性是科协履行自身职责使命的内在要求。中国科协是中国科学技术工作者的群众性组织,保持其先进性是科协组织自诞生之日起就必须具备的鲜明特质。科技工作本身具有创新性、时代性、探索性等属性特点,新时代的科技工作必须要面向世界科技前沿、面向经济主战场、面向国家重大需求、面向人民生命健康等领域,这就对科协的先进性提出了新的要求。中国科协必须围绕党和国家的战略中心任务组织动员群众,成为党和国家大政方针的率先领悟者、政策执行的领先行动者。当今世界,百年未有之大变局加速演进,经济全球化遭遇逆流,科学无国界理念受到深刻冲击,技术人为割裂更加明显,全球进入新的

[①] 李森:《中国科协的组织建设》,科学出版社2015年版,第70—75页。

动荡变革期，科技创新水平在利益相关方战略博弈中的地位越来越重要。中国一些高端产业链对外依存度过高、部分关键核心技术受制于人等问题还未根本解决，这都需要中国科协团结带领广大科技工作者艰苦奋斗、自力更生，在构建新发展格局、推动高质量发展中保持先进性。

群众性是中国科协组织的天然属性。习近平总书记在党的群团工作会议上强调群众性是群团组织的根本特点。中国科协是党和政府联系科学技术工作者的桥梁和纽带，本质是群团组织，群众性是其根本特点。中国科协必须为联系团结带领各领域科技工作者不断为美好生活而奋斗发挥服务作用。随着新技术革命和产业变革持续深化，科协组织所联系服务的对象范围不断扩大、需求更加多样，群众的广泛性和代表性问题越发凸显，如何根据不同服务对象的需求精准发力是中国科协在新时期面临的重要课题。中国科协不仅是科技工作者的代表和维护者，还是党联系科技工作者的桥梁和纽带，被赋予众多职能，参与、维护、服务、建设、教育等工作内容将科协组织的组织外延不断向外拓展，所涵盖群众边界也在持续扩大。随着创新驱动发展的不断深化和人的全面发展的社会要求，"去组织化"和"去中心化"也已成为群众性属性发挥、灵活性工作的现实要求。

中国科协十大通过的《中国科协章程》对中国科学技术协会的职能做出明确规定："坚持为科技工作者服务、为创新驱动发展服务、为提高全民科学素质服务、为党和政府科学决策服务，促进科学技术的繁荣和发展，促进科学技术的普及和推广，促进科技人才的成长和提高，促进科技智库作

第二章　中国乡村振兴的科协责任担当

用的发挥和彰显。"这对中国科协的服务对象及工作内容作出了明确的概括,简单说,就是"四服务"。

中国科协作为科技工作者的群体,为科技工作者服务是科协组织实现职能作用的基础。为科技者服务,首先,要引导广大科技工作者学习贯彻习近平新时代中国特色社会主义思想,宣传党的路线方针政策,密切联系科技工作者,反映科技工作者的建议、意见和诉求,维护科技工作者的合法权益,建设有温度、可信赖的科技工作者之家。中国科协组织要始终走中国特色社会主义群团发展道路,团结引领广大科技工作者增强"四个意识"、坚定"四个自信"、做到"两个维护",把广大科技工作者始终团结在党中央的周围,厚植党执政的群众基础。中国科协还要引导科技工作者弘扬爱国主义精神,恪守职业道德,遵守学术伦理规范,反对、抵制和谴责学术不端行为。其次,开展科技工作者状况调查,客观反映科技工作者的意见建议,依法维护其合法权益,也是科协为科技工作者服务的重要内容。通过对科技工作者状况的调查,可以全面掌握科技工作者变动特点和发展趋势,也可以反映基层科技工作者的困难、焦虑、诉求、期待和建议,积极帮助协调解决科技工作者的迫切需求和突出困难,团结引领广大科技工作者在推进中国式现代化的征程中建功立业。再次,搭建服务平台,为科技工作者开展科技创新和科学技术普及活动创造条件,是科协服务科技工作者的又一内容。科技创新平台是集聚创新要素、汇聚创新人才和开展科技创新的重要载体,离开了科技创新平台,科技工作者创新效能就会大打折扣。最后,加强科技创新人才的培养和选拔,举办"全国科技工作者日"活动，举荐并宣传优秀科技工作者是弘扬科学家精神、提升科技工作者荣誉感、服务科技工作者的重要途径。

作为联系科技工作者的桥梁和纽带的中国科协，为国家创新驱动发展服务具有天然的优势，也是其实现职能作用的目标。《中国科协章程》规定："中国科协要组织科技工作者开展科技创新，开展科技志愿服务，参与科学论证和咨询服务，坚定创新自信，着力攻克关键核心技术，加快科学技术成果转化应用，助力创新发展，促进科技创新与经济社会发展深度融合。"这对中国科协如何服务国家创新驱动发展指明了路径。当前，新一轮科技革命和产业变革深入发展，科技创新成为提高中国国际竞争力，在国际战略博弈主要战场中取胜的关键影响因素。科技创新能够催生新产业、新模式、新动能，科技与经济的融合也呈现出前所未有的深度和广度。从产业层面看，科技创新和产业发展融合不断加深，催生出元宇宙、人形机器人、脑机接口、量子信息等新产业发展方向。从技术层面看，中国量子信息、人形机器人等前沿技术和颠覆性技术已经取得一批重大成果，展现出巨大的潜力和吸引力，成为科技竞争的新高地和经济发展的新引擎。中国科协应组织动员科技工作者围绕国家重大战略、重大需求及未来科技前沿开展工作，解难题、促转移、促转化、助创业、增时效，增进各类创新资源协同互动，聚焦新质生产力的发展，锚定面向经济社会发展趋势，增加科技创新供给，为国家创新驱动发展服务。

中国科协作为科学技术普及的主要社会力量，为公民

第二章　中国乡村振兴的科协责任担当

科学素质提升服务是实现职能作用的根本要求。习近平总书记指出："科技创新、科学普及是实现创新发展的两翼，要把科学普及放在与科技创新同等重要的位置。没有全民科学素质普遍提高，就难以建立起宏大的高素质创新大军，难以实现科技成果快速转化。"[①] 中国科协为提高全民科学素质提供的主要服务有："协助政府制定科学技术普及工作规划，为政府科学技术普及工作决策提供建议；按照全民科学素质建设工作职责分工，完善综合协调工作机制，协同有关部门推进全民科学素质建设；组织开展群众性、社会性、经常性的科学技术普及活动，支持有关社会组织和企业事业单位开展科学技术普及活动，针对青少年、农民、老年人等各类群体的特点与需求，协同有关部门开展形式多样的科学技术普及活动；推动现代科技场馆体系建设，培育、认定、评估相关科普教育基地，建设有效的科学技术普及供给体系；加强科学技术普及人才队伍、志愿服务队伍建设，支持科学技术普及志愿者维护自身合法权益。"《全民科学素质行动规划纲要（2021—2035年）》对全民科学素质建设提出了任务要求，指出科学素质建设要服务人的全面发展，以高素质大军支撑创新发展，要服务国家治理体系和治理能力现代化，要服务构建人类命运共同体。中国科协应牢固树立"人民为中心"的思想，着力稳固科普工作的群众基础，搭建各类科普工作平台，建立科普工作与组织建设融通机制，深化科普供给

---

① 《全国科技创新大会两院院士大会中国科协第九次全国代表大会在京召开》，《人民日报》2016年5月31日第1版。

侧结构性改革，将科普融入人民生活的各个领域。①

中国科协作为中国科技工作者的群众组织，能够汇聚广大科技工作者群体的智慧为党和政府科学决策服务，这也是实现其职能作用的重要渠道。中国科协应组织相关领域优秀人才建立决策咨询专家团队，组织学会、协会、研究会开展决策咨询活动，组织科学技术工作者参与制定科技发展规划，并在政治协商、科学决策、民主监督方面发挥作用。当前，面对百年未有之大变局，中国科协应把智慧力量凝聚到落实党中央关于高水平科技自立自强的决策部署上来，资政建言，为党和政府科学决策服务。在重大战略决策咨询方面，引导广大科技工作者紧紧围绕国家战略布局、科技创新、高水平科技自立自强等党中央决策部署要求，开展世界科技强国建设、原创性引领性科技攻关等重大问题战略咨询研究。在构建柔性科技群团智库网络方面，要建立决策咨询专家团队，组织动员具有较高造诣和决策咨询能力的专家，领衔凝练咨询议题，组织开展决策咨询活动，组织引导做好决策咨询工作。在加强科技群团战略研究层面，应开展科协组织和科技团体的发展规律研究，围绕科协组织主责主业，组织开展学术交流、科学普及、决策咨询等科技类社会化公共服务创新发展对策研究。围绕各类科协组织反映最强烈的问题，组织开展科协系统深化改革创新试点，探索破解长期制约科协事业发展的深层次体制机制问题。在建设完善决策咨询研究机制方面，

---

① 《全民科学素质行动规划纲要（2021—2035年）》，《人民日报》2021年6月26日第1版。

要坚持问题导向，聚焦战略重点、科技前沿，以及行业和区域发展重大问题，建立完善"党政出题、问题为题、超前设题、征集选题"的科协系统决策咨询选题机制。

（二）科协在乡村振兴中的独特优势

实施乡村振兴战略，是党的十九大作出的重大决策部署，是全面建设社会主义现代化国家的全局性、历史性任务。乡村振兴战略实施以来，"四梁八柱"制度框架和基本政策体系已经形成，乡村产业、人才、文化、生态、组织振兴扎实推进。在推进乡村全面振兴的伟大征程中，农业基础还不够稳固，城乡区域发展和收入分配差距较大，城乡发展不平衡、农村发展不充分的现象仍然存在。与此同时，以中国式现代化全面推进强国建设、民族复兴伟业，对"三农"工作提出了新的更高要求。科技创新是乡村振兴的重要驱动力，对于促进乡村产业、人才、文化、生态和组织五大振兴具有重大意义。当前，中国正处于推进乡村全面振兴的关键阶段，科技在推进农村农业现代化中的作用更加突出，是有力推动农业农村发展质量变革、效率变革、动力变革，支撑引领乡村全面振兴和农业农村现代化的重要推动力量。中国科协是中国科学技术工作者的群众组织，是中国共产党领导下的人民团体，是党和政府联系科学技术工作者的桥梁和纽带，是国家推动科学技术事业发展、建设世界科技强国的重要力量。《中共中央　国务院关于全面推进乡村振兴加快农业农村现代化的意见》指出："把全面推进乡村振兴作为实现中华民族伟大复兴的一项重大任务，举全党全社会之力加快农业农村现代化，让广大农民过上更加美好的生活。"由此可见，在实现乡村全面振兴的过程中，中国科协必然要为，也大有可为，且优势突出。

　　党的全面领导是科协开创以来的最大政治优势，也是保障科协开展一切工作的压舱石。中国科协是党领导下的人民团体，是党和政府联系科技工作者的桥梁纽带，是密切党同广大科技工作者的情感交流和血肉联系的重要组织。中国共产党始终将人民对美好生活的向往作为奋斗目标，是中国式现代化的领导者和推动者，是党和国家的根本所在和命脉所系。推进乡村全面振兴是一项系统性、历史性工作，其艰巨性和复杂性要求必须动员更多力量、用更大的力度来推进，必须坚持和加强党的领导。只有把党的领导政治优势和组织优势转化为抓落实的行动优势，才能汇聚起全党上下、社会各方推进乡村全面振兴的强大力量。中国共产党在中国科协中的基层党组织实现了纵向到底、横向到边式的全覆盖，也为中国科协参与乡村全面振兴提供了根本保障。首先，中国科协开展科技工作者状况调查，为科技工作者广泛开展法律咨询服务，维护科技工作者合法权益必须具有组织依托，新时代文明实践中心、党群服务中心等共建共享基层工作阵地为科协开展相关工作提供了组织依托。其次，中国科协要立足新发展阶段，贯彻新发展理念，构建新发展格局，在团结动员广大科技工作者大力开展乡村振兴行动，服务巩固拓展脱贫攻坚成果和乡村发展、乡村建设、乡村治理，全面实现农业农村现代化方面，必须强化与乡村振兴、农业农村系统协同合作，统筹各类资源，建立起上下联动、开放合作、广泛协

第二章 中国乡村振兴的科协责任担当

同、多方参与的工作格局。这都离不开各级党组织的领导、协调和统筹。最后，中国共产党善于用马克思主义的世界观、方法论观察时代、解读时代，指导科协改革发展实践，具有在百年未有之大变局中开展群团发展理论创新、实践创新的能力，为中国科协参与乡村振兴提供了方法论的指导和价值引领。

中国科协是中国科学技术工作者的群众性组织，在推进乡村全面振兴的过程中具有其他组织不具备的人才优势。中国科学技术协会由全国学会、协会、研究会、地方科学技术协会及基层组织组成，庞大的组织网络汇聚了大批优秀的乡村振兴所需的科学技术人才队伍，在组织动员和引领广大科技工作者投身乡村振兴工作中具有天然的优势。乡村全面振兴，利器在科技，关键在人才。新时代新征程，农业农村发展要向科技要生产力、向创新要驱动力、向人才要竞争力。科协组织能够立足各级学会、高校科协、企业科协、科技科普志愿服务组织、基层农技协等组织，在不同地域、不同层级、不同领域培育出综合素质高、服务能力强、运行管理规范、热爱乡村振兴工作的科技服务人才队伍。一方面，科协组织具有对接各级各类涉农学会协会的优势，能够联系和邀请乡村科技方面的专家队伍为农村提供科技培训、科普讲座、产业指导等科技服务。另一方面，中国科协能够广泛吸纳农技推广、科技型企业、医疗卫生和教育等领域人员进入基层科协"三长"队伍，组织动员和引导乡村科技致富能手、经营管理能人积极参与乡村治理，为乡村发展发挥优势、施展才能。此外，科协组织还能够加强与各级科技社团的联系，引聚各类优质科普设施、科普资源和力量下沉到农村，为乡村振兴服务。最后，科协组织的人才优势能够构建农业协同创新良好生态，通过完善科创协同联合体机制，推动学协会、高校院所和企业多元主体协同创新，探索跨界合作，打通技术、产品、信息、人才流动的壁垒，推动农业创新要素跨领域、跨区域、跨部门一体化配置，协同攻关制约中国农业技术创新发展中的重大瓶颈问题。

中国科协是中国推动科学技术事业发展的重要力量，是国家科创体系的重要组成部分，其开放型、枢纽型和平台型组织模式也是科协参与乡村振兴的又一重要优势。首先，"开放型"是指把科技工作者最广泛最紧密地团结在党的周围，打破身份限制、行业限制、区域限制，面向所有科技工作者、所有创新领域、所有行政区域，开放科协组织领导机构、服务范围和科技服务。推进乡村振兴不能仅靠乡村自身积累和发展，必须汇聚各方面的力量协同推进，既需要农业科研人才队伍，又需要以科技推广和乡村服务为主的农村科技工作者，还离不开提升农村居民科学素质的科普志愿者工作群体。中国科协的开放型特点为各类乡村振兴科技人才搭建了服务乡村振兴的平台。其次，"枢纽型"是指科协组织在国家创新体系中体现出不可或缺的重要作用，形成了以学会为主体，各级科协组织紧密互动，连接政产学研等创新主体的桥梁纽带。科协组织肩负着党和政府联系科技工作者桥梁和纽带的职责，不仅能够在党委、政府与科技工作者之间搭建起通畅的双向沟通桥梁，还能够听取和反映他们的建议和呼声，引导科技工作者围绕促进乡村产业发展等乡村振兴中的问题加强调查研究，解决相关问题。"平台型"是指通

第二章 中国乡村振兴的科协责任担当

过改革减少科协组织的机关化行政化倾向，利用自身高效联动的扁平化组织体系，成为服务高水平前沿学术交流的平台，服务大众创业万众创新的平台，服务科技工作者成长成才的平台。中国科协的基层组织体系除了科学技术协会基层组织，包括乡镇、街道、村、社区设立的科学技术相关协会，也包括科学技术研究开发机构、企业、学校、医院等单位设立的科学技术相关协会，还包括经济技术开发区、高新技术产业开发区、工业园区等功能区设立的科学技术相关协会。《中国科协 2023 年度统计简报》数据显示，科协基层组织 120258 个，其中，乡镇街道科协 28931 个，城乡社区科协 42816 个，科技园区科协 2117 个，科研院所、企业、高校科协 30658 个，农技协 15736 个。[1] 中国科协庞大的基层组织网络为乡村振兴提供了服务触及范围广泛的组织优势。

中国科协的科技共同体优势能够聚焦人才、组织、创新等政策研究，汇聚广大科技工作者的智慧，在服务乡村振兴决策方面具有其他组织所不具备的科技智库优势。当前，从全球农业发展来看，以生物技术和数字技术为核心的新科技革命正在孕育，传统的依靠增加土地、资本、农业化学品等要素投入以提高农产品总量的模式难以为继，通过提升科技含量以实现农产品产量与品质共同提升的模式是未来农业发展的新趋势，农业科技创新是实现乡村全面振兴的关键着力点。但由于农业科技创新投入大、周期

---

[1] 《中国科协 2023 年度统计简报》，https://www.cast.org.cn/sj/ZGKXNDSYFZTJGB/art/2024/art_e8ed28b93f5c45e6807446e0f8278830.html，2024 年。

长、风险高，用户相对分散，需要充分发挥新型举国体制的优势，如何整合科研资源，在农业关键核心技术上重点突破，全面提升农业生产要素质量，创新农技推广模式，让千家万户用得上新技术，充分激发农业生产要素活力，是农业科技咨询领域的重要着力点。中国科协的组织体系能够建立乡村振兴的学会联合体、研究院所、专家服务团等乡村振兴咨询决策团队。中国科协还能够构建跨界协同、共建共享的智库咨询组织体系，在乡村产业、生态和人才振兴方面开展联合研究和攻关，紧紧扭住"三农"发展中根本性、全局性、紧迫性的重大问题和农业农村中的优先发展等问题开展系统深入的决策研究。中国科协广泛的组织网络，还能够动员和组织广大科技工作者深入到基层一线开展调研，发现农村发展中最亟待解决的问题并提出有针对性、操作性的政策建议，从而及时总结反映基层的好做法好经验，为推进乡村振兴提供理论和经验支持。中国科协能够协同乡村振兴领域的高端科技人才和科技创新智库，通过综合服务于上下游农业发展创新决策与农业技术研发，成为国家宏观农业发展创新战略与微观农业创新活动的"黏合剂"，并具有协同党政部门、高校、企业、农业社会团体、农业用户等创新力量，形成一体化的农业创新研发网络体系的优势。

（三）乡村振兴为科协带来新机遇

农业、农村、农民问题是关系国计民生的根本性问题，中国共产党始终坚持把解决好"三农"问题作为全党工作重中之重。党的十八大以来，以习近平同志为核心的

第二章 中国乡村振兴的科协责任担当

党中央持续加大强农惠农富农政策力度，扎实推进农业现代化和新农村建设，农业农村发展取得了历史性成就。党的十九大作出了实施乡村振兴战略的重大决策部署。《中共中央 国务院关于实施乡村振兴战略的意见》指出，"到2035年，乡村振兴取得决定性进展，农业农村现代化基本实现""到2050年，乡村全面振兴，农业强、农村美、农民富全面实现"。乡村振兴是包括产业振兴、人才振兴、文化振兴、生态振兴、组织振兴的全面振兴，是一个有机衔接、内在统一的整体。"五大振兴"各有侧重、互为补充，需要协同推进，形成整体效能。乡村振兴是全域覆盖、全方位推进、全员共享和全面保障的振兴，也是一个系统复杂的宏大工程，需要集中一切力量，循序渐进、久久为功。2022年11月，中共中央办公厅、国务院办公厅印发的《乡村振兴责任制实施办法》要求，"工会、共青团、妇联、科协、残联等群团组织应当发挥优势和力量参与乡村振兴"，这对发挥科协优势助力乡村振兴提出了明确的要求，也为科协组织的发展提供了机遇。科协参与乡村振兴不仅有助于其扩大服务路径，推广其服务模式，厚植其基层工作基础和工作优势，还能够在服务品牌、平台、机制、队伍、改革及阵地建设方面实现其新的突破，同时还能够强化科协组织与乡村振兴、农业农村系统合作与联系，在组织动员和引导广大科技工作者服务国家重大战略方面积累经验，巩固和扩大科协的桥梁和纽带作用，增强其政治性、先进性和群众性。

第一，科协组织参与乡村振兴，有助于科协精准服务路径及模式的探索和推广。《中国科协章程》指出，中国科协要面向经济主战场，面向国家重大需求，充分发挥国家科创体系重要组成部分的作用。乡村全面振兴任务重、困难多，所涉及的领域广泛。在推动乡村产业、人才、文化、生态和组织振兴的征程中，科协组织都能发挥自身优势积极参与，这反过来扩大了其服务路径及模式。产业振兴是乡村振兴的物质基础，构建现代乡村产业体系、加快推进农业农村产业现代化是今后一个时期乡村振兴的重要任务。而要推进乡村产业振兴，科技创新是根本驱动力。但乡村科技发展与产业振兴的实际需求之间依然存在不匹配的状况，经营主体与科技研发者之间联系不紧密，直接关联度及有效对接不畅通的问题依然突出，这就需要科协组织积极搭建乡村科技创新交流与沟通的平台，促进农业科技产学研融合发展。基于平台搭建的过程中，科协组织对乡村产业发展中的科技创新需求认识更加透彻，所提供的服务需求更加精准。乡村产业发展中困难问题的解决也为科协组织服务乡村振兴积累了可借鉴的模式经验。乡村振兴除了增加乡村本土人才的数量，提升其质量之外，还需要汇聚社会各界人才的力量协同推动。一方面，以绿色化、智能化为主要特征的乡村农业先进生产力的发展需要乡村具备跨行业、跨领域、复合型农业科技人才，[①]而科协组织具有联系各层次优秀科技人才的优势，可以通过组织对乡村人才进行培训、提供技术指导等方式提升乡村本土人才质量，这反过来也增强了科协组织和乡村各基层组

---

① 姬旭辉：《推动乡村产业高质量发展》，《光明日报》2024年2月1日第5版。

第二章 中国乡村振兴的科协责任担当

织的联系，扩大了科协组织的群众基础，为科协组织赢得了广泛声誉。另一方面，乡村振兴涉及人才的领域多、类别广泛，科技人才"单打独斗"服务乡村的模式急需向"组团发展"转变，对人才的聚合和规模报酬效益提升的要求更高，科协组织连接广泛的特点能够组织和动员各类科技人才协同合作，共同解决乡村重大农业科技问题。科协组织在破解乡村振兴的科技问题中，不断适应和解决新问题，从而不断总结自身服务模式，推动自身改革，在适应和发展中推动组织变革，保持自身竞争力。

第二，科协组织参与乡村振兴，有助于其厚植基层工作基础和工作优势。组织建设是科协工作的起点，科协基层组织建设是科协工作的重要抓手。拓宽科协组织覆盖面，强化科协组织联系广大科技工作者的桥梁和纽带作用，传导科协工作的影响力，是厚植科协基层工作基础和工作优势的重要途径。乡村振兴战略的实施扩展了科协服务乡村的内容，增加了科协系统乡村基层组织服务需求，也为科协系统乡村基层组织的发展提供了机遇。长期以来，科协乡村基层组织面临着组织覆盖不全、人员短缺和经费投入得不到重视等问题，严重影响了科协组织向乡村基层延伸，科协组织服务乡村的"最后一公里"并不通畅。新时代以来，科技在乡村振兴中的支撑作用越发彰显，也催生了农业经济发展新形态，农业农村发展理念不断更新，农村农业发展科技服务的组织化、精准化和示范化需求更加迫切。在此背景下，扩大科协系统农村基层组织的群众基础更加深厚。一方面，科协组织可以立足于当地乡村发展现状，以提升基层科协组织力为核心，吸纳更多广大一线乡村科技工作者，建设好"乡村科技工作者之家"，把工作对象转变为工作力量，建立乡村科协基层工作组织。乡村科协基层组织应积极把农村和社区的科技致富带头人、农技推广人才、合作社负责人和热心科普推广工作的村（居）负责人等吸纳到乡村科协组织中任职。这样科协组织的乡村工作基础将更加深厚，更有助于科协组织在乡村振兴工作中的优势开展。另一方面，农业科技发展精准化服务需求的提升，特别是在解决农业重大需求和技术瓶颈的过程中，科技工作者之间跨学科、跨领域和跨专业的合作，对于推动构建农业产学研一体化平台建设，凸显科协组织服务优势提供了空间。科协组织具有联系各行各业科技工作者的优势，其扁平化的网络组织体系又具有了解乡村农业科技发展实际状况的优势，在农业科技产学研一体化的过程中，能够促进农业科技需求端和供给侧的匹配，在一定程度上消除了信息不匹配的问题。此外，科协组织还可以组织乡村科技领域优秀人才开展咨询决策活动，为乡村农业科技发展献计献策，这些活动都扩大了科协组织的工作优势。

第三，科协组织参与乡村振兴，有助于科协自身建设改革，在服务品牌、平台、机制、队伍、改革及阵地建设方面实现其新的突破。中国科协作为群团组织的属性要求科协必须不断改革，增强自身满足科技工作者需求的能力，必须做深做精做实对科技工作者的组织动员、团结引领和联系服务。党的二十届三中全会进一步擘画了实现中国农村农业现代化的实践蓝图，对实现城乡融合发展，进一步推动乡村全面振兴提出了新要求，明确了推进农村改

第二章　中国乡村振兴的科协责任担当

革的战略思路。一方面，实现城乡融合发展要推进城乡人才双向流动。[①] 农业科技人才往往集中在城市中的企业、高校及科研机构，他们拥有乡村科技发展急需的技术水平，是乡村科技要素的供给者，而广大的农村地区是科技要素的需求者，科技要素的城乡流动障碍制约着农村科技水平的提升。科协组织可以立足各级学会、各类科协组织、科技志愿者和基层农技协等组织，引领科技工作者投入乡村振兴，打造科协服务乡村振兴的品牌，塑造科协服务乡村振兴的品牌力。另一方面，新质生产力的发展推动了农村数字化转型，农村数字化和农业深度融合发展，需要大力发展智慧农业，提升数字技术赋能农业的增加值，这为农村科技工作者推动农业新质生产力的发展提供了风向标，也为科协组织作用发挥提供了广阔的舞台。科协组织可以通过"科创中国""科技小院"等服务形式，推动人工智能、大数据等应用于农业，而农村科技发展也不断促进科协服务品牌的提档升级，推动科协组织发展。综上，乡村振兴扩大了科协组织的服务内容，拓展了科协组织的服务品牌，为科协改革提供了可能的切入点、结合点、着力点，有力促进了科协组织的自身改革，保持和增强了科协组织和科协工作的政治性、先进性、群众性，为科协事业发展开拓了新天地。

第四，科协组织参与乡村振兴，完善了科协组织与涉农科技企业、院所及农业农村系统等组织的合作与联系。

[①] 郑会霞：《在城乡融合发展中扎实推进共同富裕》，《光明日报》2025年1月2日第6版。

科协作为群团组织，桥梁纽带作用的发挥是其重要职责。分布在涉农企业、院所及农业农村系统的农业科技人才是科技工作者的重要组成部分，引导和动员其服务国家中心工作是科协的使命。乡村全面振兴任务的艰巨性和复杂性，要求集中力量、多部门协同投入到乡村振兴中来，构建合力推动乡村振兴的工作格局。[①] 在乡村科协组织的建设方面，需要联合组织系统、民政系统等推动乡村科技人才进村"两委"班子，建立乡村科协基层组织，延长科协组织在乡村工作的手臂。在乡村科技人才的培育方面，不仅需要引入涉农企业、院所的有效农业科技资源，还需要与人社、发改、农业农村系统合力，建立乡村科技人才的培养体系、在乡村科技素质提升方面，科普长廊、科普园地、科普广场及科普馆的建设都需要和村居规划、村民素质等紧密结合。在乡村振兴的平台搭建方面，科协组织可以促进地方政府与上级农学会等组织建立合作关系，在乡村产业发展、乡村人才素质等方面开展深入合作。在乡村振兴的阵地建设方面，科协组织应充分建立与组织、宣传、教育、卫健、农业农村等部门的协同机制，积极推动平台共用、阵地共享原则，将"四长"工作有机融入党群服务中心、新时代文明实践中心（所、站）体系，拓宽科协服务乡村振兴的组织网络体系建设。在乡村科协基层组织参与乡村治理方面，应促进乡村科技社团和乡村科技志愿者组织建设，扩大服务乡村振兴的组织力量，处理好科

[①] 辛宝英等：《中国乡村振兴与工会工作》，中国社会科学出版社2024年版，第132—136页。

协组织与乡镇政府、村"两委"、乡村精英、其他村民的互动关系，还要实现好不同的社会组织之间的互动、交流关系，以实现各主体的信息畅通、资源互补。因此，乡村振兴有助于科协乡村基层组织准确把握并认识乡村社会治理的整体格局，找准科协组织自身嵌入其中的功能定位，发挥自身在乡村治理的协同结构体系中的作用。

二 中国科协在乡村振兴中的角色定位和责任担当

(一) 中国科协在乡村振兴中的角色定位

党的二十届三中全会提出，要健全新型举国体制，提升国家科创体系整体效能。中国科协作为国家创新体系的重要组成部分，必须坚持科学技术是第一生产力，引领和动员广大科技工作者，面向国家重大需求，服务国家重大战略。乡村振兴是一个全面宏大的战略，是实现"两个一百年"奋斗目标和中华民族伟大复兴的必然要求。科协参与乡村振兴是由科协的性质所决定的，也是新时代巩固和发展科协组织基础的必然要求。科协服务乡村振兴的角色定位必然要求科协立足自身职能，把乡村振兴的战略举措和具体内容同科协组织的功能结合起来，在服务乡村科技工作者、促进农业农村科技创新发展、提升乡村人才科学素质、乡村科技发展决策咨询、加强乡村科协组织参与乡村治理等方面发挥作用。

服务乡村科技工作者是科协参与乡村振兴职能作用发挥的基础。乡村要振兴，人才是支撑力量。而农业农村科技人才是推动农业农村产业升级，实现农业农村现代化的重要基础。农业农村科技人才主要包括农业科研人才队伍和以科技推广和乡村服务为主的农村科技工作者等。党的十八大以来，中国农业科技创新取得了显著成效，2022年，中国的农业科技进步贡献率达到62.4%，而这一水平在2012年仅为54.5%，[1] 中国的农业科技水平整体迈入第一方阵。截至2021年，全国农业科研机构拥有科研人员7.23万人，全国取得国家职业资格证书的农业技能人才达到575万人，农技推广服务人才超过50万人，[2] 广大乡村科技队伍工作者是乡村振兴的中坚人才力量。但中国农业科技人才还存在总量相对不足、农业高端人才稀缺和"新农科"人才比例偏低的问题。如何壮大乡村科技工作者队伍，动员并组织广大科技工作者投身乡村振兴，服务好乡村科技工作者是中国科协的重要任务。中国科协要引导乡村科技工作者积极学习贯彻习近平新时代中国特色社会主义思想，深入学习习近平总书记关于乡村振兴工作的重要论述，引导广大乡村科技工作者以解决农业农村科技发展的实际问题为目标导向，合力解决影响农业农村发展的"卡脖子"技术问题，积极发展农业农村新质生产力，积极推广农业科技创新成果。中国科协要充分发挥党和政府联系科技工作者的桥梁和纽带的优势，努力为科技工作者

---

[1] 林万龙、董心意：《新质生产力引领农业强国建设的若干思考》，《南京农业大学学报》（社会科学版）2024年第3期。

[2] 徐婕、于巧玲、胡林元：《乡村振兴背景下我国科技工作者当前的使命与挑战》，《科技中国》2023年第5期。

第二章　中国乡村振兴的科协责任担当

扎根基层、服务乡村振兴牵线搭桥。中国科协要开展好乡村科技工作者状况调查活动，畅通乡村科技工作者意见、建议反映的渠道，要以全国科技工作者日和重大节日为契机，通过座谈交流、走访慰问等多种方式，倾听乡村一线科技工作者服务乡村振兴的心声，把党和政府对乡村科技工作者的关怀送到田间地头。中国科协还要充分利用数字化手段，搭建农业农村技术发展和技术供给匹配的平台和载体，完善农业技术创新平台联盟建设，为广大乡村科技工作者突破重大农业技术联合攻关充当好媒介。最后，中国科协还要加强对乡村优秀科技工作者的举荐和宣传力度，千方百计为各类乡村科技工作者成长、成才铺路。要健全完善科学的评价和评选机制，在评优、评奖等名额推荐上要向乡村科技工作者倾斜，要加大对优秀乡村科技工作者等表彰宣传力度，推动全社会形成尊重和关爱乡村科技工作者，着力营造尊重科技、尊重人才的浓厚社会氛围。要加强与其他群团组织和社会自治组织的联系和协同，力争在有条件的乡村建设好"乡村科技工作者之家"，为广大乡村科技工作者提供更加便捷、精准的服务平台。

促进农业农村科技创新发展是中国科协参与乡村振兴的又一重要角色。党的十八大以来，中国农业科技快速进步，农业科技进步贡献率超过60%，为乡村振兴提供了技术支撑，但农业科技的基础研究、原创性成果依然不足，一些关键核心技术受制于人的局面还没有得到根本改变，提高农业科学技术的自立自强依然是推动乡村振兴的关键支撑。乡村科技要发展，关键是要丰富乡村振兴所需要的科技资源供给。中国科协是中国科学技术工作者的群众组织,具有动员广大科技工作者推动国家科学技术事业发展的优势。一方面,中国科协要引导广大农业科技工作者强化农业科技基础研究,通过高校科协、企业科协、院所科协等科协基层组织,引导他们加强对农业基础研究领域的前瞻性和引领性研究,实现更多的原始农业科技创新。要创造条件推进科企合作,协助政府相关部门构建以企业为主体的多层次的产学研协同创新体系,完善农业科技创新的投入和收益分配机制,协助组建研发联盟实施"卡脖子"关键技术攻关行动,在核心技术研发、产业链上下游对接等方面为企业提供力所能及的帮助。另一方面,中国科协要大力推动农业科技成果转化,完善从原始创新到关键核心技术转化的渠道建设。要引导广大科技工作者与科技志愿者参与农业技术推广,要不断完善和健全农业社会化科技服务体系,通过大力推广科技直通车、科技小院等多种农业农村科技社会化服务模式,促进农业科技成果的转化。中国科协还要组织所属涉农学会、协会及研究会等加强与农业技术企业合作,推动"产学研用"农业技术创新及推广联盟的建设,通过示范带动推进高校、科研院所合作建设,协助相关政策部门完善产学研融合创新。此外,中国科协要组织农业科学技术交流,促进具有中国特色的世界一流农业学科发展。要面向世界农业学科发展前沿和现代农业发展需求,引导广大农业科技工作者适应信息技术、人工智能、合成生物等前沿技术快速发展,强化基础研究、交叉前沿、重点领域学科建设,推动粮食安全、生态文明、智慧农业、营养与健康、乡村发展等重点领域的研究和专业建设，推动新兴涉农专业发展。

推广科学技术，提升农民科学素质是中国科协助力乡村振兴的重要角色定位。推动乡村全面振兴关键在农民，培育一大批"有文化、爱农村、懂农业、精技术、善经营、会管理"的高素质农民是乡村振兴的重要驱动力。然而，中国农民的科学素质与城镇居民相比还有较大差距。第十三次中国公民科学素质抽样调查结果显示，中国农村居民具备科学素质的比例为9.16%，而这一比例城镇居民为17.25%。[①]《全民科学素质行动规划纲要（2021—2035年）》提出，要"以提升科技文化素质为重点，提高农民文明生活、科学生产、科学经营能力，造就一支适应农业农村现代化发展要求的高素质农民队伍，加快推进乡村全面振兴"，[②] 这就对农民科学素质普及工作提出了明确要求。科学普及工作是科协组织的重要职责，实施乡村振兴战略，推动农业全面升级、农村全面进步、农民全面发展，必然要求新时代农村科普工作深度融入农业农村现代化发展，大力提升农民科学素质。当前，围绕农村科普工作，在法律规范、制度建设、经费投入等方面都形成了较为完善的体系，农民科学素质显著提升。同时，农民现代生活方式、科学精神等方面的要求有所提升，农村科普资

---

① 中国公民科学素质抽样调查课题组：《我国公民科学素质的发展现状——基于第十三次中国公民科学素质抽样调查的分析》，《科普研究》2024年第2期。

② 《提高全民科学素质服务高质量发展》，《人民日报》2021年6月26日第5版。

源匮乏、科普资源碎片化的问题依然存在，农村科普资源需求与供给不匹配的问题制约着乡村全面振兴的实现。首先，科协组织要深入调研，切实了解农民的科普需求，不断提升农民科普工作的精度和内涵。要围绕农业关键核心技术攻关、农业产业升级、农业科技成果转化推广、乡村建设治理等农民生产生活中的所需所盼，针对不同群体的科普需求，精准供给高质量科普产品和服务。在普及推广农村适用科学技术、推进农村经济发展的同时，应该重视和加大对农民在科学生活、生态文明、环境友好、和谐共荣方面的科学知识普及和应用，不断提高农民文明素质和农村文明程度。其次，要提高科普工作的效果，用农民听得懂、接受得、生动活泼的科普形式，提升农村科普工作的温度。要把农村科普工作纳入新时代农村精神文明建设范畴，从贴近农业生产实际出发，多采用科普话剧、科普活动、广播图文等生动活泼的科普形式，使与农民生活生产密切相关的科普妙趣横生、喜闻乐见。要组织科普专业技术人员到乡（镇）村开展培训、咨询、指导等服务工作，像及时雨一样送到农民手中，彰显农村科普的温度。最后，要大力培养和扩大科普人才工作队伍，提升农村科普工作的覆盖度。要大力实施乡村振兴人才支持计划，强化农业科技人才和农村高技能人才的培养使用。要充分激发农民这一乡村振兴主体的科普内生动力，加大乡村本土人才培养力度，加强农村科普专业人才与高素质农民队伍的结合，真正发挥科普人才在农村科普工作中的引领示范和推动作用，造就一支适应农业农村现代化发展要求的高素质农民队伍，带动产业发展，形成规模效应。

第二章　中国乡村振兴的科协责任担当

汇聚广大科技工作者的智慧，服务农业科技战略决策咨询也是科协参与乡村振兴的重要角色定位。党的二十大报告提出要强化科技决策战略咨询。当前，中国农业发展还面临着众多"卡脖子"难题，部分农业前沿领域原创性引领性创新能力不足，科技赋能农业现代化动力不足，亟须提高农业科技供给水平，加快形成新质生产力，以科技增强农业发展新动能。这都对中国科技智库做好农业科技宏观战略规划、提高农业科技发展决策水平提出了更高的要求。在推进中国式现代化的征程中，主动顺应科技革命和产业变革趋势，主动把握中国发展面临的新的战略机遇，这都迫切要求科技群团智库在现代化进程中有效发挥桥梁纽带作用，团结广大科技工作者建言献策，以高水平智库建设开创集智创新、服务中国式现代化的生动局面。中国科协具有推动科技智库建设，组织相关领域优秀人才建立专家咨询团队，组织所属学会、协会、研究会开展决策咨询活动等职能，在实现乡村科技发展决策咨询方面，科协组织的作用不可或缺。一方面，中国科协要发挥广泛联系教育、科技、产业各界科技工作者，联系全国学会（协会、研究会）等的桥梁纽带优势，组织好涉农领域的跨学科、跨领域的综合研究。中国科协应聚焦"乡村科技工作者"这一主线，把握乡村科技人才和涉农科学技术的发展特点和趋势，服务好乡村振兴这一重大战略。要围绕关注现代农业产业技术体系和核心农业技术创新的关键性问题，对如何突破产业发展和生态建设瓶颈，开展全产业链协同攻关，推动农村产业技术转型升级等重大问题开展决策咨询。另一方面，中国科协在为乡村科技发展决策咨询的过程中，要坚持为民咨政献言的政治立场，要以习近平新时代中国特色社会主义思想的强大感召力凝聚人心、汇聚智慧，系统研究阐释习近平总书记关于乡村振兴工作的重要指示和讲话精神，系统研究阐释习近平总书记关于科教兴国战略、人才强国战略、创新驱动发展战略的重要论述，不断增强党对广大科技工作者的政治引领力、政治号召力和群众组织力。此外，中国科协要从农业科技发展规律出发研判科技发展趋势和突破方向，从农业科技发展的全域视野研究农业经济社会发展和制约国家农业安全发展的重大问题，要聚焦农业科技发展战略、科技和创新发展政策等领域，超前规划布局，形成科技战略咨询体系化力量和信息咨询网络。要注重加强农业科技咨询成果的转化、使用和评价，努力推动将乡村科技发展成熟的思路及时转化为乡村发展的政策举措，推动农业科技创新发展。

中国科协参与乡村治理是乡村治理效能提升的必然要求。乡村治理是乡村振兴的重要组成部分，乡村治理能力和治理效能的提升也是国家治理现代化的重要组成部分。随着农民对美好生活品质要求的提升，乡村治理的形势也发生了深刻变革，构建乡村社会治理共同体是破解乡村治理难题的重要抓手。乡村治理效能提升需要包括群团组织在内的多元主体参与，科协组织参与乡村治理也是新时代乡村发展赋予科协的一项重要角色。《乡村振兴责任制实施办法》提出，要加强农村基层组织建设，建立健全党委领导、政府负责、民主协商、社会协同、公众参与、法治保障、科技支撑的现代乡村社会治理体制和党组织领导的自治、法治、德治相结合的乡村治理体系。科技是乡村治

第二章 中国乡村振兴的科协责任担当

理的重要支撑,科协参与乡村治理必须要壮大乡村科协组织,这也是组织振兴的必然要求。《中国科协2023年度统计简报》显示,截至2023年12月底,全国乡镇街道科协28931个,城乡社区科协42816个。[①] 就数据来看,乡村科协组织的数量还不能满足乡村组织振兴的需要。壮大乡村科协组织要把乡村优秀人才吸引到科协组织中来,不仅要把科技科普示范户、种养殖大户、"土专家"、"田秀才"吸纳到基层科协组织,还要打破身份、职级、行业和地域限制,把各类"懂农业、爱农村、爱农民"的实用人才充实到基层科协组织中,助推区域发展;同时,还要注重吸纳在农村工作中有影响力的突出人才,推动成为中国科协助推乡村振兴事业的合伙人、共建者。中国科协参与乡村治理要发挥科协组织在推动乡村文化振兴中的作用。中国科协可以发挥联系广大乡村科技工作者的人才和技术优势,聚焦乡村数字文化建设,借助高清3D呈现、裸眼全息投影、VR(虚拟现实)等数字化技术和数字化媒体,融入图片、音乐、视频等元素,全方位、多视角立体展现乡村文化风貌,切实提升乡村文化的魅力与吸引力。中国科协参与乡村治理还要发挥科协在培育乡村振兴人才中的作用。中国科协可以帮助乡村建立和完善信息共享平台,加强对乡村人才素质技能的数字化培养,积极运用互联网、大数据手段为开展乡村治理工作的科

[①] 《中国科协2023年度统计简报》,https://www.cast.org.cn/sj/ZGKXNDSYFZTJGB/art/2024/art_e8ed28b93f5c45e6807446e0f8278830.html,2024年。

学决策、问题预警等提供依据和支撑，推进严格管理和精细化治理。中国科协参与乡村治理还要发挥科协助力乡村产业发展的重要作用。乡村产业的发展可以奠定乡村治理的经济基础，乡村产业发展好了才能留住乡村发展所需要的人才，也才能让乡村安居乐业。中国科协要发挥联系广大科技工作者的优势，围绕乡村振兴中的优势特色产业，协助乡村制定产业发展规划，推广农业产业技术，助力乡村攻克农业技术问题，在产业发展过程中推动乡村治理水平提升。

（二）中国科协在乡村振兴中的责任担当

农业农村现代化的进程直接关系到中国式现代化的目标进度。在当前外部环境更加不确定的背景下，稳住"三农"，全面实现乡村振兴是推动经济社会高质量发展的基础支撑。坚持围绕中心，服务党和国家中心工作是中国科协开展工作的基本原则。进入新时代，中国各级科协组织不断加强自身改革，立足新发展阶段，深入贯彻新发展理念，广泛组织动员广大科技工作者，拓展乡村科协基层组织覆盖，增加乡村社会科技公共服务供给质量，为乡村产业发展提供科技支撑，为农民科学素质提升提供保障，开创了科协服务乡村振兴的新局面，展现了中国科协在乡村振兴中的责任担当。当前，科技在提升农业全要素生产率中的作用越发重要，农业农村领域发生着深刻变革，中国科协要主动适应农业科技发展的新形势、新需求，为全面实现农业农村现代化贡献力量。

中国科协要强化桥梁和纽带作用，继续搭建科技助

第二章　中国乡村振兴的科协责任担当

力乡村振兴的平台。科协组织一方面要立足农业农村发展所需，汇聚科协的人才和组织优势，把为农村群众解难题、办实事作为科协服务乡村振兴的出发点。当前，科技创新已经成为激发乡村发展动能，实现乡村振兴的核心力量。随着农业新质生产力的发展，先进的农业技术、信息技术、生物技术等应用，提高了农业生产效率，也给乡村振兴带来了新的理念、知识和技能，催生了乡村旅游、生态农业、农村电商等新兴产业，为乡村发展带来了更多的机遇。[①] 在农村科技快速发展变革的背景下，农业科技知识更新速度加快，农民对科技的需求更加前沿和多元，但由于农民的科技素质基础、知识接受速度可能存在较大差距，这都需要科协摸清农村所需，建立科协服务乡村振兴目录，为农民提供更加精准的科技培训、产业指导和科普讲座等科技服务。另一方面，中国科协要加强与涉农科技工作者的联系和交流，了解他们的技术研发、技术转化过程中的困难和问题，推动生态学、地理学、农业科学的跨学科联动，综合解决农业农村发展中的重大技术难题。[②] 中国科协具有广大的组织网络，高校科协、院所科协和地方科协组织通过引导和动员广大科技工作者有组织地开展农业技术创新，形成科技创新共同体，实现农业科技创新中的信息与资源共享，打通农业技术创新上中

[①] 黄锐：《培育和发展农业新质生产力》，《经济日报》2024年9月3日第10版。

[②] 辛翔飞：《践行大农业观发展现代农业》，《经济日报》2024年8月21日第10版。

下游的联通和联动，实现农业技术创新的规模效益。此外，科协组织要以科技赋能乡村振兴为着力点，以农村专业技术协会等基层科协组织为基础，以乡村振兴科技顾问志愿服务为抓手，以科技小院、乡村振兴科技顾问工作站为阵地平台，动员引导广大科技工作者投身一线，打造专业化精准化的科协服务乡村振兴项目。最后，中国科协服务乡村振兴并不是一个孤立、单一的系统。从工作内容来看，科协可以通过科技赋能乡村产业发展，也可以通过科技科普培育乡村人才，又可以提升农村科学素质从而推动乡村文化振兴，这都需要科协组织强化与乡村振兴部门、乡镇政府和村委会的协同合作，更离不开乡村各类群团组织、社会组织和经济组织的支持。因此，科协组织参与乡村振兴还要构建上下联动、广泛协同的科技服务与乡村振兴所需要对接的有效机制。

科协组织还要发挥科技优势，壮大乡村振兴科技服务队伍。乡村全面振兴的科技支撑作用的发挥，关键是靠乡村科技服务人才，壮大乡村振兴科技服务队伍是科协组织推动乡村振兴的重要途径。目前，中国乡村科技服务队伍存在数量较少、服务覆盖面不足和多样化需求满足能力弱等问题，这需要完善乡村科技服务支持政策，提高乡村科技服务人才的综合素质和专业技能，还要提高乡村科技服务人才的技术待遇。科协组织要立足各级学会、高校科协、企业科协、科技科普志愿服务组织、基层农技协等组织，在不同地域、不同层级、不同领域培育出综合素质高、服务能力强、运行管理规范、热爱乡村振兴工作的科技服务队伍。科协组织发挥党员先锋模范作用，深入实施科技人

第二章 中国乡村振兴的科协责任担当

才助力乡村振兴工程，广泛吸收农技推广机构负责人、科技企业负责人等加入基层科协"三长"队伍，引导科技人才向基层一线流动，激励科技人才在农村广阔天地大施所能、大展才华、大显身手，将人才队伍汇聚为乡村振兴的活水之源。中国科协要大力鼓励开展科技志愿服务乡村振兴行动，为科技志愿服务乡村振兴做好对接，要建立健全科技志愿服务激励机制，积极为志愿服务乡村振兴提供相应的激励政策。各级科协组织要对服务时间较长、业绩突出、社会影响较大的科技志愿服务组织、科技志愿者和科技志愿服务项目给予褒扬。要在人才推荐、项目评审、活动承接等工作中，同等条件下优先考虑服务较好的科技志愿者和科技志愿服务组织。中国科协还要强化中国农技协服务乡村振兴的重要作用，壮大农技协人才队伍，完善以会员为中心的联系服务机制，建立服务体系，加强对农业高校、科研院所、农业企业的农业科技工作者引领吸纳，加强农业科技专家智库建设。加大农业科技工作者举荐力度，用好"全国创新争先奖""中国青年科技奖"等渠道，选树"中国农技协最美科技工作者"，激发农业科技工作者的服务乡村振兴的工作热情。

中国科协应积极创造条件，丰富科技助力乡村振兴的资源供给。[①] 农业生产技术供给是科协赋能乡村振兴的最重要的资源。随着新一轮科技革命对农业农村的深刻影

---

① 《中国科协 国家乡村振兴局关于实施"科技助力乡村振兴行动"的意见》，https://www.cast.org.cn/xw/tzgg/KXPJ/art/2022/art_5a6e5145bffd4e6cbd6bcec4b4520230.html。

响，农业科技也向智能化发展。数字农业、生物种业等"王牌产业"及无人机操控、智慧农业管理等"新兴科技"的发展极大地扩大了农民对农业机械化、智能化技术的需求。科协组织要充分发挥自身优势，积极组织动员广大科技工作者适应并应对新一轮科技革命的挑战，在国家粮食安全保障、重要农产品自足供给、农业装备智能化和农业可持续发展等领域开展科学前沿研究，推动农业科技自主创新，满足农业科技发展需求。促进农民科学素质提升，为农村提供科普服务是科协赋能乡村振兴的又一资源供给。科协组织要加强对乡村科普发展的规划和引领，结合乡村建设和农业产业化的实际需求，注重整合和发掘科普资源，加强科普基础设施建设，培育和扶持各类农村专业技术协会、专业合作社和科普人才，真正发挥他们的"桥梁纽带"作用。要探索建设科普示范乡镇、科普示范村，在村庄建设科普示范基地和科普示范户，从政策、技术、资金上给予倾斜，强化科普示范基地（户）的带动辐射功能，提供科学种养的良好示范。要针对乡村实际需求，提升科普大篷车、流动科技馆等科普资源入村服务，在有条件的地区加强农村科普馆建设，推动完善优质科普资源常态化流动机制，丰富乡村科普资源供给。加强与科研单位、科普组织和村"两委"之间的有效沟通衔接，实现资源共享、优势互补，促进科普取得实效。要发挥县级科普文化机构辐射作用，实现乡、村两级科普文化服务全覆盖，推动科普文化资源重点向农村倾斜。探索以大数据、人工智能、"互联网+"等现代信息技术畅通各种自上而下、由城至乡的科普文化输送渠道。要依托新媒体开展科普工作，制作并推广科普知识的短视频等，寓教于乐，把科普资源供给转换为农民科学素质。

科协组织要立足新发展阶段，开展科技助力乡村振兴精准服务。科协组织要强化团结引领动员广大科技工作者以农业农村发展中的需求为导向，立足自身职责，为科技工作者投身农业关键核心技术攻关、农村科技科普素质提升、农业科技成果转化和推广服务。首先，科协组织要创新服务方式，探索农民"点单"、科协"派单"、科技社团"接单"的模式，引导优质科技资源向农村倾斜，提升乡村科技资源的供需的精准匹配。要汇聚各领域科技工作者智慧，聚焦乡村产业发展、文化繁荣、绿色生态和乡村治理等领域积极建言献策。[①] 要引导科技工作者在数字赋能农业科技、培育农业新质生产力等领域精准发力，加强智慧农村、智能农机、数字农田等关键技术的突破，推动农产品全产业链数字化赋能，将数字技术贯穿农作物耕、种、管、销各环节，实现农业农村生产经营和管理服务的精准化、智能化。其次，科协组织要发挥桥梁纽带作用，加强统筹协调，建立科协、科技社团、科研机构和企业联动机制，通过实地走访、座谈交流、科技成果路演等方式，积极促成乡村企业、合作社与科技社团、科研机构的项目合作，推进创新链和产业链融合，提升涉农科技成果转化效率。要积极推动项目研发、成果推广、市场应用形

---

① 《中国科协 国家乡村振兴局关于实施"科技助力乡村振兴行动"的意见》，https://www.cast.org.cn/xw/tzgg/KXPJ/art/2022/art_5a6e5145bffd4e6cbd6bcec4b4520230.html。

成闭环，创新绿色农业、智慧农业、数字农业、设施农业、循环农业等发展模式，为提高农业资源利用率、土地产出率和劳动生产率，增强农业综合生产能力和抗风险能力提供科技支撑。最后，要提升农村科普服务的精准化水平。对于农村种植养殖人员，聚焦农业新理念、新技术和新应用等开展订单式科技下乡和科普培训，提升他们适应新农业生产的能力和水平；对于农村老年人群体，注重营养健康、疾病预防、移风易俗等知识的普及，引导他们树立新的生活理念，养成科学健康的生活习惯与生活方式；对于农村青少年、留守儿童，要把科学思维和科学精神贯穿于科技教育的全链条，发挥科普基地、科技场馆、科普大篷车等作用，激发他们的科学兴趣，为乡村全面振兴培育高素质后备人才。[①]

中国科协组织要立足自身科技资源优势，开展好科技赋能乡村组织建设。组织振兴是乡村振兴的根本保证，是对乡村组织的系统构建。中国科协要立足自身科技资源优势赋能建立和完善以党的基层组织为核心、村民自治和村务监督组织为基础、集体经济组织和农民合作组织为纽带、各种经济社会服务组织为补充的组织体系。一方面，中国科协要引导、组织和动员广大科技工作者推动乡村组织建设，要为乡村组织的数字化提供科技支持，通过企业、院所科协组织积极引导技术、资金投入乡村组织的数

---

① 《中共中央办公厅 国务院办公厅印发〈关于新时代进一步加强科学技术普及工作的意见〉》，https://www.gov.cn/zhengce/2022-09/04/content_5708260.htm。

字化建设，以科技志愿者服务、专项科学技术支持等形式构建乡村数字治理平台，以线上线下相结合的方式推动农民群众多元参与乡村组织，以数字化赋能，推动乡村治理智能化和服务精细化，确保乡村社会既充满活力又有序安定。另一方面，科协组织要积极借助科技力量，提升乡村组织成员科学技术素养。乡村组织振兴关键在人，中国科协不仅要推动和引导村"两委"成员、乡村经济组织、乡村群团组织等乡村组织负责人重视科学技术在乡村振兴中的应用，支持相关组织对农民科学技术普及服务，推广智慧农业实践技能，助力农民掌握现代农业科技。中国科协还要积极利用自身科技优势，为乡村组织提供特色科技科普服务，助力乡村"两委"成员和其他乡村组织负责人科技素养提升。中国科协要协助培养具有数字经验的农业技术人才，积极为乡村振兴注入智慧力量，推动农业生产现代化和乡村电商平台的发展。最后，健全和扩大乡村科协组织在乡村的扩展和覆盖也是乡村组织振兴的组成部分。要加强乡村基层科协组织建设的顶层设计，要在乡镇建立乡镇科协，明确乡镇科协的工作要求、组织构架、人员配置及选举流程等，规范基层科协组织建设和运行。在有条件的村（社区、居）建立科协基层组织，条件不成熟的村（社区、居）应该建立科普小组等，推动基层科协组织全覆盖。利用村（社区、居）综合办公场所和党员活动室等开展科普工作，建立科普活动室，可以配备科普信息员，配置必要的办公设施等，要做到有人议事、管事和做事，切实提高组织的影响力和覆盖面。

中国科协要促进现代科技与乡村文化融合，赋能乡村精神文明建设。在新一轮科技革命日益深化的背景下，科协组织因其拥有丰富的科技资源及人才优势，在赋能乡村精神文明建设中具有其独特的作用。首先，中国科协要把弘扬科学家精神和社会主义核心价值观紧密结合。要动员和引导广大科技工作者深入乡村宣讲科学家精神，把追求真理、崇尚科学、服务社会的科学价值取向同中华优秀传统文化及社会主义核心价值观相结合，采用农民喜闻乐见的科普话剧、科普影视及图文等在乡村形成尊重劳动、尊重知识、崇尚创造的良好风气。要通过开办健康知识、家庭教育等各类讲座，引领群众自觉践行社会主义核心价值观，推动移风易俗，培育文明乡风。其次，中国科协要充分发挥大数据、人工智能等新技术优势，助力乡村精神文明建设。要积极引导企业、学会等组织通过捐赠、投资等方式助力乡村文化基础设施建设，要进行乡村文化中的数据挖掘与服务，丰富乡村公共文化服务数字供给，帮助乡村实现文化供给的普惠化、便捷化、均等化。要依据乡村特色为乡村文化建设提供差异化的数字化技术指导，提升乡村文化传播半径和影响力，激发乡村文化的强劲生命力。最后，中国科协要持续发展和扩大助力乡村振兴的文化品牌。要结合实际，以项目支持形式，吸引和撬动社会力量投入和参与乡村文化振兴有关科普项目运作和科普活动开展，推动乡村科普文化品牌建设。要巩固和发展"科技小院"在服务乡村文化振兴中的重要作用，进一步加强"科技小院"建设工作，扩大"科技小院"覆盖面，推动"科技小院"与乡村文化振兴工作结合，不断夯实科技小院科技和人才基础，扩大和推广科技小院模式和经验，打造更多、更具特色的科协助力乡村文化振兴的模式。

第二章 中国乡村振兴的科协责任担当

中国科协要加大重点区域支持服务力度，深化科协系统定点帮扶工作。① 乡村振兴的全面推进需要因地制宜、精准发力，尤其是在脱贫地区和易地搬迁集中安置区等重点区域，科技服务的支持力度尤为重要。首先，强化脱贫地区科技助力，巩固拓展脱贫攻坚成果。针对脱贫地区的资源禀赋，中国科协应开展特色产业技术服务，通过因地制宜地引入先进技术，帮助脱贫地区培育产业发展优势，增强经济自我发展能力。科协组织要注重科技与生态的协同发展，积极推广生态农业和绿色生产技术，助力脱贫地区实现生态与经济的双赢。应引导脱贫地区参与数字经济发展，利用电商平台推广特色农产品，借"互联网+农业"模式拓宽市场，逐步实现经济高质量发展。其次，中国科协要组织专家团队为重点区域开展精准服务，推动重点区域富民产业快速发展。要完善专家服务体系，构建涵盖农业科技、资源开发、生态保护等领域的专家团队，深入重点区域调研，制定科学合理的发展规划。需建立专家与基层的长期互动机制，确保服务持续有效，通过"科技特派员"制度，让专家团队定期深入乡村提供技术指导和服务，通过邀请高校教授讲解现代农业生产技术，帮助农民掌握新品种种植和新技术应用等方式，为重点区域的产业发展提供智力支持。最后，中国科协要深化定点帮扶工作。科协组织要严格落实"四个不摘"要求，继续发扬

---

① 《中国科协 国家乡村振兴局关于实施"科技助力乡村振兴行动"的意见》，https://www.cast.org.cn/xw/tzgg/KXPJ/art/2022/art_5a6e5145bffd4e6cbd6bcec4b4520230.html。

"会企"合作帮扶、学会组团式帮扶、跨地区帮扶、党组织结对帮扶等工作经验，发挥企业、高校等社会力量在定点帮扶中的作用，通过构建定点帮扶科技服务乡村振兴目录，将科协组织能够提供的帮扶服务内容系统化、清单化，为乡村提供"一站式"科技服务。加大对定点帮扶地区的政策、人才、信息、资源、技术等支持和倾斜力度，推动定点帮扶地区特色产业发展，高标准完成定点帮扶工作任务。

（三）构建中国科协助力乡村振兴的长效机制和保障体系

党的二十届三中全会指出，要运用"千万工程"经验，健全推动乡村全面振兴长效机制。乡村全面振兴是一项系统的重大战略工程，不是一蹴而就的，需要汇聚各方力量长期推动、久久为功，要持续完善乡村振兴的长效机制和保障体系。[①] 中国科协作为党联系广大科技工作者的群团组织，紧紧围绕服务党和国家工作大局开展工作，持续深入学习贯彻习近平总书记关于"三农"工作的重要论述，立足新发展阶段，贯彻新发展理念，坚持科技赋能、深化智志双扶，大力开展科技助力乡村振兴行动，不断完善科协服务乡村振兴的长效机制和保障体系，展现了乡村全面振兴中科协组织的担当和作为。

构建中国科协助力乡村振兴的长效机制和保障体系必

---

① 《中共二十届三中全会在京举行》，《人民日报》2024 年 7 月 19 日第 1 版。

第二章 中国乡村振兴的科协责任担当

须坚持党的领导。办好农村的事情，实现乡村振兴，关键在党。2017年10月，党的十九大报告首次提出乡村振兴战略，指出必须始终把解决好"三农"问题作为全党工作的重中之重，实施乡村振兴战略。从2018年中央一号文件《中共中央 国务院关于实施乡村振兴战略的意见》到2024年中央一号文件《中共中央 国务院关于学习运用"千村示范、万村整治"工程经验有力有效推进乡村全面振兴的意见》，党中央高度重视乡村振兴工作，只有坚持党对乡村振兴的领导，乡村振兴工作才不会偏航，乡村全面振兴也才能够实现。中国科协助力乡村振兴也必须坚持党的全面领导，健全科协助力乡村振兴的实施保障机制，激发各级科协组织及所属学会、广大科技工作者的活力和创造力，凝聚共识，形成合力，保障科协助力乡村振兴各项工作取得实效。各级科协组织要坚决贯彻落实全面从严治党部署要求，以党的政治建设为统领抓好党的建设各项工作。把党的领导贯穿到规划服务乡村振兴的各领域和全过程，不断提高政治判断力、政治领悟力、政治执行力，建立完善上下贯通、落实有力的工作体系，确保党中央农业农村重大决策部署贯彻落实。科协组织要激发全社会参与乡村振兴的积极性，最大限度凝聚广大科技工作者的智慧力量，建设高素质专业化科协和学会干部队伍，加强科协系统助力乡村振兴的教育培训和实践锻炼，提高各级科协组织及所属学会干部适应新时代党对乡村振兴工作的新要求，提升稳定的政治能力和专业化水平。

构建中国科协助力乡村振兴的长效机制和保障体系要做好科协助力乡村振兴的规划及实施。科协组织要在党中央、国务院乡村振兴工作的指引下，结合科协基层的现状和各级学会组织本学科、本行业、本领域特点，研究制定实施科协助力乡村振兴的发展规划，积极争取把规划确定的重点任务纳入当地党委和政府的工作规划计划，统筹协调落实。要推动制定完善支持科协组织服务乡村振兴的法律法规和政策措施，鼓励支持乡村科协组织兴办符合科协组织宗旨的乡村社会公益性事业。要引导和发挥社会力量和市场机制的作用，探索建立科协事业服务乡村振兴的多元供给的支撑保障机制。完善科协助力乡村振兴的重大目标任务、重大项目、重大活动等牵引机制。推动落实鼓励乡村科普事业发展的税收优惠等相关政策，完善乡村科普经费投入保障机制。要加强对科协组织服务乡村振兴规划的解读和宣传，做好规划目标和任务进行分解与分工，将规划具体任务相应落实在各级科协组织及所属学会的年度重点工作任务中。要开展好规划实施的监督检查，将规划实施情况纳入各级科协组织及所属学会的年度工作总结和考核，组织开展规划实施评估，并将总结评估结果纳入工作绩效、干部评价考核，保障规划实施的效度。

构建中国科协助力乡村振兴的长效机制和保障体系必须要加强科协组织的外部协调联动。[①] 实现乡村振兴，需要多部门协同构建合力推动乡村振兴的工作格局。要强化协调配合和统筹指导，与政府部门、其他群团、各级学

---

① 《中国科协 国家乡村振兴局关于实施"科技助力乡村振兴行动"的意见》，https://www.cast.org.cn/xw/tzgg/KXPJ/art/2022/art_ 5a6e5145bffd4e6cbd6bcec4b4520230.html。

会、院校、企业等合作联动，合力推进巩固拓展脱贫攻坚，各级科协组织和乡村振兴部门要建立对接机制，细化落实举措，做好指导、推动、服务和落实工作。要注重赋能基层，强化支撑保障，探索通过政策保障、项目支持、活动引领、平台支撑等方式，深化精准助力、推动创新探索、形成工作突破，切实为广大农民服务，为乡村振兴战略服务。中国科协可以通过构建省域统筹、市域中心、县域重点的组织协同和联动机制，联合创新推动不同地区科协组织之间的协同合作，建立跨区域的农业科技合作平台和机制，促进区域间的农业科技资源共享、优势互补。科协组织可以建立科协与政府部门、企业、社会组织等之间的信息共享机制，及时互通科技政策、科技项目、科技人才等信息等。此外，各级科协组织和乡村振兴部门要强化宣传表彰，发现典型人物和典型事迹，挖掘创新路径和有效模式，开展多渠道的宣传推广，营造科技助力乡村振兴的良好氛围，开展科技助力乡村振兴先锋人物，引导带动更多科技工作者投身乡村振兴，汇聚乡村振兴的强大力量。

构建中国科协助力乡村振兴的长效机制和保障体系必须要加大对科协参与乡村振兴的经费支持。首先，各级科协组织要会同乡村振兴等有关部门积极向各级政府争取将科协参与乡村振兴的相关工作纳入财政预算，确保有稳定的财政资金支持，要争取更多政府政策制定的源头参与，在所制定的乡村振兴相关政策中对项目经费补贴、税收减免等优惠政策给予倾斜支持。其次，各级科协组织要会同乡村振兴部门根据乡村产业基础、自然资源状况多元化筹集资金，可以通过开展公益项目、组织公益活动等方式，吸引企业、社会组织和个人等社会力量进行捐赠，为科协参与乡村振兴筹集资金。也可以通过项目与合作共建的方式，与企业、高校、科研机构等开展项目合作，通过共同研发、技术转移、成果转化等方式，实现资源共享和互利共赢，为科协参与乡村振兴提供资金支持。此外，还要积极参与政府购买服务项目，通过承接政府在乡村振兴领域的相关服务项目，获得相应的资金支持。最后，各级科协组织要提升项目管理和经费使用效率。要加强经费监管和审计，建立健全科协参与乡村振兴经费的管理制度，确保资金的合理使用和安全，要优化经费使用结构，将资金重点投向科技服务、科普教育、人才培养等关键领域，提高资金的使用效益。要建立经费使用绩效考评机制，对科协参与乡村振兴的项目进行绩效评估，根据评估结果进行奖惩，激励中国科协和科技工作者更加积极地投身乡村振兴。

第三章

中国乡村振兴与科协工作

民族要复兴,乡村必振兴。党的二十大报告明确提出,"全面推进乡村振兴""加快建设农业强国,扎实推动乡村产业、人才、文化、生态、组织振兴",[①] 为中国式农业农村现代化指引了方向。中国科协作为科技工作者的群众组织,拥有丰富的科技资源和人才优势,在乡村振兴工作中担当着重要角色,肩负着推动乡村科技进步、人才培养、生态改善和文化繁荣的光荣重任。通过充分发挥自身优势,中国科协将为乡村振兴战略的实施贡献不可或缺的力量。

一 产业振兴与科协工作

乡村产业振兴是乡村全面振兴的关键,是基于中国国情、历史底蕴与时代要求,对乡村振兴战略实践的深刻总结,是解决"三农"问题的重点。2024年中央一号文件

[①] 习近平:《高举中国特色社会主义伟大旗帜 为全面建设社会主义现代化国家而团结奋斗——在中国共产党第二十次全国代表大会上的报告》,人民出版社2022年版,第31页。

指出，"推进乡村全面振兴是新时代新征程'三农'工作的总抓手"，强调要提升乡村产业发展水平。[①] 乡村产业振兴作为乡村振兴的坚实物质基础，在推进县域城镇化、促进城乡融合发展过程中发挥着重要支撑作用。科协作为推动科技进步的重要力量，在乡村产业振兴中肩负着重大使命。中国科协顺应时代需求，紧紧围绕乡村振兴战略总体要求，充分发挥自身优势，通过科技赋能农业，以科技创新推动产业升级；积极开展科普活动，提升农民科学素养，为乡村产业振兴注入科技动力；坚持示范引领，发挥科技人才的专业优势和带动作用，助力乡村产业发展，推动科协助力乡村产业振兴工作迈向新高度。

（一）科技引擎驱动，激活乡土产业潜能

1. 以乡村产业振兴促进农业强国建设

乡村产业振兴是实现乡村全面振兴的关键环节，对于推动农业农村现代化、促进农民增收致富、传承乡村文化、维护生态平衡以及加强乡村治理具有重要意义。乡村产业振兴旨在通过一系列政策措施、技术创新和资源投入，推动乡村地区的产业实现快速、健康、可持续发展，从而提高乡村经济活力、增加农民收入、改善农村生活条件。其内涵包括多个方面：一是发展特色农业产业，充分挖掘和利用乡村的自

[①]《农业农村部关于落实中共中央　国务院关于学习运用"千村示范、万村整治"工程经验有力有效推进乡村全面振兴工作部署的实施意见》，https://www.gov.cn/zhengce/zhengceku/202402/content_6932103.htm，2024年。

第三章 中国乡村振兴与科协工作

然资源和文化资源，培育具有地方特色的农产品品牌，提高农产品附加值；二是推动农村一二三产业融合发展，打破传统农业的单一生产模式，延伸农业产业链，发展农产品加工、乡村旅游、农村电商等新兴产业，实现产业间的协同发展和价值增值；三是加强农业科技创新，应用现代信息技术、生物技术等先进技术手段，提高农业生产效率和质量，推动农业向智能化、绿色化、现代化转型；四是培育新型农业经营主体，鼓励和支持农民合作社、家庭农场、农业企业等新型经营主体的发展，提高农业组织化程度和市场竞争力；五是完善农村产业基础设施，加强农田水利、道路交通、仓储物流等基础设施建设，为乡村产业发展提供有力支撑。乡村产业振兴的内涵丰富多样，其核心在于实现乡村经济的多元化发展，提升乡村整体发展水平。乡村产业扎根于县域，以农业农村资源为依托，以农民为主体，以农村一二三产业融合发展为路径，具有地域特色鲜明、创新创业活跃、业态类型丰富、利益联结紧密等特点，是提升农业、繁荣农村、富裕农民的关键产业。

2. 新时代新征程乡村产业振兴的多重使命担当

乡村产业振兴是实现农业农村现代化的必然要求。新时代新征程下，实现农业农村现代化已成为中国现代化建设的重要目标之一，乡村产业振兴则是实现这一目标的关键路径。乡村产业振兴在农业农村现代化进程中具有多方面的关键意义与显著效能。其一，从农业生产方式变革视角来看，伴随科技的迅猛发展与社会的持续进步，传统农业生产方式暴露出明显的局限性，难以契合现代社会对农产品数量与质量的双重需求。在此背景下，乡村产业振兴成为农业生产转型的关键驱动力。借助产业振兴的契机，推动农业生产技术创新应用，实现智能化、机械化、自动化，提升生产效率、降低成本，有效增强农产品在市场中的竞争力，从而使农业生产在现代经济体系中重新获得优势地位并实现可持续发展。其二，在农业产业结构优化维度上，乡村产业振兴引领一二三产业深度融合。农产品加工业延长了农业产业链条，实现了农产品附加值的显著增加，使农业产业从单纯的种植养殖环节向加工制造领域拓展，提升了农业产业的整体效益与抗风险能力。同时，乡村旅游、农村电商等新兴产业的蓬勃发展为乡村产业注入了新的活力与元素。这些新兴产业不仅极大地丰富了乡村产业的形态与种类，拓宽了农业产业的边界，还为农民创造了多样化的就业机会，开辟了新的增收渠道，使农民能够从多个产业环节中获取经济收益，进一步巩固了农业产业在乡村经济中的核心地位并带动乡村经济全面繁荣。其三，就农村整体发展格局而言，乡村产业振兴与农村基础设施建设和公共服务水平提升紧密相连。产业发展促使农村加大基础设施投入，改善生产生活条件，降低成本、提高效率；产业壮大吸引人才、资金、技术流入，为农村教育、医疗、文化等公共服务事业提供动力与资源，形成产业与公共服务相互促进的良性循环，为农业农村现代化提供有力支撑并推动其稳步迈进。

  乡村产业振兴是构建新发展格局的重要支撑。构建以国内大循环为主体、国内国际双循环相互促进的新发展格局，是中国应对国内外复杂形势、实现经济可持续发展的战略选择。乡村产业振兴在构建新发展格局中发挥着重要

第三章　中国乡村振兴与科协工作

的支撑作用。首先，乡村产业振兴能够激活农村消费市场，释放农村消费潜力。随着农民收入水平的提高和消费观念的转变，农村居民对高品质农产品、耐用消费品以及各类服务的需求不断增加；通过发展农村电商等产业，能够拓宽农产品销售渠道，满足城市居民对优质农产品的需求，同时也为农村居民提供了更多的消费选择，促进城乡之间的商品流通和经济循环。其次，乡村产业振兴有助于推动农村产业融入国际市场，提升中国农业的国际竞争力。中国许多特色农产品在国际市场上具有一定的竞争优势，通过发展农产品精深加工、打造农产品品牌等措施，能够提高中国农产品的附加值和质量安全水平，扩大农产品出口；乡村旅游等产业的发展也能够吸引国际游客，促进文化交流和国际合作，为中国经济发展开辟新的国际市场空间。最后，乡村产业振兴能够加强农村产业与城市产业的协同发展，形成优势互补的产业格局。城市拥有先进的技术、资金和人才优势，而农村则有丰富的自然资源和劳动力资源；通过城乡产业互动，实现资源共享、要素流动，推动产业链的延伸和拓展，提高整个产业体系的效率和稳定性，为构建新发展格局奠定坚实的产业基础。

乡村产业振兴是推动共同富裕的关键举措。共同富裕是社会主义的本质要求，乡村产业振兴是实现共同富裕的关键举措之一。中国农村人口众多，实现乡村产业振兴对于缩小城乡收入差距、促进全体人民共同富裕具有重要意义。[1] 一

---

[1] 王轶、刘蕾：《从"效率"到"公平"：乡村产业振兴与农民共同富裕》，《中国农村观察》2023年第2期。

是乡村产业振兴能够直接增加农民收入。通过发展特色农业、农产品加工、乡村旅游等产业，农民可以获得更多的经营收入和工资性收入；产业发展还将带动农村土地流转、房屋出租等财产性收入的增加，拓宽农民增收渠道，提高农民生活水平。二是乡村产业振兴有助于促进农村地区的均衡发展。不同地区的乡村可以根据自身的资源禀赋和优势，发展各具特色的产业，实现差异化发展。在一些贫困地区，通过发展特色产业实现脱贫攻坚与乡村振兴的有效衔接，防止返贫致贫，使广大农民共享发展成果；乡村产业振兴还能够带动农村基础设施建设和公共服务水平的提升，改善农村生产生活条件，为农民创造更加公平的发展环境。三是乡村产业振兴能够增强农村集体经济实力。发展壮大农村集体经济，是实现共同富裕的重要保障。[①] 通过发展乡村产业，农村集体经济组织可以通过参与产业经营、提供服务等方式获得收入，用于改善农村公共设施、发展公益事业、增加农民福利等，实现集体成员共同受益，促进农村社会的和谐发展。

3. 深化乡村产业融合，助推农业现代化与农民增收

乡村产业深度融合以农业为根本依托，借助产业间的深度渗透、交叉与重组机制，催生出创新性技术、活力型业态与前瞻性商业模式。其关键要点在于对农业产业链的延展，积极探寻农业向第二、第三产业拓展的有效路径，着力构建多功能集成的农业产业综合体与联合体架构。从

[①] 江维国、伍科：《农村集体经济促进农民共同富裕的实践理路——基于重庆市何家岩村"共富乡村"建设经验》，《农村经济》2024年第10期。

第三章　中国乡村振兴与科协工作

推动农业自身发展维度而言，这一融合进程能够有力驱动农业现代化，促使农业在产业模式、生产效率与经济效益等方面实现转型升级，保障农业可持续发展的战略目标达成。在城乡关系协调方面，乡村产业深度融合有利于促进城乡要素的合理流动与资源的优化配置，逐步缩小城乡在经济、社会与生活等多方面的差距，有效突破城乡二元结构的限制，推动城乡融合发展向纵深迈进。同时，对于农民群体而言，乡村产业深度融合能够拓宽农民的收入来源渠道，通过产业增值效应带动农民收入的稳定增长，进而提升农民的生活水平与质量，为乡村振兴战略的实施构筑起坚实的经济与社会基础。

以自身产业优势为基石构建一二三产业融合的全产业链体系，其核心要点在于持续推进乡村产业链的延伸拓展。[1] 首要任务是立足乡村特色资源，在扎实开展农业初级生产、全力提升农产品品质与规模以契合市场需求的前提下，着力强化农产品深加工产业以及农业观光旅游等关联产业。产业链的延伸具备多方面关键效能，一方面，显著提升农产品附加值，进而促进农民增收，创造大量就业契机，推动农村经济多元化转型，有效缓解单一农业经营的风险压力；另一方面，通过深度挖掘与整合乡村资源，充分激活不同产业间的协同联动效应，达成资源的优化配置与高效利用。在农业初级生产层面，聚焦先进种植技术与科学管理模式的应用，保障农产品产量与质量的双提

---

[1] 刘儒、郭提超、辛建岐：《新型数字基建促进乡村产业振兴的理论逻辑与实践指向》，《财经科学》2024 年第 11 期。

升，为后续产业活动构筑稳定的原材料供应根基。在农产品深加工方面，加大科技研发资源投入，创新开发多元加工产品，拓展农产品市场边界，提升其附加值。依托乡村自然景观与人文历史资源禀赋，积极培育农业观光旅游产业，吸引游客深入体验乡村生活，带动农村服务业的蓬勃发展。

大力提升农业规模化经营水平，积极推动产业横向融合。乡村特色农业产业具备一定的规模是一二三产业深度融合的重要前提条件，推进特色农业的横向融合，能够切实提升农业产业的规模效益。对于有条件的乡村，可以整合邻近区域的特色农产品资源，通过资源的优化配置和协同发展，形成具有强大市场竞争力的龙头企业以及特色鲜明的农业品牌。具体来说，在提升农业规模化经营水平方面，可以通过土地流转、农业合作社等方式，实现土地的集中连片经营，提高农业生产的效率和效益；同时，加大对农业基础设施的投入，改善农业生产条件，为规模化经营提供有力保障。在推动特色农业横向融合过程中，要充分发挥市场机制的作用，引导企业、农民合作社等经营主体加强合作，共同打造特色农业产业集群；通过整合邻近区域的特色农产品，可以实现资源共享、优势互补，提高特色农产品的市场占有率。而龙头企业的培育和特色品牌的打造，则能够提升乡村特色农业产业的知名度和美誉度，增强市场竞争力，为乡村经济的持续发展注入强大动力。

着力提升村庄资源整合能力，构建产业融合发展的长效机制。村庄应积极整合各类产业发展资源，深入推进第

第三章　中国乡村振兴与科协工作

一、第二产业与第三产业的融合进程，实现各产业间的协同增效与创新发展。在此过程中，地方政府承担着重要的引导职能。其首要任务是搭建综合性服务平台，该平台应集成信息交流、技术支持以及市场推广等核心功能，旨在为乡村产业的有序、健康发展提供全方位、多层次的服务保障。同时，地方政府需提供坚实的资金支持与完善的政策保障体系。在资金保障方面，可设立专项扶持资金，并实施贷款贴息政策，专项用于乡村产业融合项目，确保项目资金链的稳定与充足。政策保障层面，应制定涵盖税收减免、土地优惠等多方面的优惠政策组合，以此激励企业与社会资本积极参与乡村产业融合发展，降低其投资风险与成本，提高投资回报率。社会资本作为提升产业发展资源整合能力的关键基础要素，其有效参与对于乡村产业融合发展的深度与广度具有决定性影响。为此，需要探索科学合理的引导路径，通过制定投资指南，为社会资本指明投资方向与重点领域。同时，建立长效合作机制，促进社会资本与村庄、地方政府之间的紧密合作与协同发展，从而有效提升产业发展资源整合能力，推动乡村产业融合发展迈向新的高度，为乡村振兴战略的实施奠定坚实的产业基础。

4. 以科技创新为引领，大力培育乡村新产业、新业态

近年来，中国农业科技进步贡献率呈现出持续提升的良好态势，农业生产能力也得到了显著增强。然而，不可忽视的是，农业科技创新方面存在的不足问题依旧存在。2024年中央一号文件强调，要强化农业科技支撑，进一步优化创新战略布局，大力支持重大创新平台建设，以推动

中国农业科技迈向新的高度，为农业现代化发展注入强大动力。

农业科技创新是推进乡村产业振兴的重要手段。[①] 回顾漫长的农业发展历程，科技创新自始至终都是驱动农业不断进步的根本动力源泉。科技的进步与创新促使一系列新技术得以广泛应用于农业生产实践中，有力地推动了农业产业的转型升级，催生了众多崭新的业态与模式，进一步延伸并完善了农业产业链，极大地提高了农业生产效率。当前，新质生产力的发展对乡村产业结构的优化升级、体系的完善协同以及产业链的提质增效提出了全新的要求。在此背景下，科技进步与创新能够发挥极为重要的驱动引领作用。因此，促进科技进步与创新是现代农业发展的重要支撑，更是乡村产业振兴的关键所在。

加强产学研用合作为农业产业升级与发展提供强大动力。高质量发展背景下，为切实推动科技成果更好地满足市场的实际需求，应积极建立产学研用一体化对接平台，通过政府的有力主导以及企业的广泛参与，共同构建起良好的合作生态体系。定期举办科技成果展示会和技术交流会，以此加强科研机构与企业之间的紧密互动，进而提高科技成果的市场认知度和应用效率，促使科技成果加速转化为现实生产力。政府应当大力支持企业与科研机构深度合作，共同开发具有广泛市场前景的农业科技产品。通过强化农业科技创新与成果转化力度，不断提升科技成果的

[①] 张旭刚：《乡村振兴战略下我国农村职业教育的战略转型》，《教育与职业》2018年第21期。

产业化进程和市场化水平，从而全面增强农业科技产品的市场竞争力。

持续深化数字技术在乡村产业发展中的应用程度。数字技术作为乡村产业振兴的关键重要驱动力，既能够为乡村产业的技术革新提供坚实的平台支撑，又有助于显著提升乡村产业的生产力水平。当前，数字经济的发展通过平台企业、现代化物流等多元方式带动了部分地区乡村经济的蓬勃发展，同时也吸引了对乡村旅游文化市场的广泛关注。然而，仍有众多地区存在乡村数字基础设施不足、农业科创体系发展滞后、农业数据要素市场体系不成熟等状况，数字技术驱动乡村产业振兴的巨大潜力尚未得到充分挖掘。为此，应当进一步深化数字技术在乡村产业中的应用程度，各地可以通过大力改善乡村数字技术应用环境、提升农业科技创新水平与农业数据要素共享效率、不断完善乡村数字人才体系建设等一系列措施，推动数字经济更好地驱动乡村产业振兴，为乡村产业的繁荣发展注入强大动力。

（二）科协助力乡村产业振兴的战略路径与策略选择

乡村产业振兴是实现乡村全面振兴的基础和关键，关乎农业农村现代化进程以及农民生活水平的提升。随着科技在农业农村领域应用的日益广泛和深入，科学技术已成为驱动乡村产业发展的核心力量。科协作为党和政府联系广大科技工作者的桥梁和纽带，承载着普及科学知识、推广科技成果、服务科技创新等重要使命，在助力乡村产业振兴中具备得天独厚的条件，能够通过多种方式发挥积极且关键的作用。深入探究科协助力乡村产业振兴的战略路径与策略选择，对于凝聚科技力量、赋能乡村产业具有重要的现实意义。

1. 科技服务与人才培养融合路径

扎根乡村一线的科技服务。高校、院所科协应充分发挥人才资源优势，组织教授、专家及科协学生构建精英团队，长期驻点帮扶乡村农业发展，采用如"科技小院"这类模式。团队要切实做到"零距离、零时差、零门槛、零费用"服务。"零距离"要求团队成员扎根田间地头，紧密围绕农业生产现场，细致观察作物生长各阶段状况，精准掌握实际情况；"零时差"需团队能实时察觉生产中出现的问题，即刻制定并实施应对策略，避免问题延误；"零门槛"意味着消除农民获取科技服务在知识水平、种植规模等方面的限制，确保每位农民都能平等接受专业指导；"零费用"则要通过争取多方支持等方式，免除农民接受科技服务产生的经济负担。围绕作物生长全程，团队要依据实地考察、专业检测等，针对土壤、种子、播种、田间管理、病虫害防治以及收获等环节，系统制定并提供全套技术方案，深度解决农业生产实际问题，助力农民增加收入，推动乡村农业经济稳步发展。

创新农业人才培养模式。构建"科技创新—社会服务—人才培养"三位一体模式，助力大学生走出校园书本理论环境，融入真实农业生产实践。大学生在实践中需运用专业知识去分析处理诸如不同土壤适配灌溉方式、依据气候变化调整种植时间等各类实际问题，借此深化专业知识理解，锻炼实践操作能力，成长为既有扎实专业知识又具娴熟实践技能的农技师和农技员。科研人员要积极参与乡村服务，在服务过程中深入了解农业生产现实需求，找准科研成果转化应用的契合点，使科研工作紧密围绕实际应用展开，推动科技成果从实验室走向田间，实现转化落地，形成科技服务与科研创新相互促进的良性循环。

2. 产业推动与示范引领并行路径

服务农业产业发展。打造"科技小院"等服务平台，为农业产业发展服务。平台要积极履行科技成果转化职能，加快科研成果从理论到实际应用的转化速度，精准匹配成果与乡村农业生产场景，推动农业生产方式变革和效率提升；平台还需通过组织专业培训、实地指导等形式，向农民和农业经营主体大力推广先进适用技术以及现代化农业管理理念，提升其农业生产水平。同时，要加强与企业合作，共建科技成果转化中试基地，在科研成果与大规模商业应用间搭建过渡桥梁，对成果进行小范围试验、优化完善，降低推广风险，保障成果顺利落地并长效作用于农业产业发展，助力产业迈向高质量、现代化。

发挥示范引领作用。建立科技示范基地，用以展示农业新技术、新品种。在基地内，要将新技术应用效果、新品种生长优势等清晰呈现，让农业从业者直观看到科技带来的改变，激发其主动学习引进相关技术、品种的积极性，加速科技成果的应用扩散。组织科技下乡活动，打造特色服务品牌。通过举办现场观摩会、技能大赛等多样活动，营造浓厚科技兴农氛围，吸引更多主体参与农业科技应用与产业发展。现场观摩会要让参与者实地学习先进生产技术和管理经验，技能大赛要激励农民提升自身生产技能水平，进而带动更多经营主体投身农业产业，壮大产业规模，推动农业产业向科技化、规模化、高效化发展。

3. 资源整合与产业融合创新路径

整合多方资源。科协组织要牵头与政府部门、其他群团、各级学会、高等院校、企业等多方开展合作联动，整合政策、资金、技术、人才等资源。与政府部门协作，推动出台鼓励农业科技创新、成果转化及产业发展的扶持政策；与企业合作及争取政府专项基金，筹集充足资金用于科研项目、科技服务及产业融合项目；依靠各级学会、高等院校科研力量，梳理对接分散的前沿农业技术与创新成果，使其契合农业产业实际需求；吸引高校、科研院所专家学者及实践经验丰富的专业人才投身乡村农业发展。建立常态化对接机制及产学研组织，保障资源高效流通与协同配置，打破不同主体间的信息壁垒与资源孤岛，促使各类资源形成合力，推动农业科技成果转化为现实生产力，助力农业产业高质量、可持续发展。

推动产业融合创新。深入挖掘农业多种功能，拓展农业产业边界。积极引导发展休闲农业，利用乡村自然、田园及农业文化资源，开发农家乐、乡村民宿、农事体验园等旅游项目，吸引游客，增加农民收入。鼓励大力发展农产品加工产业，对初级农产品进行深加工，延长产业链，提高农产品附加值，如将水果加工成果汁、果脯，粮食加工成特色食品等。创新产业融合模式，探索推行"合作社+基地+农户"模式。合作社要发挥组织协调作用，整合农户资源，依托产业基地开展标准化生产，提供就业岗位、技术培训、产业分红等，带动乡村经济繁荣发展，提升农业产业综合竞争力，为乡村振兴注入动力。

4. 强化组织协同策略

内部协同联动。在科协系统内部，构建起高效且紧密的协同联动机制至关重要。上下级之间需明确各自的职能定位，以实现资源的合理调配与信息的顺畅传递。上级科协应充分发挥统筹协调的作用，凭借其更广阔的资源获取渠道和宏观把控能力，积极调配各类资源，涵盖人力、物力以及资金等多方面，确保资源能够精准流向乡村产业振兴工作的关键环节。例如，根据不同基层地区的产业特点与发展需求，有针对性地分配专家人才资源，以及协调相关物资设备的支持等。而基层科协则要扎根乡村一线，深入了解当地乡村产业振兴工作的实际进展情况以及所面临的具体需求，通过建立规范化、常态化的反馈渠道，将这些一手的需求信息及时、准确地上传至上级部门。同时，各业务部门之间也要打破部门壁垒，围绕人才培养与输送、先进技术的推广应用以及各类项目的策划与实施等核心事务，共同发力。

外部合作共赢。科协要积极拓展外部合作关系，与多个重要主体携手共进，共同为乡村产业振兴贡献力量。首先，与农业农村相关部门、科学技术相关部门等政府机构开展深度合作。一是与农业农村相关部门共同聚焦乡村农业产业的布局优化、现代化农业生产模式的推广等工作，依据各地乡村的自然禀赋和产业基础，协同制定科学合理的产业发展规划，明确发展方向与重点，围绕乡村产业振兴中的重点难点问题，如产业扶贫后续巩固提升、乡村特色产业可持续发展等，制订专项解决方案，确保乡村产业振兴工作扎实推进；二是和科学技术相关部门紧密合作，共同挖掘适合乡村产业应用的前沿科技成果，助力其在乡村落地转化，同时争取科研项目经费的投入，用于支持相关科技研发与应用示范项目。其次，科协应与金融机构、行业协会着力构建稳固且长效的协同合作体系。针对金融机构，需积极推进沟通协调事宜，引导其为乡村产业项目创设多样化金融服务方案，涵盖低息贷款供给、风险投资引入等，以有效纾解乡村产业发展中的资金短缺难题。在与行业协会合作方面，要凭借其在行业范畴内的资源整合与信息共享效能，共同组织实施市场调研项目、参与行业标准制定流程以及开展技术交流活动，为乡村产业精准契合市场导向形成有力依托。通过跨领域多主体协同合作范式，达成各方资源的互通共享与优势互补互促，凝聚形成强劲的工作协同力量，共同推动乡村产业振兴工作扎实取得显著成效。

5. 项目驱动与平台支撑策略

实施项目带动，是科协推动乡村产业发展的关键策略。以特色农业科技示范园建设项目为例，科协依据当地气候、土壤及农业传统优势，助力科学选址，引入专业规划团队布局种植展示区、养殖示范区与农产品加工体验区等，彰显现代化农业模式。在资金筹备上，科协依政策导向，协助准备项目申报材料，突出其创新性与带动性，争取财政资金用于基础设施、设备购置与人才引进，为园区筑牢发展根基。在农产品加工技术升级改造项目中，科协整合科技资源，调研企业现状与技术瓶颈，联合科研院校专家团队制订升级方案，明确如保鲜技术、精深加工工艺

第三章　中国乡村振兴与科协工作

等重点方向。同时，助力企业争取科研经费，构建产学研合作机制，推动企业在产品质量、生产效率与市场竞争力方面显著提升。再者，科协积极拓展资金引入渠道，组织项目推介会，搭建与投资机构交流平台，展示项目前景与回报潜力，吸引社会资本参与。通过这些项目带动举措，科协充分履行自身职责，使乡村产业在基础设施、科技含量与经营模式等多方面获得提升，有力推动乡村产业高质量发展，为乡村振兴注入强大动力，让乡村产业在科协助力下逐步走向现代化、科技化与可持续发展的道路，在有限资源内实现效益最大化，达成以项目驱动乡村产业全面进步的目标。

搭建助力平台，旨在构建功能多元且覆盖广泛的科技助力乡村振兴平台，为农村地区输送全方位科技服务支撑。以承办科技论坛为例，筹备时广泛召集国内外农业科技领域的知名专家学者、行业领军者与优秀企业代表参与；论坛议程设置涵盖主题演讲、专题研讨、成果展示等环节，使论坛紧密围绕乡村产业振兴的热点难点，以促进乡村与外界科技资源的交流对接，激发乡村产业创新活力，共享前沿科研成果与实践经验。此外，建立科技示范基地同样关键，要依据不同地区的产业特色和资源优势，因地制宜地选择合适的地点建设基地。在基地内，按照标准化、规范化的要求，打造各类农业科技示范样板，如高效种植示范田、生态养殖示范场等，配套完善的观测、检测以及培训设施，便于农民实地学习观摩先进的农业生产技术和管理模式。同时，打造多媒体科普宣传矩阵，整合线上线下多种渠道，线上利用微信公众号、短视频平台、网络直播等新媒体手段，定期推送通俗易懂、实用性强的科普内容，如农业种植技术小视频、农产品加工操作指南等；线下结合乡村文化站、科普宣传栏等阵地，开展定期的科普讲座、技术培训等活动，通过全方位的宣传服务，实现优质服务与乡村科技需求的精准对接，加速科技成果在乡村的转化应用，助力乡村产业振兴工作深入开展。

6. 科普赋能与精专服务策略

科普提升素质。扎实开展具有针对性的科普活动，切实提升农民的科技意识和实用技术水平。一方面，举办实用技术培训班，根据不同季节、不同农作物以及不同养殖品类的特点，制定详细的培训课程体系。例如，在农作物种植方面，按照春耕、夏管、秋收、冬藏的不同阶段，分别开设土壤肥力管理、病虫害防治、作物收割与储存等课程，邀请农业技术专家现场授课，采用理论讲解与实地操作相结合的方式，让农民听得懂、学得会、用得上。同时，积极拓展线上技术宣传渠道，利用新媒体平台搭建农业科技知识学习专区，分类上传各类农业技术讲解视频、图文资料等，方便农民随时随地进行学习。另一方面，在创新科普方式方法上，充分利用新媒体技术的便捷性和互动性，制作生动有趣、贴合农民实际需求的科普短视频、动画等，通过抖音、快手等短视频平台进行广泛传播，以通俗易懂的语言和直观形象的画面展示农业科技知识。线下也要依托乡村现有的科普阵地，如科普活动室、农家书屋等，定期组织科普讲座、科技展览等活动，将科普知识送到农民家门口，让科普更加贴近农民的生产生活实际，为乡村产业发展提供坚实的智力支持。

第三章 中国乡村振兴与科协工作

准确对接需求。科协应深入调研基层产业实际状况，精准把握其需求脉络，进而构建起契合度高、操作性强的供需匹配及对接清单体系，为基层产业发展提供坚实的科技支撑与服务保障。为此，要主动邀请农业科技领域的专家团队深入乡村开展产业发展调研活动，专家要实地走访各类农业经营主体，包括种植大户、养殖专业户、农产品加工企业等，详细了解他们在生产经营过程中遇到的技术难题、市场困境以及发展需求等情况，如某种农作物频繁出现的病虫害防治难题、农产品加工过程中的质量控制问题等。在此基础上，开展科技助力乡村振兴精准服务活动，依据梳理出来的需求清单，为乡村产业提供一对一、个性化的专业服务。例如，针对某水果种植区出现的果实品质不佳问题，组织相关的果树栽培专家、土壤肥力专家等进行会诊，制订并实施包括土壤改良、品种优化、科学施肥等在内的综合解决方案，切实解决产业发展中的实际问题，推动农业产业在技术升级、品质提升等方面不断迈进，助力乡村产业实现可持续的高质量升级发展。

二 人才振兴与科协工作

在全面推进乡村振兴的时代征程中，人才振兴是关键基石。党的二十大报告明确提出要全面推进乡村振兴，强调人才对于这一伟大战略的重要支撑作用。习近平总书记指出，"人才振兴是乡村振兴的基础，要创新乡村人才工作体制机制，充分激发乡村现有人才活力，把更多城市人才引向乡村创新创业"。① 人才资源作为第一资源，对于乡村发展至关重要。在实施乡村振兴战略过程中，不仅要加强现代"三农"人才培育，更需各方协同发力。中国科协以习近平新时代中国特色社会主义思想和中央农村工作会议精神为指引，紧密围绕乡村人才振兴这一核心，凭借自身在科技领域的专业优势、广泛联系科技工作者的组织优势以及传播科学知识的宣传优势，积极动员广大科技人才，汇聚各类科技资源，全面投身到乡村人才振兴的重大工程之中；旨在通过科技赋能，助力培养懂农业、爱农村、爱农民的乡村人才队伍，为推动形成工农互促、城乡互补、协调发展、共同繁荣的新型工农城乡关系，加速农业农村现代化贡献科协力量。

（一）搭建智汇桥梁，培育乡土建设新军

1. 以乡村人才振兴赋能农业强国建设

乡村人才振兴是实现乡村全面振兴的核心要素，对于推动农业农村现代化、助力农民增收致富、传承与创新乡村文化、优化乡村治理等诸多方面都有着极为关键的作用。② 从本质内涵而言，乡村人才振兴旨在借助一系列针对性的政策扶持、教育培养举措以及良好发展环境的营造，吸引、培育并留住各类优秀人才投身乡村建设，促使乡村人才队

---

① 习近平：《习近平谈治国理政》第三卷，外文出版社2020年版，第261页。

② 罗建章、周立：《强人强村：选优配强促进强村富民的实践逻辑——来自浙江"千万工程"乡村人才队伍建设的案例分析》，《中国农村经济》2024年第6期。

第三章 中国乡村振兴与科协工作

伍得以不断壮大、素质持续提升，进而带动乡村各项事业蓬勃发展。乡村的发展是一个多元且复杂的系统工程，涵盖了产业、生态、文化、治理以及民生等多个方面。从产业发展的角度来看，乡村要实现兴旺发达，就必须要有一套完整且高效的农业产业链条，而这一链条的顺畅运转，离不开各类适配人才的支撑。例如，在经营管理方面，需要有具备敏锐市场洞察力和卓越决策能力的人才，他们能够合理规划农业产业的发展方向，精准把握市场需求，将农产品推向更广阔的市场，提高农业产业的经济效益；生产技术人才则是农业生产的核心力量，他们掌握着先进的种植、养殖技术，能够提高农产品的产量和质量，研发适应本地环境的优良品种，保障农业生产的可持续发展；随着互联网时代的到来，电商运营人才也成为乡村产业发展不可或缺的一部分，他们熟悉网络营销规则，能够搭建农产品电商平台，将乡村的特色农产品通过网络销售到全国各地乃至世界，打破地域限制，拓宽销售渠道。

在生态宜居建设方面，环境治理与景观设计人才的作用不可小觑。随着人们对生活环境质量要求的不断提高，乡村不再仅仅满足于干净整洁，更需要打造具有特色的生态景观。环境治理人才可以运用专业知识，治理农村的污染问题，改善水质、土壤和空气质量，让乡村的天更蓝、水更清、地更绿；景观设计人才则能够根据乡村的自然风貌和文化特色，设计出别具一格的乡村景观，如打造乡村公园、特色田园景观带等，使乡村成为人们向往的宜居之地。

文化是乡村的灵魂所在，而文化传播人才则是传承和弘扬乡村文化的使者。乡村有着丰富的传统文化资源，如古老的民俗风情、传统的手工艺、独特的地方戏曲等。文化传播人才能够深入挖掘这些文化瑰宝，通过现代传播手段，如短视频、网络直播、文化展览等形式，将乡村文化展示给更多的人，让乡村文化在新时代焕发出新的生机与活力，从而促进乡风文明建设。

治理有效是乡村发展的重要保障，这就需要专业的乡村管理人才。他们熟悉乡村事务管理的规律，具备良好的沟通协调能力和政策执行能力，能够有效地组织村民参与乡村建设，合理分配资源，解决乡村发展过程中的各种矛盾和问题，确保乡村社会的和谐稳定。

教育与医疗人才对于实现乡村生活富裕具有关键意义。教育是斩断贫困代际传递的利剑，优秀的教育人才能够为乡村孩子提供高质量的教育，培养他们的综合素质，为乡村的未来发展储备人才力量；医疗人才则能够改善乡村的医疗条件，提高村民的健康水平，让村民看得起病、看得好病，减少因病致贫、因病返贫的现象，从根本上提升村民的生活质量。

2. 新时代新征程乡村人才振兴的多重角色重任

乡村人才振兴扎根于乡村这片广袤天地，以乡村发展需求为导向，以各类人才为主体，以吸引、培育、留住人才为路径，具有来源广泛多样、素质要求多元、作用影响深远、与乡村发展紧密结合等特点，是推动农业升级、农村进步、农民幸福的重要保障。人才作为乡村发展的第一资源，在推动各项乡村事业进步中发挥着不可替代的作用。无论是产业发展的创新突破、文化传承与创新的落地实施，还是生态保护的科学规划、组织治理的高效运行，都离不开各类高素质人才的智慧与力量。人才振兴为乡村全面振兴提供了坚实的智力保障和人力支撑，是实现乡村可持续发展的关键所在。

建设农业强国是中国农业发展的重要目标，而乡村人才振兴是达成这一目标的核心驱动力。① 农业强国的实现，需在农业生产技术革新、经营管理模式优化、农产品品质提升等多维度取得实质性进展。乡村人才凭借其专业素养与创新精神，能够将前沿农业科技成果有效转化并应用于实际生产，如精准农业技术助力资源精准配置、智能化设备提升劳作效率等，推动农业生产迈向现代化。同时，他们在经营管理领域的才能可以促进农业产业化与规模化发展，打造具有市场竞争力的农产品品牌，从而全面提升农业的综合实力，为农业强国建设夯实根基。

新质生产力的发展对于经济高质量增长至关重要，乡村亦不例外，在此过程中乡村人才发挥着不可替代的作用。新质生产力突出科技创新的主导地位，乡村人才以其敏锐的洞察力和学习能力，善于捕捉新兴技术与乡村产业融合的契机；通过将互联网、大数据、人工智能等前沿科技融入乡村旅游、农村电商等产业，催生新颖的商业模式与业态，开辟出诸多新的经济增长点，为乡村经济注入源源不断的活力，促使乡村在新质生产力发展的浪潮中实现产业升级与经济可持续发展。

中国式现代化建设是一项系统工程，乡村人才振兴构

---

① 谢文帅：《加快建设农业强国的战略考量、关键任务与行动策略》，《苏州大学学报》（哲学社会科学版）2024年第5期。

成其不可或缺的重要环节。中国式现代化强调全体人民共同富裕，乡村地区人口众多，其发展状况直接关系到整体现代化进程。乡村人才的汇聚与成长，可推动乡村在经济发展上实现产业多元化与兴旺发达，在社会治理层面引入先进理念与高效模式，提升治理效能，在文化传承与创新方面深度挖掘乡村优秀文化资源并赋予其时代特色。唯有乡村实现全方位的现代化发展，中国式现代化建设的宏伟蓝图方能完整且协调地推进。

共同富裕是中国特色社会主义的本质要求，乡村人才振兴为实现这一目标开辟了重要路径。共同富裕旨在缩小城乡差距，确保全体人民共享发展成果。乡村人才通过培育与发展特色产业，提升农产品附加值等举措，可有效增加农民收入，改善农村居民生活水平；同时他们在乡村教育、医疗等公共服务领域的积极作为，有助于促进公共资源在城乡间的均衡配置，使乡村群众在经济收入、社会福利等方面均能享受到与城市居民相近的发展待遇，进而稳步推动全体人民朝着共同富裕的方向迈进。

3. 依循需求导向，探索乡村人才引进支持计划的多元举措

在乡村全面振兴的战略推进过程中，乡村人才队伍建设是极为重要的支撑要素。就当前实际状况而言，乡村人才队伍建设在诸多方面暴露出亟待解决的问题，其中，人才引进机制不健全以及人才结构不合理的现象尤为突出。具体来看，在人才引进机制层面，乡村地区所设立的相关机制尚存在明显的不完善之处。一方面，缺乏行之有效的激励机制，难以充分调动人才投身乡村建设的积极性与主

第三章 中国乡村振兴与科协工作

动性；另一方面，保障措施的匮乏使得人才在乡村工作与生活时面临诸多后顾之忧，进而无法有力地吸引人才流入乡村，即便吸引而来也难以实现长久的留存。从人才结构角度分析，乡村地区呈现出一种失衡的态势。一方面，高级人才与专业人才严重短缺，这在很大程度上制约了乡村产业升级、科技创新以及各类专业化服务的开展；另一方面，却又存在低技能劳动力过剩的情况，这种双重困境不仅造成了人力资源的浪费，也不利于乡村经济社会的协调发展。基于上述现状，为推动乡村人才振兴，应当秉持需求导向的基本原则，即紧密围绕乡村发展的实际需求，建立起一套完备且科学合理的人才引进机制，在注重引进人才实体的同时，确保引进智慧资源与之并重，以此实现乡村人才队伍的优化与壮大，为乡村全面振兴奠定坚实的人才基础。[①]

为此，首要任务在于创新人才选拔方式，深入开展人才发展体制机制改革，着重强化效益意识，并秉持柔性引才理念，以促使更为丰富的智慧资源与创新要素能切实服务于乡村建设。传统的人才引进模式呈现出显著的弊端，其主要侧重于学历、职称等相对固化的硬性条件来评判人才，在实际操作过程中，往往将这些条件作为筛选人才的核心乃至唯一依据。然而，这种方式未能充分考量人才在实际工作场景中所展现出的真实能力，以及其为相关领域或项目所作的具体贡献。这种片面的考量方式，在很大程度上

---

① 王金敖：《乡村振兴视域下乡村人才的引、育、留、用机制建设研究》，《农村经济与科技》2022 年第 23 期。

限制了人才选拔的全面性与科学性，导致部分虽缺乏高学历、高职称，但却具备突出实践能力与创新思维的人才被排除在引进范围之外。鉴于此，当下迫切需要打破传统人才引进模式所形成的桎梏，构建起一套以能力和业绩为导向的新型人才引进机制。在该机制的运行框架下，对于人才的评估将聚焦于其在特定领域所展现出的专业能力，包括但不限于解决实际问题的能力、技术创新能力等，同时充分重视其过往所取得的业绩成果，如完成的重要项目、带来的经济效益提升等。通过以能力和业绩为核心的评估体系，能够更为精准且全面地选拔出契合乡村发展需求的各类人才，进而为乡村振兴提供坚实的人才支撑。

在推动乡村人才队伍建设进程中，拓宽人才引进渠道至关重要。[①] 应充分借助市场化手段，精准聚焦各类乡村发展急需紧缺的人才类型，实现高效引进。具体而言，积极落实"乡村人才回流计划"具有重要战略意义。针对高校毕业生、在外务工经商人员以及退役复员军人等本土人才群体，需通过有效引导，鼓励其返乡投身创新创业活动，或参与担任村干部一职。如此一来，能够打造出一支既对本土环境有着深入了解，又具备较强带动能力的本土人才队伍，为乡村发展注入内生动力。

在推动乡村发展的进程中，充分发挥制度优势以营造良好营商环境至关重要。政府作为主导力量，应切实制定

---

① 李博：《乡村振兴中的人才振兴及其推进路径——基于不同人才与乡村振兴之间的内在逻辑》，《云南社会科学》2020年第4期。

第三章　中国乡村振兴与科协工作

一系列优惠政策，旨在全方位鼓励与大力支持各类人才投身乡村发展领域。从经济激励层面来看，针对乡村创业者，可通过给予税收减免、贷款贴息等政策扶持，有效降低其创业成本，为创业活动的开展提供有力的经济助力。对于在乡村工作的人才，提供住房补贴能够缓解其居住方面的压力，子女教育等优惠措施则可消除其后顾之忧，使其能全身心投入乡村建设工作。建立健全乡村人才奖励机制亦是关键环节，通过对在乡村振兴工作中贡献突出的人才给予表彰与奖励，能够有效激发人才的积极性与主观能动性，强化其使命感与责任感。与此同时，加强对乡村人才的宣传推介工作同样不容忽视，需运用多种宣传途径与手段，广泛传播乡村所蕴含的发展机遇与潜在优势等信息，以吸引更多人才关注并投身乡村发展事业。

4. 依循契合导向，深挖乡村人才培育支持的多元实践路径

在新时代农业现代化发展的进程中，构建以优势产业链为主攻方向的现代农业体系已成为核心任务与关键目标。这一现代农业体系的建设，对于人才的需求呈现出多元化且高层次的特点，尤其迫切需要创新型、复合型的农业人才来注入强劲动力，推动其持续、高效发展。为此，应当深入探索创新人才培育的形式与载体，搭建校企合作以及产业研发合作等多元化平台，力求突破传统人才培养模式的局限。在校企合作方面，高校凭借其丰富的教育资源、前沿的学术理论以及完善的科研设施，为农业人才提供系统且深入的知识传授与学术指导；而企业则可依托自身在农业生产实践、市场运作以及产业链整合等方面的优

势，为人才提供真实且接地气的实践场景与项目锻炼机会。通过这种紧密的校企联合，实现理论与实践的深度融合，促使农业人才在知识储备与实践能力上实现双重提升。在产业研发合作平台上，农业相关产业各方共同聚焦优势产业链中的关键技术研发、生产模式创新等核心环节，在此过程中，农业人才得以深度参与前沿性的研发项目中，不断拓宽视野、培养创新思维，进而加速成长为既懂农业技术又擅经营管理、既具创新精神又能灵活应对市场变化的创新型、复合型农业人才，有力满足现代农业体系建设的迫切需要。

在全面推进乡村振兴的战略背景下，应当着重聚焦农业产业所呈现出的鲜明特色，以此为切入点和着力点，深入推动人才下乡以及技术下乡等一系列重要举措。[①] 农业产业特色是乡村经济发展的核心标识，其涵盖了特色农产品种植、农业生态旅游、农产品精深加工等诸多方面，这些特色领域不仅蕴含着巨大的发展潜力，更是吸引各类资源汇聚乡村的重要磁极。通过积极引导人才下乡，吸引包括农业科技专家、农业经营管理人才、农业技术能手等在内的各类专业人才投身乡村建设事业；他们凭借自身丰富的专业知识、先进的管理理念以及精湛的技术技能，为乡村农业产业发展注入新鲜血液。同时，推动技术下乡能够将现代先进的农业生产技术、信息技术、加工技术等精准投送至乡村地区，实现农业产业的科技赋能。在此基础

---

① 俞淼：《乡村振兴和新型城镇化深度融合：机理与进路》，《理论导刊》2023年第2期。

第三章 中国乡村振兴与科协工作

上，以构建适配乡村发展战略需求的人才培育体系为导向，全力培育一支专业化农村人才梯队；此类人才需深度认知农业产业体系，全面系统地掌握农业生产经营的理论知识与实操技能，达成对农业领域专业性、科学性的深度理解与精准运用，实现"懂农业"的核心素养要求；同时，应厚植对农村地域文化与发展潜力的价值认同与情感归属，秉持扎根基层、服务农村的奉献精神与使命担当，契合"爱农村"的价值导向与行为准则。通过凝聚与释放这一人才队伍的核心能量，有效激活乡村振兴进程中的内生动力与创新活力源泉，促进乡村在产业经济多元化、生态环境可持续、社会治理现代化等关键领域实现系统性、全方位的转型升级与高质量发展，稳步推进乡村全面振兴战略目标的达成与深化。

在乡村振兴的宏伟蓝图中，人才振兴居于关键地位，而精准育才更是重中之重。为此，开展高素质农民培育计划势在必行，其实施可从以下几方面着力。其一，构建多元化的高素质农民培育体系至关重要。应整合各类教育资源，形成涵盖不同层次、多种形式的培育架构。从层次上看，既要有针对初涉农业生产农民的基础普及课程，帮助其掌握基本农事操作；也要为有一定经验农民设置的进阶提升课程，聚焦现代农业技术与经营管理等内容。在形式方面，线下可依托农业院校、技术推广站等开展实地授课与实践指导；线上则利用网络平台开发丰富在线课程，突破时空局限，实现随时随地学习。同时，鼓励农业企业、合作社等社会力量参与，通过合作办学、田间课堂等方式，丰富培育渠道，打造全方位培育体系。其二，加强农民职业技能培训不可或缺。现代农业发展日新月异，要求农民掌握多元技能。一方面，要强化农业机械化操作、农产品深加工等生产环节技能培训，提升生产效率与产品附加值；另一方面，开展农业电商运营等营销技能培训，助力农产品拓宽销售渠道，使农民能适应现代农业发展需求，成为复合型高素质劳动者。其三，加强高素质农民培育的政策支持是有力保障。政府需出台专项政策，在财政补贴上，设立专项资金补贴培训相关费用，减轻农民负担；税收优惠方面，对参与培育的相关主体给予减免，鼓励社会投入；土地使用上，优先保障培育项目用地；同时建立监督评估机制，确保政策落实到位，推动高素质农民培育计划有效实施，助力乡村人才振兴。

（二）科协助力乡村人才振兴的战略路径与策略选择

人才振兴在乡村建设进程中占据关键地位，是推动乡村各领域发展的核心要素。乡村经济多元化、农业现代化、文化创新等多方面发展均需适配的人才资源予以支撑。科协组织以其广泛的科技人才网络、前沿的科研成果储备以及系统的科学普及机制，具备深度介入乡村人才振兴工作的能力与条件；通过构建科学的人才培育体系，促进科技成果在乡村的有效转化应用，加强乡村与外部科技资源的协同联动，为乡村人才振兴提供坚实保障与持续动力，助力乡村达成高质量发展目标。

1. 构建全方位人才培养路径

多层次学历教育与职业培训协同推进。支持农民借助半农半读、弹性学制等途径参与中高等农业职业教育，

第三章 中国乡村振兴与科协工作

使其能够系统掌握农业科技理论知识。同时，着力构建职业农民制度，旨在为乡村培育出一支有着扎实专业基础的新型职业农民队伍。此外，依据不同层次的实际需求，广泛开展各类职业培训活动，如举办新型职业农民、农村实用人才带头人以及村"两委"干部培训班，积极实施新型职业农民培育工程等。在培训过程中，着重强化实践技能训练，确保培训对象能够迅速把所学内容运用到实际生产经营当中，进而有效提升农业规模化、机械化、产业化水平。鼓励高校、科研院所与地方展开合作，共同建立实习实训基地。通过这种方式，一方面能让农民在实践操作中加深对理论知识的理解；另一方面也使高校学生在实践过程中切实了解农村的实际需求，达成教育资源与农村实践的有机融合，为乡村振兴培育出多元化、多层次的专业人才。

全生命周期人才培育全方位覆盖。重视农村青少年群体，将科学素养培养巧妙融入学校教育以及课外活动之中。通过开展科普报告、科技创新大赛、机器人比赛、青少年科技节等丰富多彩的活动，充分激发青少年对科学技术的浓厚兴趣，着力培养他们的创新思维与实践能力，为乡村人才储备奠定长远基础。针对青壮年劳动力，为其提供专业技能培训以及创新创业指导，助力他们熟练掌握现代农业技术，切实提升经营管理能力，鼓励他们积极发展多种形式的适度规模经营，使其成长为乡村产业发展的中坚力量。对于农村妇女群体，则积极开展"智爱妈妈"活动，举办农村妇女科学素质专题培训班等，以此提升她们在农业生产、家庭经营以及农村社会事务中的参与度与能力，充分发挥妇女在乡村振兴进程中的独特作用。关注老年人群体，重视其经验传承以及再教育工作，组织开展契合老年人特点的科普活动，鼓励他们将丰富的生产生活经验传授给年青一代，同时引导他们学习新的科学知识与技术，更好地适应农村社会的发展变化。

2. 打造科技引领农业人才发展路径

以科技小院为创新驱动核心。大力培育并建设科技小院，吸引高校和科研院所的专家、研究生长期扎根农村一线开展工作。科技小院聚焦县域内特色农产品产业，围绕生产过程中的实际问题，如病虫害防治、土壤改良、品种选育等展开深入研究，致力于将科研成果直接应用于田间地头，实现科技创新与农业生产的紧密衔接。以科技小院作为核心枢纽，构建起产学研用协同创新网络，以此推动科技成果能够迅速转化并得到广泛的推广应用。同时，借助科技小院所具备的示范带动作用，着力培养一批扎根农村、服务农业的科技人才，提升农民的科技意识以及应用能力，助力农业产业实现升级发展。

科普信息化赋能农业现代化。强化科普中国·乡村 e 站建设，对其进行优化升级，使其成为集科普宣传、技术培训、信息服务等多项功能于一体的综合性服务平台。着重加强科普中国信息员队伍建设，提升信息传播的准确性与及时性。充分利用移动互联网技术，构建并完善科普中国 App、云上智农 App 等手机移动端传播体系，制作形式多样、通俗易懂的农业科技数字化内容，涵盖短视频、动画、在线课程等多种形式，方便农民随时随地获取知识。积极开展农民手机技能培训，提高农民运

第三章 中国乡村振兴与科协工作

用手机获取农业信息、开展农产品电商销售以及远程学习农业技术等方面的能力,推动农业生产经营模式朝着数字化方向转型,进而提升农业生产效率以及市场竞争力。

3. 推进社会资源整合协同路径

强化部门联动与资源整合。进一步加强科协与农业农村部、教育部、科技部等政府部门之间的协同合作,构建常态化的沟通协调机制,共同研讨并制定乡村人才振兴政策,对各类项目资金加以整合,凝聚政策合力,形成资源集聚效应。例如,在科技小院建设过程中,教育相关部门为研究生培养提供支持,农业农村相关部门负责产业对接以及技术指导工作,科协则承担组织协调与科普服务职责,通过多部门的协同配合,共同推进相关工作顺利开展。整合科协系统内部资源,充分发挥全国各级学会的专业优势、地方科协的组织优势以及基层科普组织贴近群众的优势,构建起上下联动、左右协同的良好工作格局。鼓励全国各级学会与地方合作开展农业科技项目研发、技术推广以及人才培养等活动,引导地方科协和基层科普组织踊跃参与乡村振兴工作,携手为乡村人才振兴贡献力量。

引导社会力量广泛参与。积极引导涉农企业投身乡村人才振兴事业,鼓励企业与高校、科研院所开展合作,共同建立产学研合作基地,进行技术研发以及人才培养工作。支持企业在农村建设生产基地、加工厂等,吸纳农村劳动力就业,为农民提供技术培训以及职业发展机会。吸引社会组织和志愿者参与农村科普以及人才培养相关工作。比如，组建农村科普志愿者服务队伍，组织开展科普宣传、技术指导等志愿服务活动；鼓励慈善机构、基金会等社会组织通过捐款捐物的方式，支持农村科普设施建设以及人才培养项目。借助社会力量的广泛参与，进一步拓宽乡村人才振兴的资源渠道以及工作领域。

4. 需求导向精准服务策略

深入调研精准把握需求。构建常态化的农村需求调研机制，安排科协工作人员、专家学者以及志愿者深入农村基层一线，运用问卷调查、实地访谈、案例分析等多样化的调研方法，全方位洞察不同地区、不同产业、不同人群在需求方面呈现出的特点以及变化趋向。重点关注农村产业发展层面对于新品种、新技术的需求情况；农民生活方面诸如健康、环保知识的需求状况；农村社会治理领域对科普文化活动的需求情形等。着手搭建需求信息数据库，对通过调研所获取的数据展开系统的分析与梳理，以此为精准服务筑牢数据根基。定期对数据库进行更新维护，使其能够实时反映农村需求的动态变化，保障科协开展的各项工作时刻贴合农村实际需求。

个性化服务满足多元需求。依据需求调研所呈现的结果，量身定制个性化的服务方案。针对贫困地区，着重围绕扶贫产业开展与之紧密相关的技术培训以及科普服务工作，助力贫困农民切实掌握脱贫致富的技能；而对于特色农产品产区，则组织专业专家提供精准到位的产业技术指导，助力区域品牌打造。积极创新服务方式，打造多样化的服务产品。比如，推出线上线下相互结合的技术培训课程，以契合农民在不同时间与空间下的学习需求；举办农业科技展览、科普讲座、田间示范等各类活动，让农民能够通过多种途径汲取知识与技术；构建服务反馈机制，及时掌握农民对于服务的满意度以及所提出的改进建议，持续对服务内容与方式进行优化完善。

5. 创新驱动活力激发策略

创新科普活动形式与内容。立足农村实际情况以及农民的特点，塑造具备农村特色的科普活动品牌。例如，开展"科普大篷车进乡村"活动，把科普展品、图书、实验设备等直接送到农民的家门口，使农民能够亲身领略科学的独特魅力；举办"农业科技文化节"，借助文艺表演、科技竞赛、农产品展示等丰富多样的形式，传播农业科技知识，充实农民的文化生活。借助现代信息技术，对科普传播手段进行创新。开发虚拟现实（VR）、增强现实（AR）等富有科技感的科普体验项目，让农民能够更为直观地了解农业科技成果及其应用场景；利用社交媒体平台，开展线上科普互动活动，拓宽科普活动的覆盖范围，增强其影响力。

探索人才培养创新模式。对传统人才培养模式加以变革，构建"校地合作、院企共建"的新型人才培养机制。高校、科研院所与地方政府、企业深度合作，共同研讨并制订人才培养方案，依照地方产业发展的实际需求来设置专业课程，达成人才培养与产业发展的精准匹配。以"科技小院"模式下的研究生培养为例，研究生可在实践过程中完成学业论文，同时也能为地方农业发展贡献相应的技术力量。鼓励农民积极开展自主学习与创新，搭建农民创新激励机制。比如，设立农民科技创新奖项，针对在农业技术创新、经营模式创新等方面表现优异的农民给予表彰与奖励，充分激发农民的创新热情与创造力。支持农民参与各类创新创业大赛，为农民搭建展示创新成果以及开展交流合作的优质平台。

6. 保障机制长效支撑策略

强化组织领导与政策保障。各级科协组织应当组建乡村人才振兴工作领导小组，明晰各成员的工作职责以及任务分工，强化对该项工作的统筹规划与协调指导职能。积极向地方政府争取支持，将乡村人才振兴工作融入地方经济社会发展的总体规划之中，制定并出台相关的政策文件，加大针对农村科普、人才培养、科技创新等方面的政策扶持力度。建立政策落实监督机制，保障各项政策措施能够切实落地执行。强化对政策执行情况的评估与反馈工作，依据实际情况及时对政策内容进行调整与完善，提升政策的针对性与实效性。

完善评估与激励机制。构建科学合理的工作评估指标体系，从人才培养质量、科技成果转化、科普服务效果、农民科学素质提升等多个角度出发，对科协助力乡村人才振兴工作展开全面且深入的评估。运用定量与定性相结合的评估方法，定期开展评估工作，及时察觉工作中存在的问题与不足之处，进而提出具有针对性的改进举措与建议。优化激励机制，对在乡村人才振兴工作中有着突出贡献的单位和个人给予表彰与奖励。设立诸如"乡村人才振兴贡献奖"等荣誉奖项，在职称评定、项目申报、资金支持等方面给予优先考量，充分调动广大科技工作者以及社会各界参与乡村人才振兴工作的积极性与主动性。同时，

第三章　中国乡村振兴与科协工作

加强对基层科协组织和科普工作者的激励力度，提升他们的工作热情以及职业认同感。

三　文化振兴与科协工作

乡村文化振兴作为乡村全面振兴的坚实有力支撑，是推动物质文明与精神文明相协调的现代化进程的题中之意，同时也是落实党的二十届三中全会所提出的"推动城乡融合发展"以及"实施文明乡风建设工程"的必然要求。乡村文化振兴作为滋养乡村振兴的精神源泉，在凝聚乡村人心、推动乡村可持续发展以及促进城乡文化交流融合等方面发挥着不可或缺的引领作用。科协作为弘扬科学精神、传播科学知识的关键主体，在乡村文化振兴的征程中肩负着重大职责。科协需紧密贴合时代脉搏，牢牢围绕乡村振兴战略的整体规划，充分施展自身独特优势，通过弘扬科学精神，以科学理念滋养乡村文化；积极开展各类科普文化活动，拓宽农民文化视野，提升其文化素养；坚持榜样示范，发挥文化领域人才的专业特长与引领效能，进而为乡村文化振兴添砖加瓦，推动科协在乡村文化振兴工作中取得新突破。

（一）科普文化浸润，滋养乡村文明沃野

1. 以乡村文化振兴促进乡村多元发展

乡村文化历史源远流长，包含丰富的农耕文明智慧、民俗风情、传统技艺等内容，乡村文化振兴旨在对这些优秀传统文化深入挖掘、整理与保护，以使其在现代社会传

承并得以发扬光大，[①] 如古村落中独特的古建筑风格、传统节日习俗、精湛手工艺等作为乡村优秀传统文化瑰宝，借助文化振兴举措可重焕生命力，成为乡村特色文化标识；同时要把社会主义核心价值观与乡村本土文化相结合，通过多种形式的宣传、教育、实践活动，像开展"最美家庭""文明村民"等评选活动，促使其深入人心，这有助于提升农民思想道德素质，引导农民树立正确世界观、人生观、价值观，形成文明、和谐、向上的乡村社会风尚；另外，乡村文化振兴还包括利用乡村丰富文化资源开发文化产品、发展文化产业，如特色乡村旅游、民俗文化体验、传统手工艺品制作销售等，通过发展文化产业既能实现乡村文化资源经济价值转化、增加农民收入，又能扩大乡村文化影响力，促进乡村文化传播与发展。

乡村文化振兴具有本土性、群众性和传承性特征。一是本土性。乡村文化深深植根于乡村这片土地，与当地的自然环境、生产生活方式紧密相连。不同地域的乡村有着各自独特的文化特色，如北方乡村的秧歌、南方乡村的龙舟竞渡等，这些文化形式都是基于当地的风土人情和传统习俗而产生的，具有鲜明的本土性特征。二是群众性。乡村文化是广大农民群众在长期生产生活实践中创造和传承下来的，其主体是农民。乡村文化振兴离不开农民群众的广泛参与，无论是传统节日的庆祝活动，还是文化产业的发展，都需要农民积极投身其中。只有充分调动农民群众

---

① 曹立、石以涛：《乡村文化振兴内涵及其价值探析》，《南京农业大学学报》（社会科学版）2021年第6期。

的积极性和主动性，乡村文化振兴才能真正落到实处。三是传承性。乡村文化历经岁月沉淀，代代相传。许多传统习俗、技艺等都是通过口口相传、言传身教的方式延续至今。在文化振兴过程中，要注重保持这种传承性，在传承的基础上进行创新发展，使乡村文化既能保留传统韵味，又能适应现代社会的需求。

2. 新时代新征程乡村文化振兴的多维价值彰显

乡村文化振兴担当着为乡村产业振兴筑牢根基、注入活力的重任。乡村文化具有鲜明的独特性，其蕴含着丰富且多样的创意元素以及可观的品牌价值，构成了乡村产业发展可深入挖掘的重要资源基础。[1] 以乡村特色文化为依托而发展起来的乡村旅游产业，在吸引游客方面展现出独特优势，能够有效带动餐饮、住宿、交通等一系列相关产业形成联动发展态势，进而构建起一个相对完整且良性循环的产业发展生态系统。在乡村产业振兴的整体布局中，文化产业占据着重要地位。通过开发各类彰显乡村文化特色的产品与服务，不断拓展乡村产业发展的路径，为农民创造出多元化的收入渠道，从而成为推动乡村经济增长的关键动力要素，对乡村经济的可持续发展起到重要支撑作用。

乡村文化振兴以独特魅力，奏响乡村人才振兴"集结号"。其核心在于着力构建具有人文关怀与深厚文化底蕴的环境氛围。通过开展形式多样、内容丰富的乡村文化活

---

[1] 陈帅：《基于农耕文化与经济的协同对实现乡村文化发展的影响》，《农业经济》2024年第2期。

动,来契合人才的精神需求,让人才身处乡村时,也能够感受到浓厚的文化氛围以及别样的生活韵味,进而实现吸引并留住各类人才的目标。同时,注重对乡村本土人才的挖掘与培育工作,像传统手工艺人、民俗文化传承者这类群体都涵盖在内。这些扎根乡村本土的人才,起着基础性的作用,能够为乡村发展搭建起稳固的人才支撑体系,源源不断地提供人才资源,保障乡村发展进程中对人才的需求。此外,乡村文化振兴营造出的良好文化环境,成为一种有力的吸引因素,对外出务工人员产生积极影响,促使不少外出务工人员选择返乡创业,从而为乡村人才队伍增添新的、有活力的力量,推动乡村人才队伍不断发展壮大并实现优化升级。

乡村文化振兴与生态振兴紧密相连,共同担守护优化乡村生态之使命。其一,乡村文化振兴能重塑生态观念,乡村文化中蕴含的尊重自然、顺应自然等传统理念,经挖掘与传播,可让村民摒弃过度索取生态资源的落后观念,树立生态保护优先的正确认知,为乡村生态振兴筑牢思想根基,引导其主动参与生态建设与保护;其二,助力凝聚生态建设力量,乡村文化振兴能增强村民对乡村的认同感与归属感,基于共同的文化纽带,村民更易团结起来,积极投身乡村生态振兴的各项事务,如合力整治村容村貌、参与生态修复项目等,将文化凝聚力转化为实际的生态建设行动力;其三,有助于完善生态治理体系,乡村文化中世代相传的诸多生态民俗、乡规民约承载着深厚的生态智慧,对这些生态民俗和乡规民约加以梳理、传承并更新,使其融入现代乡村生态治理框架,进而为乡村生态振兴提

第三章 中国乡村振兴与科协工作

供坚实的规则支撑,有力保障生态建设能够有序且可持续地推进下去。

在推动乡村振兴战略实施的进程中,乡村文化振兴对于促进乡村组织振兴发挥着至关重要的作用,其核心体现在凝聚人心以及强化协作等关键层面。乡村文化承载着当地独特的价值观念、民俗风情与集体记忆,通过挖掘和弘扬诸如团结互助、邻里和睦等传统价值,让乡村各类组织成员在共同文化认同下凝聚在一起,增强对乡村的归属感,促使大家心往一处想、劲往一处使,为开展工作筑牢思想根基,同时,文化振兴营造的良好氛围有助于吸引本土人才回流、留住外来人才扎根,丰富多彩的乡村文化活动、深厚的文化底蕴可以为人才提供精神滋养,使其看到乡村的独特魅力与发展潜力,并且能培育有乡土情怀、具备文化素养的乡村组织后备力量,为组织振兴不断注入新鲜血液。

乡村文化振兴还承担着引领乡村精神风貌、凝聚乡村人心力量、规范乡村行为准则、驱动乡村创新发展的重要使命。首先,在引领乡村精神风貌层面,以优秀传统文化、社会主义核心价值观等为核心内容的乡村文化,具备引导农民树立正确理想信念的功能。通过有效传播与内化这些文化要素,可激发农民内生动力,促使其以积极主动姿态投入乡村各项建设活动,为乡村振兴提供精神支撑。其次,就凝聚乡村人心力量而言,举办丰富多彩的文艺演出、民俗节庆等文化活动,能够促进农民群体间的情感交流与互动,进而形成强大的凝聚力。再次,关于规范乡村行为准则,乡村文化中的道德规范、村规民约等构成了对农民行为的约束机制。在乡村文化振兴进程中，强化对这些规范的宣传、教育与执行，有助于促进乡村社会秩序的稳定，营造良好社会风气，确保农民行为符合乡村文明发展的要求。最后，从驱动乡村创新发展角度来看，乡村文化振兴对传统文化的创新发展具有推动作用。它能为乡村文化产业提供创新思路与方法，催生新颖独特的文化产品。例如，传统手工艺与现代设计理念结合开发新工艺品，既传承文化精髓，又推动产业创新，为乡村全面振兴持续注入创新活力。

3. 传承与重塑乡土文化，筑牢乡村振兴之根

传承乡土文化，乃是守护乡村振兴的文化根基。① 它涵盖了传统农耕文明所积淀的生产生活智慧、代代相传的民俗风情、口口相授的民间技艺以及承载集体记忆的古老建筑等诸多方面。这些元素构成了乡村独有的文化标识，是乡村社会秩序与价值体系的重要依托。通过传承，能确保乡村在现代化浪潮冲击下，依然保有那份深入骨髓的文化归属感，让村民在熟悉的文化氛围中找到心灵栖息之所，进而凝聚起乡村发展的内生力量。而重塑乡土文化则是顺应时代发展，赋予其新活力以更好支撑乡村全面振兴的关键之举。在全球化、城市化进程加速的当下，乡村不再是封闭的单元，乡土文化需与时俱进。重塑并非对传统的摒弃，而是在深入挖掘其内涵精髓的基础上，结合现代社会的价值观念、市场需求与科技手段等进行创新转化。

---

① 张妍：《乡土文化赋能乡村振兴的意义、困境和路径研究》，《广西大学学报》（哲学社会科学版）2024年第5期。

比如利用数字技术对民俗文化进行沉浸式呈现,开发融合乡土元素的创意文旅产品等。如此,既能吸引外界关注,带动乡村产业发展,又能让乡土文化以更契合当代人审美与生活方式的形态得以延续。传承与重塑乡土文化实则是一体两面、相辅相成的关系。传承为重塑提供了深厚的文化底蕴与素材,使其创新不致成为无源之水;重塑则为传承拓宽了路径,让古老的乡土文化在新时代焕发出耀眼光芒。二者有机结合,能够从精神层面筑牢乡村振兴之根,为乡村经济、社会、生态等各方面的协同发展注入源源不断的文化动力,使乡村在振兴之路上行稳致远,重拾那份独属于乡村的文化自信与发展活力。

乡土文化是乡村的灵魂,传承与重塑乡土文化对于乡村文化振兴至关重要。[①] 首先,重视乡土文化的保护传承。中华民族悠久历史孕育的宗族文化、节庆文化等诸多乡土文化元素,构成了乡村独特的价值观与认知体系。要积极保护物质文化遗产,如古树、古桥等,留存乡村公共记忆景观;同时推进非物质文化遗产保护,培育传承人,鼓励年轻人学习传统技艺,让乡土文化在传承中延续集体记忆,滋养文化归属感。其次,推动乡土文化的创造性转化与创新性发展。在认识到乡村优秀传统文化独特价值及现代文化影响的基础上,因地、因时制宜地融入现代元素。保持与历史的有机联系,通过更新改造使其展现现代化新

---

① 李唐、张军成:《乡村振兴背景下优秀乡土文化培育的时代价值及实践路径》,《西南林业大学学报》(社会科学)2024年第6期。

面貌，实现对乡土文化的重塑，以适应时代发展需求。再者，促进乡土文化与城市文化的和谐共存。乡村文化不仅属于乡村，也应走向城市。利用新兴媒体拓展传播平台，打破城乡文化边界，让不同文化背景的人相互了解，提升对乡村优秀传统文化的认同感，丰富现代人的精神需求，实现城乡文化融合发展。

4. 涵养乡风文明与繁荣文化产业，推动乡村全面振兴

涵养乡风文明是乡村文化振兴的重要内容。要坚持党对乡村文化建设的领导，发挥党建引领作用。从宏观层面而言，要基于乡村发展的整体规划与长远目标，制定出科学、系统且贴合实际的乡村文化建设方针与策略，为乡村文化振兴指明清晰的方向。在具体实践中，党员干部作为乡村文化建设的关键主体，其模范带头作用不可或缺；其需以高度的政治觉悟与道德自律，坚决抵制腐朽落后文化在乡村的传播与蔓延。同时，要积极主动地弘扬时代新风，通过自身的言行举止为农民树立起正面的榜样，引领乡村形成积极向上、文明健康的社会风尚。

加强农村思想政治工作是涵养乡风文明的基础性举措。通过开展多样化的教育活动，如专题讲座、小组讨论、实践调研等形式，系统且深入地向农民传播正确的价值观、道德观以及利益观；这有助于农民在面对日益复杂的社会经济环境时，以理性且符合社会整体利益的方式妥善处理各种利益关系，进而实现从传统农民向具备现代意识与素养的新时代农民的转变。

弘扬和践行社会主义核心价值观是涵养乡风文明的核心要义。要将社会主义核心价值观有机融入农民生活的方方面

第三章　中国乡村振兴与科协工作

面,从日常生活规范到重大节庆活动,从家庭伦理道德到乡村公共事务参与,使其成为农民行为准则与价值判断的内在依据。在此基础上,推动乡村移风易俗工作的深入开展,促使乡村社会摒弃陈规陋习,建立起符合现代文明要求的新习俗、新文化,从而让农民在乡村现代化进程中牢固守住乡村文化的"根",真切留住那份浓厚的"乡愁"。

此外,乡村文化建设必须坚守人民立场,深入了解农民的文化需求特点与层次结构,基于此来设计并开展有针对性的文化活动。培养专业的乡村文化工作者队伍是满足农民文化需求的重要保障,他们依靠专业知识与技能,为乡村文化活动的策划、组织与实施提供专业支持。同时,新乡贤在乡村文化建设中有着独特作用,要充分发挥其在当地的威望、人脉以及文化素养,开展主题鲜明、形式多样的活动,引导村民养成文明、和谐、有序的生活方式,提升乡村社会的文明程度,实现乡村文化振兴的战略目标。

繁荣文化产业是实现乡村振兴的有力支撑,其关键在于充分利用文化资源,深度挖掘乡土文化内涵与价值,并依据市场需求将其转化为具备吸引力的文化产品和服务,像民俗旅游、非遗展示等,以此推动产业融合发展。[1] 需发展新型文化业态,整合乡村文化元素构建产业链,运用现代科技手段打造线上线下平台,进而形成乡村文化产业生态圈,为乡村振兴增添强劲动力。而且,通过涵养乡风文明来提升乡村精神风貌,与繁荣文化产业协同发力,推

---

[1] 夏小华、雷志佳:《乡村文化振兴:现实困境与实践超越》,《中州学刊》2021年第2期。

动乡村经济发展，实现乡村文化振兴的全面推进，助力乡村迈向产业兴旺、生态宜居、乡风文明、治理有效、生活富裕的发展路径。

（二）科协助力乡村文化振兴的战略路径与策略选择

乡村文化振兴是乡村全面振兴的重要根基，它蕴含着乡村独特的历史记忆、民俗风情与价值观念，深刻影响着乡村居民的精神世界和生活方式。在工业化与城镇化的迅猛进程中，乡村文化面临着诸如传统技艺失传、文化特色淡化等严峻挑战。科协组织凭借丰富的科技资源、专业的人才储备以及广泛的科普推广体系，有能力在乡村文化振兴中发挥独特影响力。深入探索科协助力乡村文化振兴的战略路径与策略选择，有助于构建富有活力与魅力的乡村文化新图景，为乡村可持续发展提供强大的精神动力与文化支撑，引领乡村在新时代焕发出全新的生机与活力。

1. 科技服务平台构建与供需对接优化路径

在全面推进乡村振兴战略的实践进程中，科协与农业农村相关部门形成了紧密且高效的协同合作关系。双方立足自身职能定位，共同引导各级科技组织针对各类科技资源展开系统整合工作，致力于搭建服务乡村振兴的综合性科技平台，以精准对接县、乡、村三级的科技需求为导向，秉持科学规划原则并合理配置资源，旨在全方位满足乡村发展中的多样化科技诉求。依托"科创中国"等具备广泛影响力且能汇聚丰富资源的相关平台，积极构建长效对接机制。这一机制对于保障科技服务精准延伸至农村地区有着至关重要的作用，它不仅有效打通了城乡科技服务

第三章　中国乡村振兴与科协工作

的通道，加快了科技成果向现实生产力的转化速度，而且从多个维度助力乡村文化振兴。

科协充分发挥其协调职能，积极推动高校、企业等主体与乡村在农业科技、数字技术等关键领域开展深度合作。各方立足自身优势，聚焦科技成果如何在乡村实现有效落地以及可持续发展这一核心问题，深入探索契合乡村实际情况的实践路径。例如，将智慧农业技术引入农村生产环节，此举一方面能够切实提升农业生产效率，另一方面有助于培育农民的科技素养与创新意识，进而营造出重视科技、崇尚创新的乡村文化氛围，促进乡村文化与科技深度融合发展，从科技服务平台构建与供需对接优化的角度，为乡村文化振兴提供了扎实且有效的助力，值得在后续的实践中进一步深入推广并持续探索完善。

2. 科普资源整合与基层下沉强化路径

在推动乡村全面发展的进程中，应将科普设施明确纳入乡村基础设施建设的重要范畴。通过科学规划与合理布局，对农村现有的公共服务设施深入挖掘其科普功能，并加以拓展延伸，使其与数字乡村建设体系深度融合，进而为提升农民的数字素养水平创造有利条件。要注重对流动科普资源配置的优化，进一步强化科普大篷车、流动科技馆等的基层下沉服务能力，促使其能更高效地深入乡村，根据不同农村地区的实际需求精准投放科普资源，持续丰富农村地区的科普资源储备，弥补乡村科普资源相对不足的短板。

加大农村中学科技馆等各类科普设施的建设力度更是关键所在，通过统筹各方资源，构建起完善且严密的基层科普资源网络，保障科普服务全方位覆盖乡村各个角落。

例如，打造乡村科普画廊这一举措便颇具成效，其聚焦农业科技、防灾减灾等与村民生产生活息息相关的知识内容进行展示，村民在日常的生活劳作间隙，便可便捷地接受科普教育，潜移默化地提升自身科学文化素质，这无疑为乡村文化建设注入了强劲动力，推动乡村朝着更具科学氛围与文化底蕴的方向发展。

3. 乡村文化与科普活动融合创新路径

深度挖掘乡村特色文化与农业科普之间的契合点并实现有机融合，是推动乡村文化发展的关键举措。策划开展融合性科普活动，如结合民俗文化举办农业科技节，传统农耕文化蕴含的先辈智慧与深厚底蕴可借此展现，让村民增强对本土文化的认同感、巩固文化自信。同时，现代先进农业科技成果能在活动中集中展示，使村民直观认识到科技给农业带来的变革力量，激发其创新意识，推动乡村文化在传承基础上实现创新发展。

科协通过将科普活动与乡村旅游、生态农业等产业深度融合来拓展乡村文化内涵与价值。依据乡村自然风貌、人文景观以及科普资源等要素打造科普旅游线路，游客游览乡村欣赏风情时学习科学知识，提升乡村文化吸引力和影响力，助力乡村文化振兴目标实现。科协发挥组织协调作用，联合相关部门与专业机构整合资源，科学规划并合理安排科普活动与乡村各产业融合的具体内容及形式，确保融合创新路径科学有效，助力乡村文化振兴。

4. 创新科普服务形式，助力乡村文化生活提升策略

推行"流动式"科普服务模式，联合文化企业、公益组织等多方力量，在送电影、文艺演出等各类文化活动下

乡时融入科普元素。例如，在农村放映电影前播放农业科技、生态环保等主题的科普短片，或在文艺表演期间穿插科普知识问答环节，将科学知识融入乡村文化生活，让村民在娱乐休闲时接受科学熏陶，提升科学素养，推动乡村文化与科普深度融合。开展"点单式"科普服务工作，根据乡村不同群体和不同场景的实际需求定制匹配的科普内容，如针对农村学校特点定制天文观测、趣味实验等科普课程，考虑农村产业发展现实需要提供农业新技术、农产品加工等方面的科普指导，以精准服务全方位满足乡村多样化科普需求，助力乡村文化振兴。

5. 强化科普阵地建设，推动乡村特色文化传承策略

打造独具乡村特色的科普体验馆，紧密结合当地的历史文化以及民俗风情，全面展示传统农耕智慧与现代科技成果。例如，在科普馆内专门设置乡村非遗技艺展示区，并详细介绍其中蕴含的科学原理；同时建设乡村生态文化展示区，大力宣传生态保护知识，让村民在深切感受家乡文化独特魅力的基础上，进一步提升科学文化素质，促进乡村特色文化的传承与创新。完善农村文化广场以及科普画廊的建设工作，把乡村文化元素同科普知识展示有机结合起来。在文化广场周边合理设置科普画廊，展示涵盖农业科技、健康生活、防灾减灾等多方面的知识，同时融入乡村文化故事、名人轶事等内容，以此增强科普知识的趣味性与吸引力。充分利用文化广场开展各类科普活动，像科普文艺演出、科技成果展示等，营造浓厚的乡村文化氛围。

6. 多元科普活动开展，助力农民文化素养提高策略

举办围绕乡村文化主题的科普活动，紧扣传统节日、

民俗活动等契机开展科普宣传。例如，在春节期间举办科技年货节，集中展示智能农业产品、绿色食品等，同时向大众宣传食品安全、科技消费等相关知识；在端午节时开展中医药文化科普活动，详细介绍草药知识、养生保健方法等，通过这些活动传承中华优秀传统文化，切实提升农民的科学文化素养。开展将技能培训与科普讲座相融合的活动，基于农村劳动力转移就业的现实需求，举办家政服务、电商运营等技能培训，同时巧妙融入相关行业的科学知识、法律法规等科普内容。例如，在电商运营培训过程中，细致讲解网络营销技巧、农产品质量安全标准等内容，以此提高农民就业创业能力，丰富其科学文化知识，有力推动乡村文化向前发展。

7. 科普信息化推进，传播乡村文化新风貌策略

构建乡村科普信息化平台，全面整合线上线下的科普资源，打造具备地方特色的科普 App 或微信小程序。该平台的内容可广泛涉及农业科技、乡村文化、健康生活等多个领域，专门设置乡村文化故事、传统技艺展示等板块，同时还提供在线科普课程、专家咨询等服务。借助信息化手段，有效拓宽乡村科普传播的渠道，方便村民随时随地获取科学知识和文化信息。利用新媒体平台积极开展乡村科普直播活动，邀请农业专家、文化学者走进乡村直播间。比如直播农产品种植过程时，详细讲解种植技术要点，同时介绍乡村农耕文化；举办乡村文化讲座直播，深入解读乡村历史文化内涵，并与网友展开互动交流，以此增强乡村文化的传播力和影响力，助力乡村文化振兴。

8. 科普志愿服务培育，弘扬乡村文明新风尚策略

组建具有乡村特色的科普志愿服务队，广泛吸收乡村教师、返乡大学生、乡土文化能人等群体加入其中。志愿服务队在开展科普活动时，着重融入乡村文明建设相关内容。例如，开展环保科普志愿服务活动，在宣传垃圾分类、生态保护知识的同时，引导村民养成文明生活习惯；举办文化传承志愿服务活动，组织青少年学习乡村传统技艺，大力弘扬乡村文明新风。开展科普志愿服务与乡村文化活动共建工作，将科普宣传融入乡村文化志愿服务活动之中。例如，在乡村文化节、庙会等活动中设置科普志愿服务摊位，提供科技咨询、科普资料发放等服务；组织科普志愿者参与乡村文化场馆管理，为村民提供科普讲解服务，通过多方协作共同推动乡村文化繁荣发展。

四 生态振兴与科协工作

生态振兴是乡村全面振兴的重要支撑，关乎乡村可持续发展与美丽乡村建设的成效，是基于中国生态文明建设总体布局、乡村发展历史脉络以及新时代对乡村生态宜居要求的关键环节，亦是解决"三农"问题中生态短板的核心要点。[①] 在当下，推进乡村全面振兴已成为"三农"工作的重中之重，生态振兴更是其中不可或缺的部分。随着

---

① 张平、王曦晨：《习近平乡村生态振兴重要论述的三维解读——生成逻辑、理论内涵与实践面向》，《西北农林科技大学学报》（社会科学版）2022年第1期。

时代发展，生态建设对科技支撑的需求越发迫切，中国科协紧密围绕乡村振兴战略在生态领域的要求，积极发挥自身独特优势，通过科技赋能生态保护与修复，助力乡村生态系统良性运转；广泛开展生态科普活动，提升农民生态保护意识与相关知识素养；凭借科技人才优势，强化示范引领作用，为乡村生态振兴注入强劲科技动力，推动乡村生态建设迈向新的台阶，打造美丽乡村的崭新画卷。

（一）科技点亮绿色路，绘就乡村生态画卷

1. 以乡村生态振兴引领乡村绿色转型

乡村生态环境是乡村得天独厚的宝贵财富，良好的生态条件不仅为乡村居民提供了宜居的生活环境，更是乡村产业发展、文化传承、人才吸引的重要依托。生态振兴致力于保护和优化乡村生态系统，推动可持续发展模式的应用，让青山绿水成为乡村的"金山银山"，为乡村全面振兴奠定绿色、健康、可持续的发展基底。[①] 乡村生态振兴的内涵丰富多样，涵盖了生态环境、生态资源、生态文化以及生态与乡村发展各方面关系的协调等层面。一是生态环境的修复与保护。乡村生态振兴首先着眼于对受损生态环境的修复以及对现有生态资源的保护，其涵盖了对乡村的土壤、水体、空气等自然要素的治理与维护。例如，通过开展土壤污染防治工作，恢复因过度使用化肥、农药而受损的土壤肥力；加强对乡村河流、湖泊等水体的污染治

---

① 曹立、徐晓婧：《乡村生态振兴：理论逻辑、现实困境与发展路径》，《行政管理改革》2022年第11期。

第三章　中国乡村振兴与科协工作

理，确保水质达标，恢复水生态系统的健康；控制农业面源污染和工业污染排放，改善乡村空气质量，为乡村居民提供清新健康的生活环境。二是生态资源的合理利用与可持续发展。在保护生态环境的基础上，乡村生态振兴强调对生态资源的合理利用，以实现可持续发展目标，主要包括对乡村的土地、森林、水资源等进行科学规划与开发。比如，依据土地的适宜性合理安排农业生产布局，推广生态农业模式，提高土地利用效率的同时减少对生态环境的破坏；适度开发森林资源，开展森林旅游、林下经济等绿色产业，实现森林资源的多功能利用；统筹规划水资源的利用，推广节水灌溉技术，保障农业生产和居民生活用水需求的同时，维护水资源的可持续性。三是生态文化的传承与弘扬。乡村生态振兴还蕴含着生态文化的传承与弘扬。生态文化是乡村居民在长期与自然相处过程中形成的对自然的认知、敬畏和利用的文化观念与实践传统，其主要包括传统农耕文化中的顺应天时、尊重自然规律的理念，以及民间流传的与生态保护相关的习俗、谚语等。传承和弘扬乡村生态文化，有助于引导乡村居民树立正确的生态价值观，增强其生态保护意识，使生态保护成为乡村生活的内在自觉。

新时代的乡村生态振兴具有鲜明的特征，主要体现在：一是系统性与整体性。乡村生态振兴是一个系统性工程，涉及乡村自然生态系统的各个要素以及乡村社会经济发展的多个方面；其要求从整体上统筹考虑土壤、水体、空气、生物等生态要素之间的相互关系，以及生态环境与乡村产业、生活、文化等方面的相互影响。例如，发展生态农业不仅要关注土壤肥力和农作物生长，还要考虑对周边水体、空气环境的影响，以及与乡村旅游等产业的融合发展，体现出系统性和整体性的特点。二是地域性与多样性。不同地区的乡村由于地理环境、气候条件、民族文化等因素的差异，其生态环境和生态资源呈现出明显的地域性和多样性。北方乡村与南方乡村在生态景观、农业生产方式等方面存在显著不同；山区乡村和平原乡村的生态特点也各具特色。这种地域性和多样性决定了乡村生态振兴的路径和模式不能一概而论，需要因地制宜，根据不同地区的实际情况制订适合当地的生态振兴方案。三是动态性与适应性。乡村生态振兴并非一蹴而就，而是一个动态发展的过程。随着时代的发展、科技的进步以及乡村社会经济结构的变化，乡村生态环境和生态资源也在不断发生变化。[①] 因此，乡村生态振兴要具备动态性和适应性，能够根据这些变化及时调整生态保护、资源利用和文化传承等方面的策略和措施。例如，随着农业现代化进程的加快，需要不断更新生态农业技术以适应新的生产需求，同时调整生态文化传承的方式以更好地契合当代乡村居民的生活方式。

2. 新时代新征程乡村生态振兴的绿色底线坚守

守护乡村生态根基，筑牢发展基石。乡村拥有广袤的农田、茂密的山林、清澈的溪流等丰富多样的自然资源和生态系统。坚守绿色底线，能够有效防止这些生态要素被

---

① 王婕、刘先江：《生态产业发展重要价值及路径选择》，《环境保护》2023年第21期。

第三章　中国乡村振兴与科协工作

过度开发与破坏,从而维持生态系统的完整性和稳定性。这不仅保障了生物多样性,使其得以在适宜的环境中繁衍生息,还能充分发挥生态系统调节气候、涵养水源等重要服务功能,确保乡村生态系统持续健康运转。同时,优美的生态环境作为乡村宜居的核心要素,绿色底线的坚守意味着减少污染、净化空气、美化乡村景观,为农民创造清新、舒适、和谐的生活环境。再者,生态环境与乡村经济发展紧密相连、相辅相成。坚守绿色底线为乡村经济可持续发展提供了有力支撑,推动生态农业、乡村旅游等绿色产业蓬勃发展;生态农业通过绿色生产方式提高农产品品质与附加值,乡村旅游则借助乡村的自然风光与生态特色吸引游客,实现了经济与生态的良性互动。

　　规范引导乡村发展,增强抗风险能力。一方面,绿色底线明确界定了乡村发展过程中不可逾越的生态界线,如严格限制对耕地的非法占用、控制工业污染排放等。这一清晰的界定如同一条红线,规范着乡村各级主体的发展行为,促使其在制定发展规划以及实施过程中充分考虑生态因素,有效避免了短视的、以牺牲环境为代价的发展模式。通过规范引导,乡村建设得以在尊重生态规律的基础上稳步推进,实现经济发展与生态保护的协调共进。另一方面,绿色底线引导着乡村对土地、水、森林等自然资源进行合理开发与利用。例如,推广节水灌溉技术以保护水资源,采用科学的森林抚育措施实现森林资源的可持续利用,这些举措有助于提高资源利用效率,实现资源的优化配置,保障乡村发展的资源供给。在合理利用资源的同时,良好的生态环境也成为乡村应对各类风险的天然屏障。茂密的森林植被能减轻水土流失和山体滑坡风险，湿地能缓冲洪涝灾害，而生态农业、乡村旅游等绿色产业的发展在经济层面增强了乡村应对市场风险的韧性，全方位提升了乡村抗风险的综合能力。

肩负时代使命担当，助力乡村与国家发展。乡村生态振兴承载着重大的使命担当，其不仅关乎乡村自身的长远发展和社会和谐，更在助力国家生态文明建设大局中发挥着不可或缺的作用。从乡村自身发展来看，坚守绿色底线是为子孙后代守护绿水青山的历史使命所在。当代人有责任保护乡村的自然资源和生态环境，确保子孙后代依然能够享受到清新的空气、洁净的水源和美丽的田园风光，实现生态财富的代际传承。这是对乡村未来的承诺，也是对后代福祉的保障，让乡村在可持续发展的道路上稳步前行。在国家层面，乡村作为中国生态文明建设的重要组成部分，其生态振兴及绿色底线坚守对推动国家整体生态文明建设意义重大。通过改善乡村生态环境，能在一定程度上缓解宏观层面生态压力，为实现人与自然和谐共生的现代化目标贡献乡村力量。

3. 强化生态保护修复，筑牢乡村生态基础

在推进乡村生态振兴的进程中，应完善生态保护制度与监管体系、实施生态修复工程以及加强农村人居环境整治，需协同推进以实现乡村生态环境的全面优化。首先，完善生态保护制度与监管体系方面，应构建并完善乡村生态保护法律法规，明确各类生态资源的保护范围、保护标准以及违规惩处措施等。例如，针对乡村森林资源，需制定严格的采伐许可制度，确保森林资源的合理利用与可持

第三章　中国乡村振兴与科协工作

续发展；对于水域生态系统，要规范污水排放监管细则，严格把控水体质量。同时，建立健全乡村生态监管机制，着力加强基层生态监管队伍建设，配备专业人员与先进设备，以此实现对乡村生态环境的实时监测与动态管理，切实保障生态保护制度得以有效执行。其次，实施生态修复工程时，要先开展生态环境现状评估，识别乡村存在的诸多生态问题，如水土流失严重区域、矿山开采废弃地、退化湿地等。随后依据评估结果，制订科学合理的生态修复方案，综合运用生物、工程等多种修复手段，比如，在水土流失区域可采取植树造林、植被恢复与梯田建设相结合的方式，有效遏制水土流失现象；对于矿山开采废弃地，则通过土壤改良、植被重建等措施来恢复其生态功能，促进生态系统的修复与再生。再次，加强农村人居环境整治工作应以提升农村居民生活品质为导向。一方面，要加大农村污水、垃圾处理设施建设力度，积极推广适宜农村的污水处理技术，如小型污水处理站、人工湿地处理系统等，并完善垃圾收集、转运、处理链条，大力鼓励垃圾分类回收利用；另一方面，深入推进农村"厕所革命"，着力改善农村厕所卫生条件，提高卫生厕所普及率。

4. 保障乡村生态振兴有效实施的若干举措

在经济高质量发展背景下推进乡村生态振兴，需落实多方面的保障举措，具体涵盖强化政策支持与引导、健全生态补偿机制、加强科技支撑与创新以及培育生态文化与意识等关键内容，共同助力乡村生态振兴目标的实现。在健全生态补偿机制方面，需严格按照"谁受益、谁补偿，谁保护、谁受偿"的公平合理原则，建立起科学完善的生态补偿机制。通过财政转移支付、生态补偿基金等多种行之有效的方式，对积极投身于生态保护而遭受经济损失的乡村地区或农民给予应有的经济补偿，确保其在生态保护过程中的付出能够得到合理回报。要依据不同的生态保护项目以及生态资源类型，明确生态补偿的标准和范围，制定出具体的补偿标准。例如，对于因承担保护水源地这一重要生态任务而不得不限制自身发展的乡村地区，需综合考量其损失的经济发展机会以及实际产生的经济损失等方面因素，以此来科学合理地确定补偿金额，从而切实确保生态补偿的公平性和合理性，激励更多地区和农民积极参与生态保护工作。

加强科技支撑与创新环节不容忽视。应大力鼓励科研机构、高校与乡村企业开展紧密的产学研合作，建立起长期稳定且富有成效的合作关系，共同开展与乡村生态振兴紧密相关的各类课题研究，集中力量攻克生态保护修复、生态产业发展等方面存在的诸多关键技术难题，为乡村生态振兴提供坚实的技术支撑。此外，要加大科技成果转化力度，将一系列先进的生态环保技术、农业绿色生产技术、清洁能源利用技术等积极推广应用到乡村生态振兴的具体实践当中。例如，把新型污水处理技术精准应用到农村污水处理设施建设中，有效提升农村污水处理效果；将高效农业种植技术全面推广到生态农业生产中，提高农产品质量和产量，进而显著提高乡村生态振兴的科技含量以及实际实施效果，推动乡村生态产业向更高水平发展。

培育生态文化与意识方面同样关键。需通过多种丰富

第三章 中国乡村振兴与科协工作

多样的渠道和形式全面开展生态文化宣传教育活动，比如举办生态科普讲座、积极开展环保主题活动、在乡村各处合理设置生态文明宣传栏等。通过这些形式多样的活动，向广大农民群众深入普及生态环境保护知识，详细讲解乡村生态振兴的重要意义以及明确的目标任务，使农民群众深刻认识到生态环境与自身生活及乡村发展的紧密联系。在此基础上，积极引导农民树立正确的、符合可持续发展理念的生态价值观，着力培养他们的生态意识和良好的环保习惯。鼓励农民积极主动地参与到乡村生态保护和生态产业发展等各项活动中来，如积极参与植树造林、认真落实垃圾分类等具体实践活动，以此形成全社会共同关心、支持乡村生态振兴的浓厚良好氛围，为乡村生态振兴奠定坚实的群众基础。

（二）科协助力乡村生态振兴的战略路径与策略选择

乡村生态振兴是乡村可持续发展的关键支撑，关乎着乡村居民的生活质量与乡村未来的长远走向。当下，乡村生态面临着环境污染、资源浪费、生态系统失衡等困境，亟待有效举措加以扭转。科协作为汇聚科技智慧与创新力量的重要平台，拥有丰富的科技资源、专业的人才队伍以及先进的科研成果，能够通过科技成果转化，为乡村生态治理提供绿色技术方案；借助科普宣传，提升乡村居民生态环保意识；依托产学研合作，构建乡村生态产业体系。深入探索其助力乡村生态振兴的战略路径与策略选择，对实现乡村生态宜居、人与自然和谐共生具有极为重要的意义。

1. 科技资源整合与下沉路径

科协应当联合多领域力量构建乡村生态科技资源整合的一体化共享平台，集中各类农业生态技术、环保工艺与资源循环利用方案等资源。线上搭建功能齐全的网络平台，配备分类检索、案例呈现以及专家在线咨询指导等服务功能，便于乡村地区获取科技资源。线下凭借现有实体机构，定期组织成果展览与技术培训活动，助力科技成果的推广与应用。另外，选派科技特派员深入乡村基层，依据各地特定的生态与产业情形，实施精准的科技帮扶举措，辅助制定符合实际的生态发展规划，推动科技全面深入地渗透至农业生产、生态保护以及乡村建设的各个层面，例如指导采用绿色环保生产资料等操作。

实现精准化科技服务对接。参考已有成功模式，以基层科技服务组织作为支撑，结合乡村实际需求来促进科技服务的对接与适配。在绿色农业技术推广方面，着力推广先进且适宜的生产模式，例如开发农业技术范畴内的自动化设备运用以及生态种植养殖模式，以此强化农业生态系统的稳定性并提升产出效益，降低农业面源污染，提高农产品的质量水平与市场竞争优势。在生态旅游发展领域，充分运用现代科技手段深入挖掘乡村生态文化内涵，开发具备创新性的旅游体验项目，通过大数据分析对旅游线路及服务设施布局予以优化，从而提升乡村生态旅游的吸引力与可持续发展能力。

2. 生态产业科技引领路径

促进绿色农业高质量发展。加大对乡村生态农业的科技扶持强度，推动基层科技服务组织踊跃推广绿色农业技

第三章　中国乡村振兴与科协工作

术，引领乡村广泛运用先进生产模式，达成农业资源的高效运用与可持续性发展目标。依据各地实际状况发展生态种植养殖模式，结合当地自然条件推广复合型农业模式，提升农业生态系统的综合效益。安排专业技术专家为农民给予全面的技术指导与培训服务，助力其全面掌握生态农业技术，推动绿色农业产业的稳健发展，从而实现绿色农业高质量发展的驱动效应。

推动生态旅游智能化升级。借助现代科技深度剖析乡村生态文化价值，致力于智慧生态旅游景区的构建。积极创设特色突出的旅游体验项目，凭借虚拟现实（VR）、增强现实（AR）等技术全面彰显乡村生态与文化特质，以大数据分析为依托精准调适旅游产品与服务内容。强化乡村旅游从业者的科技运用能力与服务水准提升，推动乡村生态旅游产业迈向智能化、高端化发展阶段，达成生态与经济协同共进且良性互动的发展态势。

3. 生态环境监测与治理科技支撑路径

健全环境监测网络体系。积极联合政府相关部门、科研机构、技术企业等多方力量，共同致力于打造健全完善的乡村生态环境监测网络架构。在监测设备的选用方面，秉持先进性与适用性相统一的原则，引入诸如高精度传感器、自动化采样装置等先进设备，用于对乡村空气、水质、土壤等核心环境要素进行监测。同时，考虑到乡村地区的实际操作便利性与成本效益，配备如简易水质检测试纸、便携式土壤养分速测仪等简易实用的监测工具，以实现对各类环境要素的全面覆盖监测以及实时动态监测。在此基础上，着力构建高效的数据共享平台，通过运用云计算、大数据存储与处理等前沿技术手段，将分散于各个监测站点、不同监测设备所获取的海量监测数据进行有效整合与深度分析，以此实现数据的实时上传、存储与快速检索功能，借助数据分析模型与算法，挖掘数据背后所蕴含的环境变化趋势、污染来源分布等关键信息，从而为乡村环境治理提供科学准确的决策依据。为确保监测数据能够有效转化为实际的环境治理行动，科协应组织专业技术专家团队对监测数据进行系统解读与专业分析。依据数据所反映出的乡村环境现状与问题特征，指导乡村地区制定出具有明确针对性、在技术与经济层面切实可行的环境治理措施。

  推广实用环境治理技术。一是在乡村环境治理技术的推广工作中，需持续加大研发投入力度并注重技术的适用性筛选与推广应用。针对农村地区普遍存在的污水和垃圾处理难题，积极推广一系列小型化、低成本且易于操作的处理设备与技术工艺。其中，生物处理技术以其环境友好性、资源循环利用性以及相对较低的运行成本而成为重点推广对象。二是进一步推动科技企业与乡村地区建立深度合作机制，鼓励科技企业将先进的环境治理技术引入乡村，并开展具有示范效应的环境治理技术示范项目。通过在特定乡村区域建立示范工程，展示新型环境治理技术与设备的实际应用效果、运行管理模式以及经济效益等方面的优势。三是以示范项目为核心，组织周边乡村的相关人员进行实地参观学习与技术培训交流活动，充分发挥示范项目的引领带动作用，促进先进技术在更大范围内的乡村地区得到广泛应用与推广，形成以点带面、逐步扩散的良好技术推广格局,从而实现乡村生态环境的持续改善与整体提升目标。

4. 多元主体协同合作策略

强化科协与政府深度协同。科协积极融入政府主导的乡村生态振兴规划工作,依凭自身科技专业能力,为规划工作提供具前瞻性与可行性的专业见解。在生态科技项目管理进程中,辅助政府实施项目申报引导、评审组织与推进以及项目执行监督等工作内容;在农村人居环境整治、绿色农业发展以及生态环境保护等重点领域,供给关键技术支撑,推动政府决策的科学化,确保项目实施的高效性与规范性。

促进科协与企业紧密合作。着力构建企业与乡村对接的高效平台,引导环保企业、农业科技企业等将前沿技术、精良产品与优质服务引入乡村生态振兴范畴。大力促进产学研深度协同合作,激励企业与科研机构、高等院校于乡村开展多层面合作项目,联合打造生态科技产业基地,达成企业技术创新与乡村生态发展的互惠共赢局面,有力驱动乡村生态产业的成长与进步。

5. 生态环境保护强化策略

规范生态环保行为准则。组织相关领域专家制定涵盖多方面内容的乡村生态环境保护规范指南,涉及农业面源污染防控、生态资源合理利用以及乡村环境卫生维护等领域,确保指南具备通俗易懂与易于操作的特性。借助举办培训班、发放宣传资料以及开展现场指导等多种途径,向乡村居民与基层工作人员进行广泛的宣传推广,引导其于日常生产生活中严格遵循环保规范,有效提升乡村生态环境保护的实际水平。

开展生态修复示范项目建设。针对乡村常见的水土流失、土壤污染、水体富营养化等生态环境问题，科协联合科研机构与企业共同推进生态修复示范项目建设。在不同类型乡村区域开展具有针对性的示范项目，例如，在山区推行水土保持示范项目，在土壤污染区域开展生物修复与土壤改良技术试点等。凭借示范项目的成功施行，彰显生态修复技术的可行性与有效性，组织周边乡村干部与农民进行实地观摩学习，带动周边乡村广泛应用相应技术，持续优化乡村生态环境。

建立监督反馈长效机制。科协协助乡村构建多元化的生态环境保护监督小组，成员涵盖村民代表、基层干部以及科技志愿者等。监督小组承担对乡村生态环境状况进行常态化巡查与监督的职责，及时察觉并制止破坏生态环境的行为。设立便捷高效的生态环境问题反馈渠道，激励村民踊跃参与生态环境保护监督工作，对村民举报的问题予以及时处理与反馈，并对积极参与监督的村民给予适度奖励，营造全民参与、共同监督的良好环境，保障乡村生态环境获得有效维护。

6. 科普宣传与教育创新策略

创新科普宣传形式与内容。科协统筹专业技术专家团队，基于乡村实际需求，系统编制通俗易懂且具高度实用性的生态科普教材与宣传资料，其内容广泛涉及生态环保知识、绿色生产技术以及生态生活方式等多领域范畴。充分借助新媒体技术开展生态科普宣传活动，例如制作富有吸引力的短视频作品，组织开展线上直播活动，邀请业内专家进行实时在线讲解并展开互动答疑，有效提升科普宣传的覆盖范围与社会影响力，增强乡村居民的生态环保意识及科学素养水平。

构建科普教育长效机制。深入开展生态科普教学活动，例如有组织地安排学生实地参观生态科普教育基地等；建立乡村生态科普教育基地，定期组织农民群体与学生前往基地进行参观学习，通过实地体验式学习与互动式教学模式相结合，切实增强科普教育的实际效果与感染力，有效培育乡村居民的生态环保意识以及可持续发展理念。

五　组织振兴与科协工作

乡村组织振兴是乡村全面振兴的重要保障，它根植于中国乡村治理的深厚土壤，契合时代发展的迫切需求，是对乡村振兴战略深入推进的关键环节，亦是破解乡村治理难题、激发乡村内生动力的核心所在。2024年中央一号文件对推进乡村全面振兴作出重要部署，明确了乡村各方面振兴工作的重要地位，其中组织振兴对于优化乡村治理结构、提升治理效能意义重大。科协能够凭借其广泛的人才网络、丰富的知识资源以及强大的组织协调能力，在强化基层组织建设、优化乡村治理结构方面发挥独特作用；通过凝聚科技人才力量，推动基层组织治理理念与方式创新；开展针对性培训与指导，提升基层组织人员素质；树立示范典型，引领乡村组织振兴实践走向深入，从而为乡村振兴战略的全面实现筑牢坚实组织基础。

（一）凝聚合力促协同，筑牢乡村发展堡垒

1. 以乡村组织振兴筑牢乡村振兴基石

强有力的组织体系犹如乡村发展的"主心骨"，在乡村全面振兴过程中发挥着引领、协调、推动和保障的关键作用。基层党组织、村民自治组织以及各类专业合作组织等通过完善组织架构、提升组织能力、强化组织凝聚力，能够有效整合乡村资源，调动各方积极性，确保各项振兴举措得以顺利实施，为乡村全面振兴筑牢坚强的组织保障。新时代乡村组织振兴有着多维度的内涵，其核心在于党组织引领的核心性，基层党组织作为乡村各类组织及各项工作的领导核心，在乡村组织振兴进程中肩负着发挥把方向、谋大局、定政策、促改革等关键作用的重任，以此引领乡村经济迈向高质量发展轨道，确保乡村社会治理契合人民群众根本利益，同时协调各方资源向乡村汇集，筑牢乡村振兴的思想根基，促使党的先进理论、方针政策能切实在乡村落地见效。在此基础上，呈现出多元组织协同的系统性，乡村组织振兴涵盖了基层党组织、村民自治组织、农村集体经济组织、各类专业合作社以及乡村社会组织等丰富多样的组织类型，它们之间并非孤立存在，而是相互协作、彼此配合，进而形成系统合力。[1] 例如，村民自治组织侧重于乡村日

---

[1] 吴重庆、张慧鹏：《以农民组织化重建乡村主体性：新时代乡村振兴的基础》，《中国农业大学学报》（社会科学版）2018年第3期。

第三章 中国乡村振兴与科协工作

常事务管理，农村集体经济组织着重在产业发展与集体资产运营方面发力，专业合作社则聚焦特定产业领域的生产经营活动，其协同配合，共同推动乡村发展步入良性循环。再者，体现为组织能力提升的动态性，鉴于时代持续演进以及乡村环境处于不断变化之中，乡村组织振兴要求各类组织与时俱进，不断强化自身的组织管理能力、资源整合能力、创新发展能力以及服务群众能力等，使其能够与新的产业形态、社会需求以及政策导向相适应，在动态发展过程中持续增强组织功能，始终对乡村振兴实践保持适应性与引领性。最后，治理有效是乡村振兴的重要保障，乡村治理关键在于加强党组织领导，尤为重要的是彰显以农民为主体的服务性，其出发点和落脚点均聚焦于满足农民的发展需求，以此保障农民在乡村振兴的进程中能够收获更多的获得感、幸福感以及安全感。

新时代乡村组织振兴呈现出多方面显著特点。一方面，政治性与人民性相统一，其政治性鲜明，始终将党的领导作为根本遵循，以此保障乡村治理与发展沿着社会主义方向稳步推进。同时，人民性亦得到充分彰显，无论是作为领导核心的党组织，还是其他各类乡村组织，均把增进农民群众福祉作为出发点与落脚点，高度重视保障农民在乡村事务中的参与权、知情权以及决策权，切实让农民成为乡村振兴的主体，例如在乡村建设项目决策过程中，广泛征集村民意见，充分尊重民意便是有力例证。另一方面，稳定性与创新性相协调，乡村组织体系具备相对稳定的结构及运行机制，例如农村基层党组织的层级架构、村委会的选举换届制度等，为其持续发挥作用提供了坚实保障。在新时代背景下，乡村不断面临新情况、新问题，这就要求乡村组织振兴必须以稳定为根基，不断创新发展，比如通过创新组织活动形式吸引年轻党员和群众参与，创新农村集体经济组织的经营模式以适应市场变化等，以此实现乡村组织体系在稳定与创新的动态平衡中不断发展壮大。

2. 新时代新征程乡村组织振兴的根基性价值

强化组织功能，夯实乡村振兴战斗堡垒。农村基层党组织居于领导核心地位，是乡村振兴工作的引领者、践行者以及有力推动者。[1] 事实表明，当农村基层党组织坚强且富有战斗力时，农村才能实现良好发展，民众齐心。其一，增强农村基层党组织的政治引领力。要把党的政治建设放在突出位置，促使党的政治优势、组织优势切实转化为实际行动优势。具体来看，始终将深入学习贯彻习近平新时代中国特色社会主义思想当作首要任务，使其成为农村党员干部教育培训的关键内容，认真落实村党组织书记全员轮训工作。定期组织农村党员进行"党性体检"，对照相应标准，查找并整改自身存在的问题。其二，稳固农村基层党组织的领导地位。不管农村社会结构出现何种变化，各类组织怎样发展，农村基层党组织的领导地位都不容动摇。一方面，充分施展党组织的把关定向职能，让农村基层党组织的领导实现常态化、制度化。结合日常村干

---

[1] 石金群：《农村基层党建引领乡村振兴：目标、基础与路径》，《重庆社会科学》2024年第11期。

第三章　中国乡村振兴与科协工作

部调整情况，持续推动村党组织书记按法定程序兼任村委会主任以及村级集体经济组织、合作经济组织负责人，提升村委会成员、村民代表中党员的占比。另一方面，围绕农民群众生产生活需求，顺应农业产业化、现代化发展趋势，规范引导各类经济组织、社会服务组织有序发展，助力构建并完善农村组织体系，把加强党的领导纳入村民自治组织、农村集体经济组织等相关组织章程，健全由村级党组织主导的议事决策机制。其三，不断提升党支部建设质量。扎实推进党支部标准化、规范化建设，确保"三会一课"、组织生活会、民主评议党员等基本制度有效施行，规范党内组织生活，创新党组织活动形式，激发党组织活力。着力解决农村基层党组织弱化、虚化、边缘化问题，动态排查存在软弱涣散状况的党组织，集中精力进行整顿攻坚，弥补短板不足。以党组织评星定级为依托，借助定期评定、动态调整、晋位升级等手段，增加先进支部数量，提高中间支部水平，整顿后进支部。

汇聚组织之力，夯实乡村振兴骨干队伍根基。乡村振兴的实现，离不开一支懂农业、爱农村、爱农民的骨干队伍作支撑。当下，农村存在大量青壮年外出务工的现象，致使农业劳动力老龄化速度加快，部分村庄面临后继无人的困境，出现人才匮乏、无人可用的局面，农村党员干部队伍结构也亟待优化。其一，广开渠道，选拔培养优秀带头人队伍。秉持严格的标准条件以及德才兼备的原则，一方面要扎根于本地本村挖掘人才，另一方面也要突破思维局限、拓宽视野，积极营造优良的工作生活环境与干事创业平台，在更广阔的范围内寻觅并吸引优秀人才。其二，强化管理，凸显党员先锋模范作用。采取计划单列等办法，着重在青年农民、"新农人"等群体中，加大党员发展力度；对党员教育管理方式进行优化改进，推行农村党员干部进党校、县级以上党校送学下乡等制度，运用"小型、多样、灵活"的形式，定期组织农村党员参与集中培训，激发干事热情；落实党员承诺践诺、无职党员设岗定责、党员群众结对帮扶等制度，推动村党组织牵头组建志愿服务队，为党员发挥先锋模范作用搭建有力平台，促使农村广大党员积极担当、有所作为；建立健全农村党员干部普遍联系农户制度，力争每个具备劳动能力的党员都有致富项目，每个村都能涌现出一批党员致富能手。其三，长效帮扶，筑牢驻村第一书记队伍。处于新发展阶段，农村发展受到更多更复杂的制约因素影响，这就需要以干部力量下沉为引领，带动政策向基层倾斜、资源向基层汇聚，为乡村振兴增添强劲动力。积极选派政治素养高、政策水平优、协调能力强、敢于担当的优秀年轻干部、后备干部到村任职，构建系统完备的精准选派、培训、管理工作体系，保障驻村干部能够选得好、下得去、干得出成绩。

筑牢组织优势，稳固乡村振兴物质根基。当前，城乡之间以及农民内部的收入存在一定差距，助力农民增收致富，达成村强民富的目标依旧是一项极具挑战性的任务。发展壮大农村集体经济，是引领农民迈向共同富裕的关键路径，要将改革创新作为根本方法，围绕农村经济形态、社会结构出现的深刻变化以及农民群众日益多样化、个性化的需求，充分发挥党的组织优势，积极创新载体、拓展路径，化解村级集体经济发展过程中面临的难题。要强化

第三章　中国乡村振兴与科协工作

系统思维，将地域相邻、产业相互辅助、优势能够互补的村庄联结成抱团发展的集群。同时，发挥乡镇党委在推进乡村振兴进程中的统筹协调功能，综合考量区域资源禀赋、产业分布等要素，统一制定区域总体规划以及产业发展的具体规划，探索共富公司、共富工坊等模式，推动区域内村庄朝着同一方向齐心合力发展。随着城镇化进程的持续深入，农村的产业结构、人口结构、就业结构以及生产生活方式都发生了深刻改变，农民增收致富后续动力不足的问题也逐渐凸显出来。这就要求农村基层党组织把党员群众凝聚起来，发展农民合作社等经济组织，以解决农民生产分散、组织化程度不高、抵御市场风险能力较弱等问题。在充分尊重群众意愿的前提下，推进农村基层党组织领办合作社的建设工作，引导村集体和农民群众分别以资源、资产、资金等形式入股，开展适度规模经营或提供集约化服务，实现基层党组织政治引领作用、合作社抱团发展优势以及农民盼富致富期望的有机融合，带动农业产业与集体经济快速发展；鼓励产业相近的合作社组建联盟或联合社，引导金融机构加大扶持力度，培育并壮大休闲农业、农产品深加工等特色优势产业，打造完整的农业全产业链。[①]

加强组织引领，增强乡村振兴治理成效。治理有效是乡村振兴得以实现的关键保障所在。基于此，要着力提升党组织引领村民自治的水平。村民自治作为群众有序参与

[①] 张照新、吴天龙：《培育社会组织推进"以农民为中心"的乡村振兴战略》，《经济纵横》2019年第1期。

乡村治理的有力载体,亦是全过程人民民主在基层的重要展现形式。在具体实践中,其一,善用网格化管理方式,依照行政村来统一划分综合网格,搭建起"多网融合、一网统筹"的网格化服务管理架构,同时借助信息化、数字化手段赋予其能量,促使党组织联系服务群众更为精准、精细;其二,实施村级组织职责任务清单管理,进一步梳理并规范村级组织议事决策流程,充分尊重且全力支持村民委员会的自治权力,切实落实"四议两公开",推行村级"小微权力"清单制度,让村级事务运行更加规范有序;其三,凸显自治章程、村规民约在乡村治理当中的积极效能,构建动态修订、常态落实的机制,使村级的这份"小宪法"能更贴合实际、发挥实效;其四,拓展群众参与民主协商的有效渠道,创新村务公开机制,尝试群众"选题"公开、"线上"公开等形式,将以往"公开什么看什么"的状况转变为"群众想看什么公开什么"。

3. 以强化基层党组织建设为引领,驱动乡村组织振兴

选优配强带头人。在乡村组织振兴的进程中,村党组织书记至关重要,其人选的选拔应秉持严谨且科学的原则。具体而言,需着重考量候选人的政治素质、工作能力、群众基础以及奉献精神等多方面要素,多维度参考选拔表现突出的党员担任村党组织书记。为拓宽人才选拔的渠道,突破传统的选人局限,应打破地域、身份以及职业等固有界限,将目光投向更为广泛的群体。比如致富能手群体,他们凭借在经济发展领域积累的丰富经验与敏锐洞察力,往往能为乡村产业振兴提供有力思路;返乡创业人员带回了外部先进的理念、技术与资源,具备开拓创新的

第三章 中国乡村振兴与科协工作

潜力；退伍军人有着过硬的纪律素养和强烈的责任感，能够在乡村治理中发挥稳定秩序、凝聚力量的作用；大学生村干部则兼具较高的文化素养和新知识、新思维，可为乡村发展注入新鲜活力。从这些多元群体中深入挖掘契合乡村发展需求的合适人才，使其肩负起引领乡村组织发展的重任，发挥核心引领作用，为乡村明确发展方向，进而有效增强乡村组织整体的凝聚力与战斗力，筑牢乡村组织振兴的领导根基。

加强党员教育管理。党员作为乡村组织中的关键力量，其综合素质与服务能力的提升对于乡村组织振兴意义重大。为此，需定期组织开展高质量、系统性的党员教育培训活动，构建内容丰富且贴合实际需求的教育培训体系。党员的教育培训应全面涵盖党的方针政策，确保党员能够精准把握国家政策导向，为乡村发展制定科学合理的规划；深入解读乡村振兴战略，使党员明晰乡村振兴各项目标任务及实施路径，以便在具体工作中有的放矢；融入农业科技知识，助力党员掌握现代农业生产技术与管理方法，更好地指导村民提升农业生产效益；同时，纳入基层治理技巧相关内容，增强党员参与乡村治理、协调矛盾纠纷以及服务群众的能力。在强化教育内容建设的同时，还需严格落实诸如"三会一课"、主题党日等组织生活制度，通过常态化、规范化的组织生活，强化党员的党性修养，使党员深刻领悟党的性质宗旨，坚守党的初心使命，将党性修养内化于心、外化于行，进而在乡村组织振兴的实践中切实发挥先锋模范作用，积极主动地引领并带动广大村民全身心投入乡村建设的各项事务之中，形成乡村发展的强大合力。

完善党组织工作机制。健全完善的党组织工作机制，是保障乡村组织振兴有序推进的关键所在。在决策机制方面，应构建起民主、科学的决策体系，充分尊重党员与群众的主体地位，发扬民主精神，鼓励广泛参与。通过多种渠道，如召开党员大会、村民代表会议、设立意见箱以及开展线上意见征集等方式，全面收集党员群众对乡村发展各项事务的意见和建议，在此基础上进行深入分析、综合考量，保障每一项决策都能充分反映民意、汇聚民智，契合乡村发展的实际情况，具备科学性与民主性，避免决策的盲目性与片面性。在监督机制层面，要强化党内监督与村民监督的协同作用，形成全方位、多层次的监督网络，确保党组织权力始终在阳光下运行。党内监督应严格依据党内法规条例，对党组织及党员的工作开展情况、权力行使过程进行常态化检查与督促；同时，充分保障村民的监督权利，畅通村民监督渠道，对于涉及乡村集体资产运营、项目建设、村务管理等重要事务，及时向村民公开信息，接受村民的质疑与监督，使党组织工作时刻处于有效监督之下，预防权力滥用等问题的发生。

4. 推动各类乡村经济合作组织发展，促乡村组织振兴之效

规范组织管理。完善乡村经济合作组织，如农村专业合作社、农业产业化联合体等的内部规章制度是规范管理的基础工作。严谨规范组织成员的加入、退出机制，清晰厘定成员在组织内所享有的权利以及需履行的义务，确保成员管理有章可循。同时，聚焦于财务管理、生产经营管

理等核心管理领域开展深度规范建设，促使其运营遵循现代企业管理理念或契合合作经济组织特有的运行模式，进而达成有序且高效的运转状态，实现组织运营效率的提升以及抗风险能力的增强，为乡村经济合作组织的可持续发展筑牢坚实的内部管理根基。

强化服务功能。乡村经济合作组织须以服务成员与助力乡村产业发展为根本出发点，构建起覆盖农户产前、产中、产后全流程的服务体系。具体而言，可通过统一采购高品质且价格合理的生产资料，助力农户降低生产成本；凭借提供专业的技术指导、系统的培训以及针对性的咨询服务，切实提升农户的生产经营能力；积极拓展多元且畅通的农产品销售渠道，并着力打造具有市场竞争力的农产品品牌等一系列举措，有效增加农民收入，强化组织对农户的吸附力与带动力，由此推动乡村产业振兴迈向更高水平，进而为乡村组织的整体振兴提供强劲动力支撑。

加强政策扶持与引导。政府部门在乡村经济合作组织的发展进程中发挥着不可或缺的引导与扶持作用。一方面，应制定并出台具备高度针对性的财政、税收、金融等多领域的优惠政策，从资金、成本、融资等不同层面为乡村经济合作组织创造有利的发展条件，助力其不断发展壮大。另一方面，要着重加强对乡村经济合作组织的引导工作，帮助其把握瞬息万变的市场动态，科学找准契合自身优势的产业定位，并制定切实可行的发展规划，有效规避盲目跟风、无序发展等问题，切实提升其在复杂多变的市场竞争环境中的生存与发展能力，保障乡村经济合作组织沿着健康、有序的轨道持续发展，为乡村振兴战略的深入实施贡献积极力量。

（二）科协助力乡村组织振兴的战略路径与策略选择

乡村组织振兴是乡村振兴战略的重要保障，关乎乡村治理体系的健全与治理能力的提升。扎实推动乡村组织振兴，既是全面推进乡村振兴的重要组成部分，也是乡村振兴的组织体系保障。科协扎实推进基层科协深化改革工作，建立健全基层组织，发挥党组织带动作用，以基层科协组织振兴、助力乡村振兴，推动乡镇科协、企业科协、高校科协建设全面提速，促进科协组织接长手臂、扎根基层、延伸触角，打通服务末梢循环，为构建高效有序、富有活力的乡村组织体系奠定坚实基础。

1. 强化党建引领，夯实组织根基

强化思想政治建设工作。深入学习贯彻落实习近平新时代中国特色社会主义思想，着重对习近平总书记关于乡村振兴的重要论述展开学习，以此提升科技工作者的思想政治素养。同时，以强化基层组织政治功能为导向，积极引导科技工作者深度融入乡村振兴战略实践，使其在农业科技研发推广、农村产业升级转型、乡村生态保护与治理等方面发挥专业优势，为乡村振兴提供坚实的智力与技术支撑。

健全党建工作制度体系，落实党建活动实施载体。助力村级组织构建并完善各类党建工作制度与机制，推动党支部的规范化建设进程，保障党建工作的有序开展具备明确的制度依据，进而增强基层党组织的凝聚力与战斗力。

第三章　中国乡村振兴与科协工作

以支部联合主题党日活动、"三会一课"制度等为依托，广泛组织开展政治理论学习以及政策宣传讲解工作，常态化推进调研走访活动，深入了解村庄实际情况与群众意愿，促进各类问题的有效解决，密切党与群众之间的联系。

强化党建引领作用，提升帮扶村基层组织建设水平。将机关党建工作与帮扶工作相融合，与乡村振兴、和美城乡等重点工作任务相结合，以增强基层组织政治功能、提升组织能力为核心目标，以村"两委"班子成员、党员群体、普通群众为工作对象，以支部联合主题党日活动为主要载体，以驻村第一书记为沟通纽带，广泛开展政治理论学习与政策宣传教育活动，深入学习贯彻习近平新时代中国特色社会主义思想以及党的二十大和党的二十届二中、三中全会精神。同时，协助村级组织完善各项党建工作制度与机制，推动党支部规范化建设。

2. 完善组织体系，提升服务能力

优化基层科协组织架构。积极吸纳科研院所负责人、科技型企业负责人、专家学者以及高技能人才等多元主体参与基层科协领导机构，构建广泛且具系统性的组织网络体系，达成基层科协组织于镇街层面的全面覆盖，切实贯通科协服务的末端环节，形成全方位、多层次的服务循环格局。有力推进县乡两级科协的换届选举进程，积极筹备组建县农技协联合会等相关组织，稳固夯实基层基础，构建以区（市）镇街科协为核心要点，村（社区）为根基，市、区级学会、企业科协、农技协为关键依托的基层科协组织网络体系，为基层科协的有效运行提供坚实组织保障。

深化基层党组织建设。切实强化政治引领效能，引导乡村科技工作者深入研习贯彻习近平新时代中国特色社会主义思想，尤其是关于乡村振兴的重要论述，有效提升科技工作者的政治素养，使其紧密凝聚于党的旗帜之下，积极投身乡村振兴的伟大实践。深入指导村党支部严格践行全面从严治党的各项要求，扎实推进"主题党日"、党员量化积分管理、党员学习制度等工作的开展，全力确保党建各项制度的有效施行，稳健推进发展党员与党员教育管理工作，着力打造优质党支部，充分发挥基层党组织在乡村振兴进程中的战斗堡垒作用，为乡村振兴提供稳固的组织支撑与政治保障。

3. 坚持党管人才，壮大人才队伍

坚持党管人才原则，是中国在人才战略布局中的核心导向。科协作为党领导下的科技工作者群体组织，积极践行"党建+科技培训"模式，有效拓宽乡村振兴战略实施路径。在党建引领的总体框架下，科协依据乡村地区的产业结构特点、资源禀赋状况以及农民群体的科技知识水平与技能需求现状，策划并组织开展一系列具有针对性、实用性与系统性的科技培训活动。例如，在农业生产领域，结合当地主要农作物种植类型与养殖品种特性，组织农业科技专家深入乡村基层开展诸如高效种植养殖技术推广培训，内容涵盖新型种子种苗选育技术、精准施肥灌溉技术、病虫害绿色防控技术以及现代化养殖设施设备操作与管理技术等；在农村特色产业发展方面，针对乡村地区兴起的农产品加工业、乡村旅游业、农村电商产业等新兴业

第三章　中国乡村振兴与科协工作

态，科协协同相关领域专业人士开展农产品深加工工艺与质量控制培训、乡村旅游规划与运营管理培训、农村电子商务平台搭建与营销技巧培训等专项课程。通过理论讲解、现场示范、实践操作指导以及案例分析研讨等多元化培训方式，将前沿科技知识与先进实用技术有效传递给广大乡村从业者与基层科技工作者，切实提升他们的科技认知水平与实际操作技能，增强其运用科技手段解决实际生产生活问题的能力。

整合人才资源。一是将高等院校科研院所专家、农业科技工作者、科研型企业负责人等高等技术人才，与农技推广人才、农村实用人才、创新创业人员等实用人才，以及一线农业经营主体负责人、技术人员、社会组织科技人员等本土能人相汇聚。借助高等技术人才引入前沿知识与创新理念，实用人才推动技术落地实践，本土能人保障与乡村实际紧密衔接，为乡村振兴全方位需求提供人才智力支撑。二是积极发挥"三长"作用，带动医务工作者、农技人员和教师三支队伍投身乡村振兴，开展各类科普宣传、健康教育、农业培训等活动，增强基层科普组织扶智扶志的能力。三是引导干部职工成为科普志愿者。积极动员县乡村三级干部职工注册成为科普志愿者，开展丰富多样的科普志愿服务活动，提升农村实用人才的科技水平，营造全社会崇尚科学的氛围。

4. 坚持党建惠民，创新科普活动

科普党课助力党员干部增智。坚持规定动作和自选动作相结合，通过"微党课"形式开展主题党日活动，开展科普党课，多样化方式让党员干部从理论到实践重

大突破，引导党员在强化绿色低碳发展理念、端正节能减排态度、提高防灾减灾能力、崇尚科学反对邪教走在前面，做群众模范。在具体实施中，针对绿色低碳发展理念的强化，邀请环境科学专家、能源研究学者于科普党课上系统讲解碳循环原理、新能源开发利用现状、绿色产业发展趋势等知识内容，组织党员参与绿色低碳项目案例研讨，分析成功经验与面临挑战，促使党员深入理解并能在工作与生活中把握相关理念内涵并有效实践。为端正节能减排态度，科普党课安排专业人员依据能源消耗数据模型、节能减排技术应用实例等，从能源经济学、环境工程学等专业视角进行深度解读，对比不同地区、不同行业节能减排成效与差异，通过小组讨论、政策解读会等形式让党员充分认识节能减排的多方面影响，进而在日常行为中自觉遵循节能减排规范。在提高防灾减灾能力方面，邀请地质学、气象学、应急管理学等领域专家在科普党课上详细解析各类灾害的成因机制、发生规律、监测预警技术与应急救援体系构建等内容，组织实地参观防灾减灾设施与演练基地，开展模拟灾害场景下的应急处置演练与预案制定研讨活动，使党员切实掌握防灾减灾的关键技能与应对策略。对于崇尚科学反对邪教工作，安排宗教学、社会学、心理学专家在科普党课上深入剖析邪教的历史渊源、教义歪理、组织架构与传播手段，通过案例剖析、视频展示等方式揭示邪教对社会秩序、个人身心健康的严重危害，组织党员参与社区反邪教宣传方案制订与实施实践，培养党员识别邪教的敏锐洞察力与有效抵制邪教的宣传引导能力。

第三章 中国乡村振兴与科协工作

开展多样化主题科普活动，围绕各类主题，如科技活动周、全国科普日等，开展多种形式的科普宣传活动，创新传播手段，融合传统与现代传媒，依托多种阵地扩大科普宣传效果。打造多层次科普活动平台与阵地，创建省级科普示范县，建设各类科普基地、示范学校、社区和活动站室，开展丰富的科普活动，提升科普服务能力。加强科普培训与竞赛组织，结合重点产业开展科技培训，开设专业和教学班，同时组织参加各类科技竞赛，激发科技工作者活力，提升基层科普服务水平。通过党建与业务深度融合，团结引导广大科技工作者和科协系统干部职工在发展新质生产力，推动党建工作和科协业务相互衔接、相互赋能、相互促进。

5. 强化党建引领与基层治理融合

联合第一书记，提升帮扶村基层组织建设水平。科技顾问工作机制是"抓党建促乡村振兴'1+1+N'工作模式"的重要组成部分。在推进过程中，各级科协组织始终坚持一盘棋思想，为第一书记强党建，促组织振兴，一体化服务乡村振兴全局提供强劲科技支撑。一是建立协调联动机制。各级科协紧密联系第一书记，与第一书记定期召开对接会，听取第一书记的服务需求，帮助梳理农业科技应用、产业发展等问题短板。根据农民所急所盼，定期更新需求清单，并安排专人负责匹配需求清单与供给清单，联系相关专业的科技顾问开展志愿服务活动，完成对接服务。二是壮大农村科协组织。各级农技协是农业社会化科技服务体系的重要组成部分，是促进乡村振兴的重要社会力量。通过组织各类科技培训，开展科技助农活动，组织

"乡村振兴共建服务"试点项目等，探索新时代农村科普工作模式，有效提升了农村基层科协组织服务能力。

提高基层治理水平。坚持工作带动，督促村"两委"落实好"四议两公开"等制度，注重发挥"三老"人员作用，促进新时代文明实践的开展。一是以制度为纲，推动民主决策科学化。科协积极协同地方政府，坚持工作带动策略，助力村"两委"扎实落实"四议两公开"制度。在此过程中，科协充分发挥自身的信息与教育优势，为村"两委"提供决策所需的科学数据和案例参考，确保每一项重大决策均建立在严谨的科学分析与广泛的民意基础之上。通过组织科技专家开展专题讲座和培训，提升村"两委"成员的科学素养和决策能力，使其能够更好地运用科学思维评估方案的可行性与可持续性，让"四议两公开"从程序公正迈向实质科学，为乡村发展铺就稳健的制度基石。二是借贤能之力，促进文明实践创新化。"三老"人员作为乡村社会的智慧宝库，在科协的推动下，其作用得到了进一步彰显。科协通过搭建科技交流平台，鼓励"三老"人员分享传统农耕经验与现代科技相结合的实践心得，为新时代文明实践增添了浓厚的乡土气息与科技色彩。同时，组织"三老"人员参与科普志愿服务队，深入田间地头和村民家中，传播科学知识、弘扬科学精神，以老一辈的威望与亲和力带动广大村民积极投身文明实践活动，形成了以老带新、传承创新的良好氛围，促进了乡村文明新风尚的形成与发展。三是凭规范之策，实现事务管理精细化。村级事务管理的规范化是基层治理的关键环节。科协以科学管理理念为指导，协助村"两委"建立健

第三章　中国乡村振兴与科协工作

全村级事务分类管理体系，在此基础上，科协还积极推动村务公开的信息化建设，利用互联网平台拓宽村民参与监督的渠道，让村级事务在阳光下运行，增强了村民对村"两委"工作的信任与支持。

第四章

科协助力乡村振兴的经典案例

随着科技在农业领域的不断渗透与融合，科协组织凭借其深厚的科技资源与广泛的组织网络，成为助力乡村振兴的重要力量。2022年，中国科学技术协会（以下简称"中国科协"）、国家乡村振兴局联合印发《关于实施"科技助力乡村振兴行动"的意见》，明确了科技赋能乡村振兴的总体要求、重点任务和保障措施。长期以来，中国科协充分发挥科协系统"一体两翼"作用，集成地方科协、全国学会的经验做法，因地制宜开展乡村振兴工作；同时，注重示范传播，通过"志智双扶"增强科学教育和科普培训，积极传播中国科技助农经验；此外，中国科协还强化组织机制建设，提升帮扶地区自我帮扶、自我学习能力，将社会经济转型、低碳经济发展与乡村振兴相融合。全国各地的科协组织积极行动，深入农村一线，围绕农业产业技术升级、农民科学素质提升、农村生态环境改善等关键领域，开展了形式多样的帮扶活动。他们不仅将先进的农业科技知识和理念传递到田间地头，还通过搭建产学研合作平台、开展科技培训与咨询服务、推动科技成果转化等多种方式，为乡村经济社会发展注入了强劲动力。这些生动的实践案例，充分展现了科协组织在乡村振兴中的独特价值与担当，为其他地区提供了宝贵的经验借鉴，也为乡村振兴的全面实现贡献了坚实的科技力量。

案例1　山东泰山黄精：土特产变成"金疙瘩"

一　基本情况

泰山黄精是泰山"四大名药"之一，有"仙人余粮"的美誉。近年来，山东省泰安市岱岳区立足资源优势，依托黄精等中药特色种植，培育优势产业，在泰安市、岱岳区两级科协的组织下，与有关学会、专家团队深入交流，并邀请专家团队深入种植基地，优化种植方案，打造黄精产业园，泰山黄精从鲜黄精转变成黄精系列精深加工产品，"穿"上精美的包装，继而走向全国乃至世界各地的餐桌，一株"仙草"破土成"金"，土特产成为名副其实的"金疙瘩"。

二　具体做法

1. 联结专家团队，搭建"科技"桥梁

在市、区科协的引领下，泰山黄精龙头企业——山东泰尚黄精生物科技有限公司积极与各学会、专家团队开展交流活动，邀请中国检验检测学会、中国农业大学等专家前来企业进行调研，就产业当前发展的前沿技术问题探索合作路径。高校专家团队深入公司种植基地，实地考察黄精的生长环境和种植技术，为优化种植方案提供了科学依据。为解决黄精原材料"质""量"问题，企业通过市、区科协联系学会专家提供的专业技术支持，采用先进的检测技术对泰山黄精样品中的四十余种成分进行全面、精准的检测，同时进行泰山黄精样本的品质分析，包括外观性状、物理性质、化学性质等，并积极组织学会专家进行技术研讨及交流活动，共同攻克检测难题。

2. 推动产业链延伸，加强品牌建设

岱岳区政府出台政策鼓励农户种植黄精，并注入国资组建企业，打造黄精产业园，同时，将黄精的养生价值与泰山的旅游文化相结合，推出古法炮制体验、黄精御宴体验、黄精理疗、黄精科普研学等文旅项目，建成全国首座泰山黄精文化博物馆、全国首个黄精"工业+旅游"智能工厂，既向游客传播了健康养生新理念，又让游客了解到泰山黄精文化的"前世今生"。

三 主要成效

1. 产业规模扩大，经济效益显著

泰山黄精种植面积达2.1万余亩，带动100余个行政村参与种植，形成规模化、标准化种植基地。其中，林下种植每亩产量可达3000斤，荒山栽培每亩产量可达5000斤，大田间作每亩产量更是高达8000斤，按照每斤20元的保底回收价格计算，平均每亩地的收益可达10万元，农民增收显著。同时，依托黄精种植走上致富之路的村镇，在当地改造或新建特色民宿10余栋，又带动了一大批村民创业就业。

2. 品牌影响力提升

黄精产业园带动周边各类黄精深加工企业20余家，形成泰山黄精产业矩阵、"黄精+N"多业态发展，研发出黄精食品、保健品、中药饮片等5大类近百种产品，附加值大幅提升，"身价"增长百倍。"泰山黄精"获批国家地理标志商标，产品多次获得"中国林产品交易会金奖"，品牌知名度不断提升。

3. 推动一二三产业融合

岱岳区黄精产业采用一二三产业融合、全链条发展模式，实现了一二三产业融合发展：第一产业坚持党建引领、村企共建，带领1万余名农户创新发展林下种植4万余亩黄精，真正实现了地上结果、地下生金；第二产业坚持科研引领发展，市场牵引生产，打造黄精九大系列近百种产品，良心做产品，品质塑品牌；第三产业以文化赋能开辟发展新赛道，将黄精养生文化与泰山旅游文化有机结合，实现文旅、康养、研学融合发展。

四 经验启示

科技赋能是提升产业竞争力的核心，通过科技研发、标准制定和种植技术创新，提升了黄精的产量和质量，推动了产业的可持续发展；产业链延伸是提升附加值的重要途径，从种植到深加工，再到文旅融合，黄精产业通过全产业链发展，实现了从"土特产"到"金名片"的转变；品牌化是提升市场竞争力的关键，通过品牌建设、文化赋能和电商平台推广，提升了泰山黄精的市场知名度和附加值；一二三产业融合是实现乡村振兴的有效模式，通过第一产业种植、第二产业加工、第三产业文旅的融合发展，推动了农村经济的多元化发展，为乡村振兴提供了新路径。

（资料来源：根据山东省泰安市科协提供材料整理）

案例2 辽宁东港大米的"科技密码"

一 基本情况

辽宁省东港市是中国优质稻米重要的生产基地之一，但也一度存在水稻品种"小、散、乱"、同质化严重、优质品种稀缺、种粮户收入低等问题，在省、市科协的大力支持和指导下，东港市水稻示范繁殖农场借力"四站一院"[1]，通过科普示范基地建设，不断提升黄海稻区水稻产业化技术水平，增加黄海稻区农民经济收入，减少化学合成农药的使用，明显改善区域生态环境，探索出一条水稻种植提质增效可持续发展之路。东港市示范繁殖农场现已成为集科研、生产、示范、推广于一体的水稻良种生产基地，也是中国北方最大的杂交粳稻制种基地。

二 具体做法

1. 加强基础设施建设，激发基地活力

科普活动站、科普示范基地先后落户示范农场，东港

---

[1] 黄海稻区院士工作站、国家级水稻品种区域试验站、农业农村部沈阳作物有害生物科学观测试验站、中国植物病理学会东港服务站和辽宁东港水稻科技小院。

第四章　科协助力乡村振兴的经典案例

市科协将科普长廊安装在职工文化活动广场，推动科普资源进企业、进村屯、进田间地头。农场依托"四站一院"建立了"优秀人才库"，培养本土人才11名（高级职称2名，中级以上职称6名，"土专家"3名），引进专家人才52名（其中长江学者3名，教授级研究员12名），培育实用性技术人才，开展专题培训30余场，培训黄海稻区农技人员、合作社负责人、种地大户5000余人。

2. 加强平台支撑，打造志愿服务品牌

示范农场联合中国农业大学、沈阳农业大学、辽宁省农科院专家和农场农业技术科和销售科年轻骨干力量，建立"专家指导服务队"和"田间课堂"；采用线上线下等方式为农村农业生产的产前、产中、产后提供科技服务，有效推进科技成果转化推广。农场转化先进适用技术8项，推广优新品种3个，建立科技成果示范点18个，累计培训农户600余人次。

3. 加强科研创新，解决"卡脖子"问题

坚持引进合作和自主创新两条腿走路，紧紧围绕市场需求，以优质高效为目标，加强自主研发，同时有针对性引进适用新技术和新品种。基地自主研发并通过辽宁省农作物品种审定委员会审定品种5个，引进推广水稻新品种8个，接收辽宁省农科院水稻所、盐碱地利用所授权品种11个，为大连、丹东沿海稻区水稻新品种推广应用做好有力的技术储备。

4. 加强科普活动，贴近群众生活

春季，农场的技术服务队深入田间地头，指导种地大户科学育苗；夏季，为周边中小学学生提供"科普游"活动,让学生认识水稻、了解水稻;秋季,召开"水稻新品种推介会",对黄海稻区稻种经销商和种地大户进行科学选种、田间管理、病虫害防治等培训;冬季,以"科普大集"的形式,深入到黄海稻区的各个乡镇,为农民送去种植技术和科普资料。

5. 加强科研合作,"产学研"和"农科教"相结合

积极与高校、科研单位建立各种形式的技术依托关系,与中国农科院、中国农业大学、沈阳农业大学、辽宁省农科院等单位建立合作关系。当前,共有国内外专家、教授、科技人员60多名进场开展科研、指导和服务工作。

三 主要成效

1. 吸引科研成果在示范农场落地转化

由中国农业大学植物保护学院主持,辽宁省农科院植物保护研究所、盐碱地利用研究所、东港市示范繁殖农场共同参与实施的"基于优势无毒基因型的稻瘟病绿色防控技术与应用"项目,获得2021年度辽宁省科技进步奖一等奖。近年来,国家"863""948"科研项目和"粮食丰产科技工程"的相关课题及子课题在示范农场实施。在产学研合作的基础上,2022年基地承接了辽宁省农科院"北方水稻化肥农药减施增效技术集成研究与示范""优质米水稻品种与杂交稻选育"、天津农科院作物所"港优系列杂交稻改良"等研究及技术推广课题,对本地区粮食安全和增产增收起到了十分重要的作用。

2. 打造"东港大米"品牌，带动农民增种增收

基地的常规稻"东研稻19"，由于其具有出米率高而稳、高产高效等突出优势，有效解决了农户卖粮难、卖不上价钱的难题，2022年种植面积达20多万亩；优质米品种"港优5号"和"东稻22"，在米质品相、适口性、香味等方面突出优势，适合开展农业和大面积种植。据统计，目前全市水稻种植面积近70万亩，水稻无公害农产品、绿色食品、有机农产品认证总面积占种植面积的85%，良种覆盖率、全程机械化作业率均达到100%，年产优质稻谷40余万吨，产值达13亿元。

3. 发挥科技引领作用，形成"农场农户+基地"的产业化发展模式

通过基地打造品牌，引领协会和农户从事农业标准化、产业化生产，初步形成"农场+基地+农户""农场+合作社+基地"等以企业龙头、联动农户和基地的产业化发展模式和机制，促进东港农业产业化发展进程。

四　经验启示

农业发展离不开科技支撑，各地应积极搭建科技平台，加强与高校、科研机构的合作，引入先进的农业技术和科研成果，推动农业产业化发展，通过科技赋能，提升农业生产效率和质量，增强农产品的市场竞争力。

科协组织应注重培养本土农业人才，引进外部专家资源，通过培训、实践等方式，提升农民和农技人员的科技素养和专业技能，同时，鼓励"土专家""田秀才"等乡土人才发挥带头作用，形成"人才带农户、农户促产业"

的良好局面。

品牌是农产品的核心竞争力，科协组织助力乡村振兴应注重品牌建设，通过挖掘地方特色资源，培育具有地域特色的农产品品牌，通过品牌化经营，提升农产品附加值，增加农民收入。

农业产业化是实现农业现代化的重要途径。科协组织应注重产业化模式的探索和推广，通过基地建设、品牌打造、合作社带动等方式，形成"企业+基地+农户""企业+合作社+基地"等产业化模式，通过产业化模式，实现农业生产标准化、规模化、品牌化，促进农业可持续发展，带动农民增收致富。同时，科协组织还应积极推广绿色种植技术，减少农药和化肥的使用，推广生态农业模式，引导农民树立绿色发展理念，实现农业生产和生态保护的良性互动，推动农业可持续发展。

（资料来源：根据中国科协农村专业技术服务中心编制的《"基层科普行动计划"典型案例汇编（2022年）》内容整理）

案例3 山东潍坊："科创中国"赋能甜辣椒产业

一 基本情况

自2021年山东省潍坊市入围第二批"科创中国"试点城市以来，山东省潍坊市科协紧扣重点产业需求，全力推进试点建设，精准聚焦先进制造业和现代农业，精准对接国家级、省级创新资源和创新要素，把"科创中国"试点城市建设融入经济社会高质量发展，为产业创新发展蓄

第四章　科协助力乡村振兴的经典案例

势赋能。2022年，潍坊市科协经广泛调研，征集到潍坊蔬菜种业研发能力较弱、核心竞争力不强等问题，对接中国园艺学会，引入由中国工程院方智远院士担任顾问、国家大宗蔬菜产业技术体系甜椒遗传改良岗位科学家王立浩研究员为团长、20余位甜辣椒产业专家组成的"科创中国"甜辣椒产业科技服务团，搭建创新服务平台，建立起"全国学会+市科协+产业园区+企业"的"四级联动"对接机制，采取"短期型服务"与"长期型服务"结合的模式，服务企业技术创新，建成"科创中国"甜辣椒产业研究院，打造出集科研、推广为一体，具有潍坊特色的科企合作样板，有力地推动了潍坊市甜辣椒产业创新发展。

二　具体做法

1. 建立常态化对接机制，多维度征集企业需求

2022年年初，潍坊市召开"科创中国"试点城市建设推进会，印发《2022年潍坊市建设"科创中国"试点城市工作要点》，建立联络员制度和信息发布机制，形成常态化联络与对接机制，积极动员县市区科协和成员单位力量，通过多种形式广泛征集企业技术需求。一方面通过不定期的线上交流、电话沟通、微信联络等形式多方位、多维度征集企业技术需求；另一方面将需求上传至"科创中国"科技经济融通平台，并发送至"甜辣椒"科技服务团，全力推进企业技术创新，并为企业提供创新成果和专利技术服务，解读产业政策方向，谋划项目联合申报等，推动建立起了"全国学会+市科协+产业园区+企业"的多级常态化联动对接机制。

2. 建立产学研组织，搭建创新服务平台

潍坊市科协扎实履行"四服务"职责，推动国家级学会与企业共建产学研融通组织，促进甜辣椒科技服务团与潍坊市蔬菜种植、种业龙头企业合作，依托现有资源，搭建新技术支撑平台，建立企业现代蔬菜育种体系。支持甜辣椒产业科技服务团先后组建以信息交互、技术咨询、科普培训等业务为主的服务团专家服务站，以产业共性技术联合攻关、科技成果转移转化等业务为主的创新研究院、联合实验室等产学研协同创新组织，开展定向研究与关键技术研发服务，进一步推动科技成果转化与产业化应用。通过任务合作型产学研组织的建设，形成科技服务团、科协、企业良性互动机制，科技服务团为企业技术问题解决提供人才支撑，专家团队为成果转移转化提供基础资源支撑，企业为科技成果落地提供应用场景与实施基础。

3. 创新合作模式，推动科技成果转化落地

潍坊市科协与中国园艺学会签订战略合作协议，对学会服务工作给予支持保障，推动服务团与企业建立合作关系。挂牌成立"科创中国"甜辣椒产业服务团创新研究院，通过"科创中国"科技经济融通平台及科创联络员，对接服务潍坊21家企业41项需求，服务团组织专家进行了需求解析，形成技术研发指南，潍坊市科协与"甜辣椒"科技服务团就其中的15项需求达成技术服务协议并签约。同时，为了能够更好地将需求解析的技术落地，在服务团与企业对接需求的过程中，梳理相关科技成果、技术资源等深度下沉到企业，在青州天成农业建立科技服务团栽培技术示范工作站，对本地企业存在的辣椒栽培技术

问题，研发制订解决方案，配套主栽和示范品种，进行良种良法技术熟化和示范。

4. 引育技术人才，助力甜辣椒产业持续发展

潍坊市科协以"创新引领创业，创业带动就业"为导向，以服务种业龙头为样板，积极对接企业人才招引需求，梳理潍坊甜辣椒产业人才培育和发展需求，通过引入学会专家人才兼职、挂职的方式，为企业提供创新成果和技术服务的同时，培养、引进一批种业方面的优秀技术人才；梳理潍坊市人才引育相关政策，进一步激发创新创业活力，营造浓厚的创业就业氛围，加强甜辣椒人才队伍建设，引进甜辣椒专家11人，进一步提升了企业可持续发展能力。

三 主要成效

1. 推动一批科技成果在潍坊转化落地

甜辣椒科技服务团与山东天成农业发展有限公司共同推广的"中椒"系列甜辣椒新品种获得农业农村部农牧渔业丰收奖、农业技术推广成果一等奖。该品种在潍坊地区进行示范推广，年推广面积上万亩，预估每亩增收1000元以上，农户种植效益增加近千万元。2023年，为进一步解决设施辣椒品种培育问题，服务团专家指导天成农业申报了山东省种业工程项目，获项目经费资助。

2. 引育一批产业专业技术人才

通过"科创中国"甜辣椒科技服务团以兼职、挂职等方式，为甜辣椒种植企业引入11名专家担任种植技术顾问，全力推进企业技术创新，为企业提供创新成果和专利技术服务，解读产业政策方向，谋划项目联合申报等，让

潍坊的甜辣椒种植企业在资源对接中获得更多发展机遇。同时，借助中国园艺学会、中国农科院的人才资源优势，为潍坊市培育和引进甜辣椒种植人才。2022年，引育专业人才8名，其中研究生以上学历3人，为潍坊甜辣椒产业可持续发展奠定了人才基础。

3. 打造一种具有潍坊特色的地会企合作新模式

通过任务合作型产学组织的建设，形成科技服务团、科协、企业良性互动机制，科技服务团为企业技术问题解决提供人才支撑，专家团队为成果转移转化提供基础资源支撑，如技术方案、技术路线等，企业为科技成果落地提供应用场景与实施基础，创新打造出"全国学会+市科协产业园区+企业"的"四级联动"对接机制，在服务企业创新和科技经济融合方面取得积极进展和显著成效，为中国科协"科创中国"试点城市建设提供有益探索和实践。

四　经验启示

1. 政策引导与资源整合是产业创新的关键

潍坊市科协紧扣产业需求，通过政策引导和资源整合，推动"科创中国"试点城市建设与经济社会发展深度融合。政策的引导作用在于明确产业发展方向，协调各方资源，为产业创新提供政策支持和组织保障，同时，通过搭建"全国学会+市科协+产业园区+企业"的"四级联动"机制，整合国家级、省级创新资源，将高校、科研机构的专家资源与企业需求精准对接，实现了科技与产业的深度融合。

2. 产学研协同创新是提升产业竞争力的核心

潍坊市通过建立创新研究院、联合实验室等产学研协同创新组织，推动科技成果与产业需求的无缝对接，这种模式不仅加速了科技成果转化，还提升了企业的核心竞争力。根据企业实际需求，组织专家团队开展定向研究和关键技术研发，解决企业技术难题，推动产业升级，这种以需求为导向的创新模式，确保了科研成果的实用性和落地性。同时，建立联络员制度和信息发布机制，形成常态化联络与对接机制，确保产学研合作的持续性和稳定性，这种机制为企业与科研机构之间的长期合作提供了保障。

3. 品牌化与市场化是提升产业附加值的重要途径

引入先进技术和创新理念，推动甜辣椒产业从传统种植向现代化、科技化种植转变，提升产业整体水平；通过推广"中椒"系列甜辣椒新品种，打造具有地方特色的甜辣椒品牌，提升产品附加值和市场竞争力。同时，推动企业与科研机构的深度合作，通过项目申报、技术服务合同等方式，实现科技成果的市场化转化，提升产业经济效益。

（资料来源：根据山东省科协提供材料整理）

案例4 黑龙江亚布力：科技小院赋能生猪产业提档升级

一 基本情况

2022年，黑龙江亚布力生猪科技小院被评为"中国农技协最美科技小院"，小院依托于东北农业大学以及黑龙江省亚布力林业局青云小镇惊哲养殖基地，园区面积达100

亩，包括公猪、空怀（妊娠）母猪、哺乳母猪、仔猪、育肥猪等多种类型猪舍 10 间，养殖数量平均达到 5000 头/年。自创建以来，生猪科技小院积极搭建"政产学研用"平台，服务、科技、经济、产业深度融合，带动了农技协组织建设，提升了农技协组织发展活力，不断促进农业院校研究生的教育培养工作，积极引导广大研究生在乡村振兴中建功立业，推动专业人才服务乡村，致力于解决制约北方寒区生猪养殖高效生产的关键技术问题，促进农牧增效、产业增收，助推现代农业进步、"三农"发展和乡村振兴。

二 具体做法和成效

1. 科技赋能攻克技术难题

为了致力解决因北方气候寒冷，猪舍空间密闭造成的舍内高湿、空气质量差等普遍性问题，持续攻克猪舍内热湿环境及气体浓度与通风控制之间矛盾的难题，生猪科技小院围绕黑龙江省生猪养殖中的饲养、营养、遗传及环境等关键技术开展系统研究，在此基础上，创建北方生猪特有的饲养模式；建立"寒区生猪饲养体系"；制定黑龙江省生猪养殖及环境控制地方标准 2 项；开展生猪饲喂、猪舍环境控制、生猪体表红外测温等科学实验 10 项，累计开展省部级以上课题 4 项，相关研究成果 2 项，积极将研究成果与生猪产业相结合，促进成果落地、成果转化，在生猪产业增产、提质、节本等方面取得实效。

2. 打造农业人才"孵化器"

通过建立高校与农业企业结合的多元化农业技术研发与农业人才培养体系，形成具有特色的科技小院人才培养

第四章 科协助力乡村振兴的经典案例

新模式，同时，建立导师定期轮流驻点制度，强化教学科研指导。自小院落实成立以来，入驻学院2个；入驻教师3人，其中，教授2人、副教授1人；入驻研究生8人，其中，博士研究生2人，硕士研究生6人；研究方向横跨猪舍环境、图像识别、营养遗传等，在此基础上，生猪科技小院团队发表相关论文10篇，发明专利1项。学校引导和支持研究生遵循"从生产中来，到生产中去"的原则，通过科技小院的形式，引领研究生深入农业一线和产业前沿，针对北方生猪发展的问题，为养殖企业提供"零距离、零时差、零费用、零门槛"的服务，让广大热爱"三农"的学生在乡村振兴中建功立业。

3. 科普教育"传帮带"

为突出科学技术在乡村振兴工作中的重要作用，让相关企业、单位、养殖人员深切感受到科普惠农、科技兴农的惠民效果，黑龙江亚布力生猪科技小院开展"生猪养殖及环境控制技术培训"活动。此项活动积极响应"全国科普日"的主题，通过组织学校相关教师及专业能力较为突出的研究生走进养殖大棚开展科普惠农活动，也让专家和研究生充分发挥自身专业技术能力，促进农业现代高质量发展。

4. 服务生猪产业提质增效

黑龙江亚布力生猪科技小院积极响应中国农技协号召，大力推进学术研究成果转化，贯通了农业技术推广的"最后一公里"。参与亚布力生猪养殖示范区4个，辐射面积5万亩；累计开展生产调研3项，解决生猪养殖问题10余项，发布技术指导意见20余条，现场指导20余次，对助力黑龙江省地方生猪产业提质增效发挥了积极作用。同时，通过对其他林场的示范以及现场指导，全镇15个林场均启动了生猪养殖项目。针对该地区的2个养殖合作社给予圈舍建设工艺指导，生猪养殖技术管理指导。此外，在团队的辅助下，2020年6月申请了由中国农业合作促进会举办的国际农场动物福利金猪奖的评选活动，团队帮助企业获得了3星级别的福利养殖金猪奖，这对提升该区域的生猪产品市场竞争力提供了有力帮助。

5. 建立长效稳定志愿服务机制

科技小院全体师生积极地在科技志愿服务平台注册成为"中国农技协科技志愿服务总队"志愿者。通过打造"导师为指导教师、研究生为团队成员"的模式，发挥团队先锋模范作用，突出问题导向，强化专业实践。自科技小院成立以来，小院成员积极参与并开展大学生"三下乡"社会实践以及科技支农志愿服务等活动，在精准帮扶企业、科技支农、科技兴农等方面不遗余力地献计献策，建立了长效稳定的志愿服务机制，打通了理论与实践、科技与产业之间的壁垒。

6. 打造农业科技示范推广样板

黑龙江亚布力生猪科技小院在智慧农技协平台入驻，得到了政府部门、相关单位以及学校的密切关注。作为寒区生猪规模化、标准化、科学化养殖，产业化发展以及产学研合作的典型，省、市相关主要领导经常到科技小院基地视察，科研院所、基层部门的领导和专家学者也经常到小院基地开展交流合作，相关新闻多次被省电视台采访报道。2022年，科技小院常驻研究生共撰写工作日志220余篇，加强了建设"三农"的宣传工作，致力打造农业科技示范推广样板。

三 经验启示

1. 聚焦产业关键问题

针对北方寒区生猪养殖面临的高湿、空气质量差、环境控制难等技术难题，科技小院集中力量开展系统研究，成功创建了"寒区生猪饲养体系"和地方标准，解决了制约产业发展的核心问题，充分说明乡村振兴需要精准识别并聚焦产业的关键技术瓶颈，通过科技攻关实现突破。同时，推动产学研深度融合，形成"政产学研用"一体化模式，让科技真正服务于产业发展。

2. 创新人才培养模式

通过"高校+企业+地方政府"的合作模式，将研究生培养与农业生产实践紧密结合，让学生在实践中提升科研能力和解决实际问题的能力，打破传统人才培养模式，将教育与产业需求深度融合，为乡村振兴培养了一批既懂理论又能实践的高素质人才。同时，发挥学生主体作用，鼓励研究生深入农业一线，以"零距离、零时差、零费用、零门槛"的服务模式，为养殖企业提供技术支持，在实践中完成学业，这不仅提升了学生的综合素质，也为乡村发展注入了新鲜血液。

3. 打造示范样板，引领区域发展

通过打造寒区生猪养殖的示范样板，吸引政府、科研机构和社会的关注，形成了良好的示范效应，这为其他地区提供了可借鉴的经验；通过科技小院的示范作用，带动周边养殖户和合作社共同进步，形成了良好的产业氛围。同时，加强交流合作，通过与政府部门、科研机构、企业等开展广泛合作，整合各方资源，推动科技小院的高质量发展。

4. 资源优势提升市场竞争力

由于服务地区属于森工系统，地理环境优越，周围养殖环境良好，具有一定的林下种植面积，属于绿色无污染林业生产区域，生产出来的生猪产品质量具有一定的优势，这为尚志市亚布力镇地区发展生猪事业提供了强有力的硬件条件，与其他地区相比，具有很强的地理环境优势及非瘟防控硬件条件，提高了发展生猪养殖的市场竞争力。

（资料来源：根据中国科协农村专业技术服务中心编制的《"基层科普行动计划"典型案例汇编（2022年）》内容整理）

案例5 山东泰安：科技助力乡村振兴的"四个坚持"

一 基本情况

泰安是山东的农业大市，拥有闻名全国的汶阳田以及泰山茶、高端畜牧、高效蔬菜等特色产业。近年来，泰安把推进乡村振兴列入全市六项重点工作之一，立足特色资源，高度重视科技兴农，着力强化科技、人才等要素机制保障。泰安市科协聚焦板栗、黄精、灵芝等重点产业，突出抓好"四个坚持"，完善品牌、平台、机制、队伍、改革、阵地"六位一体"的高质量科技科普服务乡村振兴工作体系，不断培育新特色、打造新优势、实现新突破。

二 具体做法和成效

1. 坚持系统谋划，完善服务乡村振兴工作新机制

（1）构建部门联动机制

以市政府文件印发《泰安市全民科学素质行动规划纲要实施方案》，发挥牵头协调作用，联动市委宣传部、市农业农村局、市林业局等十余个部门，推进实施"农民科学素质提升行动"，明确培育高素质农民队伍、乡村振兴科技支撑行动等重点任务。将服务乡村振兴纳入科协重点工作内容，联合市科技局、市农业农村局印发《科技助力乡村振兴行动实施方案》，制定四个方面12项具体举措，明确工作重点、合力推进。

（2）完善组织服务体系

着力加强基层科协组织建设，立足新时代农村产业发展需求，新成立一批涉农学会组织，推动全市1000多个村（社区）成立科协，引导各基层科协组织聚焦服务乡村振兴和科技创新精准发力。推动各级学会与村党组织结对共建，联合开展科技研讨、科普讲座、产业指导等科技推广活动。扩大农技协覆盖面，组建市级农技协联合会，在全市围绕当地特色农业产业建立农技协200余家，完善"一会联一村""一村兴一业"的工作体系，有效吸纳一批农村科技示范户、科技志愿服务带头人。

（3）健全"两支队伍"

建强科普专家和基层科普志愿服务两支队伍，出台

《泰安市科技志愿服务管理办法》，组建126人的泰安市"泰山科普名家库"和由179位专家组成的泰安市科普专家服务团；建成覆盖全市的科技志愿服务分队163支，常态化、系统性深入偏远乡村开展科技科普志愿服务活动。截至目前，全市在册科技志愿者1.7万余人，"科普中国"信息员4.7万余人。

2. 坚持活动引领，打造服务乡村振兴工作新品牌

（1）立足"常态化"服务，打造系列品牌活动

联合市直多部门连续多年开展主题科普联合行动，持续提升"科普之春""科普日"等系列科普品牌活动影响力，围绕主题活动策划开展"乡村振兴·科普先行""全国科技工作者日"科技科普志愿服务、"全国科普日"农技协联合行动等系列活动，合力打造贯穿全年的经常化科普活动链条。持续打造"百名专家进百村""科技专家惠民行动"等系列活动品牌，把专家请到田间地头、把问题解决在田间地头。

（2）突出"精准化"对接，深化"订单式"服务模式

建立科普助力乡村振兴需求库，长期面向基层征集需求，实行点对点、面对面精准对接，提供人才、技术、项目全方位服务。依托科协联系专家众多资源，根据农户实际需求及时连线相关专家，把农户急需的科技知识送门上户，以群众"点菜"，组织专家"上菜"的形式开展"订单式科普"活动，无偿为农户讲解种植养殖、生产管理及病虫害防治等农业技术知识，累计培训农业技术人员1.5万余人次，服务公众20万余人次。

（3）完善"长效化"机制，探索建立科普联盟

建立专家供给侧与基层需求侧联盟共建工作机制，实施"助力乡村振兴，共建科普联盟"活动，探索"专家+大户、科研院所+乡镇、志愿服务队+社区（村）、科普教育基地+群众"的"四+"科普服务联盟共建模式，征集基层科普需求170余项，对接匹配高校、科研院所专家50余名，科协牵头做好长期专项对接服务。着力打造"科普赋能黄河流域高质量发展基层行"工作品牌，围绕基层经济社会发展和产业规划，组建专家服务队，培育双向对接提质增效服务项目，首批围绕东平县设施农业、生态渔业"双30万亩"工程签订技术结对帮扶长期合作意向书70余项，分类建档专人跟进跟踪服务，完善签约——践约工作新机制。

3. 坚持资源下沉，搭建乡村振兴科普服务新平台

（1）建好科普服务阵地

依托市财政专项资金和省市科普项目实施，建成规模以上社区乡村科普场馆50余个、室外科普场所715处、科普书屋1388个、科技活动室688个。发挥好老专家作用，在全市布局建设泰安市老科协"夕阳红"科技服务站52处，明确由市直学会、医院、科研院所等科技志愿服务队提供的66项科技科普服务活动清单，定期深入社区、乡村开展健康保健、食品安全、科学健身、老年人心理健康、应急安全等科普服务。泰山区邱家店镇王林坡村积极探索"科普+农业+文化+旅游"的乡村振兴新模式，将科普阵地建设融入乡村文化设施、旅游场所建设，依托省级科普行动计划项目，高标准打造"科普小院"，同步完善旅游配套设施，实现技术升级提升第一产业质量、选商选企壮大第二

产业实力、文旅融合挖掘第三产业潜力的良好的融合及联动效应。

（2）推动优质科教资源下沉

泰安市科协联合市教育局出台《泰安市科普助力"双减"行动实施方案》，推动优质科普资源向农村中小学倾斜。近年来，流动科技馆、科普大篷车先后走进210余所中小学校、50个社区（村），服务时长累计近6万小时，覆盖近25万人次受益，累计里程超百万公里。开展科普报告行活动30余场次，累计参与师生近10万人次。组织偏远农村的学生到省、市科技馆参观，为农村孩子提供优质科普资源、播下科学的种子。

（3）高标准建设科技小院

泰安市科协抢抓中国农技协布局建设科技小院机遇，发挥驻泰高校特别是农业科技院校的资源优势，推动成立山东泰安甘薯科技小院、山东岱岳小麦科技小院等14家中国农技协科技小院，通过"首席专家+研究生+基地"的服务模式，推动科技小院助力优化集成农业生产技术。

4. 坚持产才融合，激发服务乡村振兴新动能

（1）加快农业科技成果转化

联合农业大学、山东省果树研究所、泰安市林科院、泰安市农科院等收集131项优秀科技成果，编印《科技赋能乡村振兴成果汇编》4000余册向全市乡村党组织发放，让农业科技创新成果惠及千家万户。截至目前，已推广新品种、新技术200余项，帮助农户解决100余项技术难题。比如，市科协积极促成省果树研究所在岱岳区南大圈村建立果树优良品种示范园，引进"鲁丽""鲁艳"果树

新品种，定期邀请专家教授开展技术培训和服务，辐射带动当地农户实现增收致富。

（2）积极培育乡土人才

定期面向基层开展乡村振兴科技人才、新型职业农民实用技术培训。积极培育、选拔长期扎根乡村生产一线、在农村创新创业、推广农业技术、带领农民增收致富等方面取得显著成绩的乡土人才，定期开展农技协优秀龙头协会及乡土人才评选。强化基层乡土人才对上宣传举荐，推荐泰安市板栗协会会长王雅红、岱岳区马庄镇农经作物研究会理事长薛丽娜分别入选中国农技协百强乡土人才。

（3）引进高端人才服务重点产业

积极对接中国农学会、中国菌物学会等50余家国家级、省级涉农学会，举办全国学会科技赋能泰安乡村振兴高端论坛暨首届农业科技成果推介会、全国食品农产品高质量发展高峰论坛、"泰山论菌"高端论坛等产学研活动，邀请中国工程院院士李玉、庞国芳等50余名院士专家现场指导，有力促进泰山茶、泰山黄精、泰山赤灵芝等特色产业发展。

三　经验启示

1. 坚持政府主导与多方协同

坚持顶层设计和系统谋划，乡村振兴需要政府的高度重视和主导推动，充分发挥科协、农业农村局、科技局等多部门的优势，通过构建部门联动机制，明确各部门职责和任务，形成协同推进的工作机制，同时加强基层科协组织建设，推动各级学会与村党组织结对共建，整合各方资源，提高服务乡村振兴的精准性和有效性。

2. 注重精准服务与需求导向

通过常态化、精准化、长效化的科普活动，提高农民科学素质，推动科技成果向现实生产力转化。深入了解基层群众的实际需求，建立需求库，开展"订单式"服务，实行点对点、面对面精准对接人才、技术、项目，提高科技服务的针对性和实效性，真正解决农民在生产生活中遇到的问题。

3. 推动资源整合与平台建设

整合科普资源，建设科普服务阵地，依托专项资金和项目实施，建设各类科普场馆、场所和书屋，为农民提供便捷的科普服务；推动优质科教资源下沉，通过联合市教育局等部门，推动优质科普资源向农村中小学倾斜，提高农村教育质量；发挥驻泰高校资源优势，搭建科技小院等创新平台，为乡村振兴提供多元化的服务和支持，促进科技与农业、文化、旅游等产业的融合发展。

4. 促进产才融合与创新发展

加快农业科技成果转化，通过编制成果汇编、发放宣传资料等方式，让农业科技创新成果惠及千家万户；积极培育乡土人才，通过定期开展实用技术培训、评选优秀乡土人才等方式，提高农民技能水平和创新创业能力；引进高端人才，推动特色产业发展，促进农业产业升级，实现产业与人才的深度融合，为乡村振兴注入新动力，激发新活力。

（资料来源：根据山东省泰安市科协提供材料整理）

案例6　安徽山核桃协会：基层科普行动计划服务老区振兴发展

一　基本情况

多年来，安徽省六安市金寨县山核桃协会坚持走"协会+公司+合作社+基地+农户"共同发展的道路，在对外交流与合作、山核桃良种选育推广、山核桃产品开发、中药材生产、农产品深加工、品牌打造和电商销售等方面做出了突出成就，为金寨特色产业发展、脱贫攻坚、乡村振兴及经济发展作出了重要贡献。2022年，金寨县科协在组织实施"基层科普行动计划"的过程中，广泛动员县域内农技协会、科普教育基地、农村科普示范基地积极投身科技助力乡村振兴工作。为发挥协会科技人才优势，金寨县山核桃协会通过申报，成为2022年"基层科普行动计划"项目实施单位之一，获得"基层科普行动计划"奖补资金。在项目实施过程中，协会组织动员科技力量积极投身乡村振兴，在山核桃、红薯等农产品良种繁育、基地建设、产品加工、网络销售等领域的研发和投入力度，将隐藏金寨深山多年无人问津的15万亩野生大别山山核桃和一直未被开发利用的红薯开发成美味畅销食品，发展成为全县乡村振兴的重要产业。

二　具体做法

1. 立足科技服务，提升科技发展水平

协会应用研发的成果技术，开展山核桃及林下经济技术培训，年培训农户230余人次，提高农户山核桃及林下经济科技生产水平。协会还通过师带徒、技术培训与示范种植，培养乡土技术能手和能人大户，发挥自身和能人大户的示范、辐射和带动效应，培育了一批批通过山核桃等产业发展科技脱贫致富的示范户和先进典型。

2. 立足帮扶基地，增强发展能力

协会无偿资助10户农户每户山核桃良种苗木100—200株，帮扶每户发展基地5—8亩；提供技术指导和服务，带动农户低产改造和新发展山核桃基地4000余亩，帮扶600余户农户发展山核桃产业脱贫增收，年户均增收1.2万元，提升农户造血功能和自我发展能力。大别山山核桃是长效增收产业，协会为帮扶农户发展短效增收产业，确保农户能以短养长、长短结合、永续发展，协会会长单位金寨县富东生态农业开发有限公司投资为农户提供红薯种苗和技术指导，定保护价回收产品，年订单带动燕子河镇等6个乡镇2000余户农户和贫困户发展红薯基地4000余亩，然后按每公斤1.4元回收产品，户均增收6000元，实现其短期内快速增收。

3. 立足会员主体，多方助农增收

协会通过会员企业，助销农户农产品，通过会员企业收购农户山核桃和红薯等农产品2000万元以上；通过产品加工厂、产品电商配送中心及产业基地，稳定安排当地农户就业232人，为当地农户提供稳定就业岗位，增加就业收入；协会会员企业和村集体经济开展山核桃和香薯干等产品加工与电商扶贫项目合作，年增加村集体经济项目分红收益40万元以上，有力地促进了村集体经济和乡村事业的健康持续发展。

三　主要成效

协会通过"基层科普行动计划"项目的实施，以科技培训、科普展览、科普宣传、提供农资、种苗、帮助销售农产品等方式，有效带动857户农户通过发展山核桃和红薯产业稳定增收，提供就业232人，帮助就业人员实现增收共461万元，协会会员企业全年帮助销售山核桃和红薯等农产品2100余万元。"基层科普行动计划"项目奖补资金，有效地缓解了协会科技人员开展技术培训和科技指导工作的交通费、资料费支出压力，鼓励了广大农村科技人员参与科技助力扶贫工作的积极性，带动了县域经济和产业的发展，提升了基层科普能力。

四　经验启示

1. 科技赋能是关键

通过开展山核桃及林下经济技术培训，提升农户科技生产水平，是实现产业可持续发展的基础。同时，采用师带徒、技术培训与示范种植等方式，培养乡土技术能手和能人大户，充分发挥他们的示范带动作用，能够有效激发农民参与产业发展的积极性，形成"头雁效应"，推动产业规模化发展。

2. 产业融合促发展

协会既发展大别山山核桃这一长效增收产业，又为农户提供红薯种植等短效增收产业，实现了长短结合、以短养长的发展模式。能够根据当地资源禀赋，合理布局产业，避免产业发展的单一性，增强农民收入的稳定性。同时，通过农产品深加工和电商销售，将山核桃和红薯开发成畅销食品，提升了产品附加值，延长了产业链。产业融合推动了农业与第二、第三产业协同发展，提高农业综合效益。

3. 项目支持强保障

通过"基层科普行动计划"奖补资金，缓解了协会科技人员开展技术培训和科技指导工作的成本压力，激发了农村科技人员的积极性。充分说明政府的政策支持和资金投入是推动乡村产业发展的重要保障，能够有效撬动社会资源参与乡村振兴。

（资料来源：根据中国科协农村专业技术服务中心编制的《"基层科普行动计划"典型案例汇编（2022年）》内容整理）

案例7 山东菏泽："三位一体"工作模式助力乡村产业振兴

一 基本情况

山东省菏泽市乡村产业发展基础良好，但也存在农业基础设施薄弱、一二三产业融合度不高、农产品品牌影响力弱、新型经营主体综合能力不足等问题。为发展壮大乡村产业，加快推动菏泽由农业大市向农业强市转变，助力乡村产业振兴，菏泽市科协以"科创中国"试点市建设为抓手，以全国学会、省级学会创新资源和中国科协"科创中国"平台为载体，创新建强队伍、开展活动、打造平台

第四章　科协助力乡村振兴的经典案例

"三位一体"工作模式，积极探索科技赋能乡村产业振兴的路子，内引外联，借智聚力，引导人才、技术向基层一线流动，加快农业科技成果"落地生根"，为乡村振兴工作持续注入科技力量。菏泽市科协被市委、市政府授予"菏泽市推进乡村振兴工作先进集体"。

二　具体做法和成效

1. 建强"四支队伍"，建立科技赋能乡村产业振兴力量体系

（1）建强智库专家队伍

遴选28名院士专家（其中中国工程院院士2人）组建农业与乡村振兴智库专家团队，并纳入市政府高端智库。组织智库专家开展决策咨询服务，完成智库课题9项，以《高端智库专家直通车》的渠道报市四大班子领导、市直有关部门、各县区两办，供领导决策参考，其中多项建议获市领导批示。

（2）建强科技服务队伍

充分发挥本土专家的专业优势和对当地产业"知根知底"的一线实践优势，组建"科创中国"菏泽助力乡村振兴农业、林业科技服务团，组织专家深入产业基地、走进田间地头，现场把脉问诊、积极建言献策，精准务实开展好科技帮扶活动。目前，服务团专家下基层开展科技服务活动已成为常态。

（3）建强科普志愿服务队伍

整合各方资源力量，形成了以市科协为龙头，市级学会，科普教育基地，乡镇、街道科协为枢纽，村（社区）

科普组织、科普示范基地，农技协（合作社）及科技示范户为辐射的横向到边、纵向到底的乡村振兴科普志愿服务队伍，人员近千人。通过悬挂宣传标语、展出科普展板、发放科普资料、现场讲解等形式，开展科普志愿服务活动100余次，发放宣传资料6万余份。

（4）建强驻村工作队伍

选派政治素质高、工作能力强、敢于攻坚克难、善于解决复杂问题的优秀党员干部深入乡村振兴第一线，选派队员充分发挥科协系统优势资源，积极协助帮扶村申请项目资金发展乡村产业，壮大集体经济。

2. 开展"三大活动"，推动企业家"所需"与科学家"所能"有效对接

（1）围绕农业产业高质量发展，举办高层次学术交流活动

针对菏泽农业农村发展现状及乡村振兴推进情况，举办2021中国·黄河流域梨产业论坛、中日（菏泽）智慧农业论坛、山东省农学会2022年学术年会、"科创中国"现代农业产业创新论坛、葡萄优质高效生产技术培训班等活动，邀请中国工程院院士赵春江、印遇龙、李培武、邹学校等专家来菏泽传经送宝，为菏泽农业产业发展提供新思路、新理念、新技术。

（2）紧盯农业创新发展要求，开展院士专家产学研对接活动

积极邀请院士专家开展调研对接活动50余次，着力搭建院士专家和企业合作共赢的桥梁，努力推动产学研合作。菏泽市科协与市农科院、省花生研究所签订花生产业振兴

院地合作协议，打造以花生产业科技引领的乡村振兴齐鲁样板。与山东农业大学教授陈学森团队签订科技合作协议，引进领军人才团队，打造"鲁西酥梨"水果产业振兴齐鲁样板。推动菏泽经济开发区管委会、山东建筑大学资源与环境创新研究院签订狮克产业园院士协同创新中心战略合作协议，帮助狮克产业园引进日本工程院外籍院士、山东建筑大学资源与环境创新研究院院长陈飞勇。促成有关企业与高校、科研单位就"建立无公害绿色果蔬种植技术示范基地""建立饲料桑生态种养循环模式""木瓜及牡丹系列功能性产品开发"等十余个技术项目签约合作。

（3）聚焦农业企业需求，开展项目推介活动

举办功能性食品产业协同创新基地启动仪式暨专家企业对接会、"科创中国"农产品区域科技服务团成果对接会、"科技助力'菏'力共赢 食品科技成果转化交流会"、菏泽市功能性食品产业"科企沙龙"、农产品加工产业高质量发展论坛等活动，促成"专用型泡打粉生产技术研发""专用粉品质改良"等十余项科技成果转化落地。

3. 打造"三类平台"，汇聚乡村产业振兴创新资源

（1）建立研发平台

推动成立"菏泽鲁西山农酥梨产业研究院"，研究院依托山东农业大学、中国农科院等高校、科研单位的技术人才优势，坚持创新、协调、绿色、开放、共享的新发展理念，完善山农酥梨产业链技术，搞好产业科技服务。目前，已在10个县区建立酥梨示范基地5000余亩，并成功申报了"曹州雪梨"品牌。

（2）设立学会服务站

推动中国农学会等全国学会在菏泽设立服务站3个、山东省食品科学技术学会等省级学会在菏泽设立服务站9个。以学会服务站为载体，借助学会网络和智力优势引进高端智力，邀请100余名院士专家来到菏泽开展技术服务活动，为乡村振兴提供有力科技支撑。

（3）打造乡村振兴创新创业共同体

围绕区域优势特色产业，推动建设产业方向明确、带动作用明显的乡村振兴创新创业共同体14个，涉及牡丹产业、植物提取物、大蒜加工等区域特色产业，积极探索依托创新创业共同体助力农业科技发展的新路径。

三　经验启示

1. 摸清找准乡村产业发展"需求点"

发现需求、找准需求，是促成供需对接的前提。菏泽市科协在全市范围内广泛征集人才技术项目需求，并组织召开乡村产业发展座谈会、农副产品精深加工产业发展座谈会，摸清产业发展现状，深入分析企业共性需求和个性化要求、产业发展重点。根据企业上报需求情况，实行"一企一策"，实施"一对一、点对点、不断线"对接，走入企业生产科研一线，走到企业负责人、生产研发人员身边，准确掌握第一手资料，并持续搞好需求跟踪，随时了解掌握企业需求变化情况，在查找真难题，对接真需求上下好真功夫，切实为下步与全国学会、省级学会精准对接做足功课。

2. 推动解决乡村产业发展"症结点"

优质科技资源难以下沉到乡村产业一线，是制约乡村产业振兴的堵点之一。菏泽市科协积极对接中国农学会、中国农业大学、中国农科院等全国学会、省级学会及高校、科研院所科技创新资源，邀请200余名院士专家来菏开展技术服务活动，争取与乡村产业相关的"科创中国"科技服务团示范项目7个、试点城市系列品牌活动项目1个、省科协助力创新驱动发展行动协同创新基地项目3个。紧紧围绕乡村产业发展，举办内容丰富、形式新颖、务实高效、线上线下结合、学术交流与项目对接并重的科技交流活动，采取学术报告会+技术项目推介会+专家与企业对接会+实地调研的形式，着力搭建产学研对接合作的桥梁，推动解决乡村产业发展的短板问题和企业实际需求。

3. 着力夯实乡村产业发展"支撑点"

只有构建专家与企业互惠共赢的长效机制，才能更好地推动乡村产业科技成果在基层落地生根，实现可持续发展。菏泽市科协通过建立学会、高校、科研机构、企业等多方参与的研究院、学会服务站等创新平台，带动专家与企业的广泛合作，推动产学研协同创新，推动科技成果在地方转化，让企业得效益，专家得红利。研究院、学会服务站等创新平台是联系和对接全国学会、省级学会及高校、科研院所科技创新资源的载体。以平台为依托，充分借助全国学会、省级学会及高校、科研院所人才荟萃、智力密集、熟悉学科和技术前沿的优势，开展好科技研发、成果转化、技术培训等工作，帮助企业解决技术需求，推动科技成果转化。

(资料来源：根据山东省科协提供材料整理)

案例 8　福建福安：打造"农民自家的农科院"

一　基本情况

近年来，福建省福安市农业产业发展较快，但当地部分农民年龄偏大、文化水平不高，新技术的接受能力薄弱，种养能力跟不上产业发展的步伐。同时由于当地人才激励机制不够完善，乡土人才的示范带动作用未能充分发挥。福安市科协在重视外引人才的同时，积极挖掘本地人才的潜力，努力探索创建以乡土人才（农村科普带头人、农村实用技术人才、农村科普示范基地技术员、农技协会员等）和学校科技辅导员领衔的"科普工作室"，建立一支永驻基层的"科技特派员"队伍，打造了一批设在群众身旁的基层科普服务载体，解决技术服务的"最后一公里"问题。

2014 年，福安市科协选定福建省级农村科普带头人——松罗乡农民郑柯发在葡萄栽培产业首创"科普工作室"，该科普工作室领衔人郑柯发在全乡大力示范和推广葡萄"五新"技术，通过技术培训和田间指导等方式，不断提高农民葡萄栽培水平，带动松罗乡葡萄产业从弱到强，惠及全乡 500 多种植户，种植户的平均收入从 2014 年的 15750 元提高到 2019 年的 48125 元，葡萄产业成为当地农民的主要收入来源，《福建日报》等媒体对福安市"科普工作室"项目进行报道，称"农民需要这样的科普工作室",工作室被誉为农民"自家的农科院"。2019年以来,福安市科协先在农业产业领域推广"科普工作室"模式,并向青少年科技教育领域延伸,累计建立16个乡土人才领衔的科普工作室,涵盖茶业、葡萄、水蜜桃、林下经济、水稻、太子参和水产等农业产业;建立10个学校科技辅导员领衔的科普工作室,涉及服务青少年科技创新、机器人、创意编程等领域。

二 具体做法

由各学会(协会)、乡镇科协、学校负责推荐具有较强的农业技术或科技教育能力,愿意以志愿服务形式热心服务的乡土人才、学校科技辅导员作为科普工作室申报主体。市科协组织考察后,研究认定名单,联合相关学会(协会)予以命名授牌,并给予适量的经费支持,用于开展科普讲座、农技推广、技术指导、科普宣传等活动,推进科技成果转化。

"科普工作室"有以下三个特点:一是给身份,强使命。通过建立科普工作室把这些乡土人才、科技辅导员纳入科技工作者范畴,引导他们在中国科协科技志愿服务平台注册成为科技志愿者,把他们团结在群团组织周围,使他们的科技工作者的身份感明显增强,为群众服务意识明显提高。

二是做示范,强引领。科普工作室领衔人积极发挥示范引领作用,他们有种植技术、有生产规模、有实践经验,是农民身边信得过的技术员,通过用实际行动种给农民看,用先进技术带着农民干,激发农民的内生动力，从而让新品种、新技术的推广由"要我种"转变为"我要种"，加速农业科技成果转化。科技辅导员科普工作室积极发挥"传帮带"作用，涌现出姐妹、夫妻科技辅导员指导的学生项目冲上省级和国家级赛事的可喜场面。

三是建机制，强管理。科普工作室的申报、推荐、评定工作，坚持以自愿为原则，并通过建立有利于调动科普工作室领衔人积极性的绩效评估和退出机制，实行动态管理，一年一考评，对发挥作用明显的，次年持续给予认定；不合格者摘牌退出。

三　主要成效

福安市科普工作室创建以来作用日渐凸显，影响力不断提升。农业领域科普工作室领衔人围绕农业、林业、养殖等产业深入田间地头，以"手把手+面对面"的方式常态化、全天候地开展技术指导、培训等科技志愿服务，为农民答疑解惑。如科普工作室领衔人、返乡创业青年陈清整合乡村众创空间资源开展志愿服务，免费对农民进行技术培训和指导，主动对接建档立卡精准扶贫户29户，帮助贫困户生产竹酒、发展林下养鸡养蜂等，让不少农民摆脱贫困。通过陈清的技术帮带，当地贫困户王锦荣不仅脱了贫，还成为养蜂能手，如今通过申报也建立了"科普工作室"，服务更多的养蜂户。黄胜雄科普工作室采取深入田间地头现场讲解以及个别辅导的培训形式，为23个葡萄、柑橘种植基地提供技术指导，积极推广葡萄高标准规范化栽培模式、病虫害综合防治和避雨设施栽培等技术。

游锦木科普工作室积极推广绿竹笋丰产培育技术，使城阳镇占洋村绿竹亩产增收 2000 元以上。

学校科技辅导员科普工作室通过开设科普讲座、讲述科学家故事、指导学生科技社团开展"小发明""小创造"等多种服务方式，推动科普助力"双减"工作，培养学生科学兴趣、创新意识和创新能力，成效显著。开展科普报告进校园，活动提高青少年科学文化素质，推动科普助力"双减"；开展青少年科技辅导员能力培训，组织科技辅导员参加省、市各类科技竞赛指导教师培训，提升科技辅导员业务水平；广泛开展青少年科技创新、青年科普创新实验及作品等各类青少年科技实践活动（竞赛）；作为省科协首批深化改革试点项目和科技志愿服务品牌项目的"科普工作室"，经验做法在中国科协官微"今日科协"上作专题介绍推广。

四 经验启示

1. 基层科普工作需要依靠本地人才

各地科协应注重挖掘本地乡土人才，通过培训、激励等方式，提升他们的专业能力和服务意识，让他们成为农民身边的"土专家"和"科技特派员"。这样既能充分发挥本地人才的优势，又能增强农民对科普工作的信任感。

2. 强化身份认同，增强科普服务意识

增强科普工作者的身份认同感，可以有效提升他们的工作积极性和服务意识。科协组织应通过颁发证书、提供培训、开展表彰等方式，增强科普工作者的荣誉感和责任感，让他们更加主动地投入科普工作中。

3. 科普工作要注重发挥示范引领作用

通过树立典型、推广成功案例，让农民看到新技术、新品种的实际效益，从而增强他们学习和应用新技术的积极性。同时，科普工作者要深入田间地头，提供精准的技术指导，帮助农民解决实际问题。

4. 完善的激励机制是推动科普工作持续发展的关键

科协组织应建立健全科普工作者的激励机制，通过绩效评估、表彰奖励、职称评定等方式，激发他们的工作积极性。同时，要建立退出机制，对不称职的科普工作者及时调整，确保科普队伍的活力和效率。

（资料来源：根据中国科协农村专业技术服务中心编制的"基层科普行动计划"典型案例汇编（2022年）内容整理）

案例9 山东泰安：岱岳区科协"三字诀"助推乡村全面振兴

一 基本情况

近年来，山东省泰安市岱岳区全面贯彻新发展理念，锚定乡村振兴科技先行，大力实施"科普惠民、聚才引智、科技小院"三大工程，一件事情接着一件事情办，一年接着一年干，引导科协优质资源向基层乡村集聚，登高望远，奋力争先，为全省"走在前、挑大梁"贡献力量。先后获评山东省乡村振兴督查激励县、农业绿色发展先行县、国家现代农业产业园。

第四章　科协助力乡村振兴的经典案例

二　具体做法和成效

1. "闯"字诀实现科普惠民

（1）在体制机制上"闯"

配强工作力量。先后调整加强区科协领导班子5人，新增招考事业编4人，全体人员达到12名，科协工作力量达到历史最高峰。

强化经费保障。确保省市拨付项目资金和区本级预算资金全部到位支付，充分保障基层科协组织各项工作的有序开展。

夯实组织基础。印发《关于加强全区基层科协组织建设的实施意见》等，全员下沉攻坚，指导全区15个镇街全部组建由党委分管领导兼任主席，"三长"以及科技型企业负责人担任常委、委员的全新科协组织。全区638个村（社区）全部组建科普志愿服务队，2000多名网格员兼任科普信息员、乡村振兴指导员，构建起覆盖全区的科普网络，将农业生产、新技术、新品种推广等实用科普知识实时传递到每家每户。

（2）在搭建平台上"闯"

充分利用泰安乡村振兴学院，组建乡村振兴人才培育智库和志愿者服务队，采取"理论+实践""课堂+现场""线上+线下"等教学模式，提升农民等群体培训质效，增强就业创业能力。与山东农业大学、山东科技大学等高校合作建立乡村人才振兴服务基地、创建返乡农民工创业示范园，培育本土人才1500余人，承接省级高素质农民培训任务和基层农技推广培训，培育高素质农民、新型农业经营主体带头人，壮大农村创新创业实用人才。2024年举办讲座、培训班21期，示范推广农业新品种10个，农业新型实用技术11项，培养高素质农民3000余人。

（3）在活动形式上"闯"

深入推进科普广覆盖。"科普之春"系列活动500余场，参与公众达2万余人次。全国科普日开展科普活动1800余场，受益公众6万余人次。科普覆盖、科技服务辐射全区600多个村和社区，受益群众达28.9万余人次。角峪镇"乡村振兴 科普先行"活动获评山东省2024年全国科普日优秀活动。

精准科普订单式服务。邀请科普专家深入田间地头开展"玉米单产提升技术""大豆玉米带状复合种植技术""蔬菜病虫害综合防治技术"培训，深受群众好评。

创新新媒体科普形式。区融媒中心开设《智汇田园》专家直播互动专栏，视频推广"科技小院"新品种、新技术应用成果。泰山姐姐服务平台运用科普中国资源服务号开展线上指导板栗种植技术，解决疑难问题14个。

2. "创"字诀实现聚才引智

助力龙头企业提质增效，与42家国家级学会、12家省级学会建立联系，引入农业龙头产业发展亟需的学会高端人才团队，精准帮扶50余家产业龙头企业做大做强，带动产业链组团发展。

（1）在引智赋能上"创"

对接中国中医药学会，开展泰山四大名药产业发展论证，推动泰山黄精产业聚链成群，助力产业化发展提档升级，全区黄精种植面积达4.3万亩，户均增收5万元，带动黄精深加工企业20余家，年产值4亿元，形成全区"黄精+N"多业态发展的良好势头，《泰山黄精关键技术创新及产业化应用项目》荣获2024年度山东省企业典型创新案例。

（2）在建站聚才上"创"

组建各类专家服务工作站60余家，中国农业大学、中国科学院武汉植物园研究院在巴富洛公司建设国家猕猴桃产业技术联合创新研究中心，开展软枣猕猴桃选育，为泰安市软枣猕猴桃自主品种和标准化生产和规模化推广奠定了基础。中国农学会、中国园艺学会指导巴富洛公司改进葡萄酒生产技术，解决了葡萄酿酒单宁含量低、香气不足以及鲜食葡萄与酿酒葡萄差异化管理等问题，节省人工成本70%，综合效益增加20倍，被评为"全国高新技术企业""省级农业产业化示范联合体"。

（3）在学会助力上"创"

引荐中国奶业协会、山东畜牧养殖学会为金兰乳业公司研究创立了以常规育种技术为主，基因组选择育种为辅的奶牛现代育种技术体系，培育优秀种公牛563头，带动农户发展种植全株玉米9万亩，构建起全区农牧循环新模式。泰安市畜牧兽医学会、泰安市农技协为永乐菌业公司引入专家团队，针对气候、环境及菌包生产流程等方面调整种植方式方法，生产质量得到大幅提升，每年销售食用菌2000多吨，产品远销美国、澳大利亚等10余个国家和地区。

3. "干"字诀释放新动能

借助山农大人才集聚、成果丰硕的优势，推进科技小院建设走深走实。目前全区拥有科技小院7家，数量居全省前列、全市第一，工作经验被 CCTV17、中国网、《山东通讯》等媒体推广报道达 40 余次。

（1）在高位推动上"干"

着力推动科技小院标准化建设、规范化运行、可持续发展。依托全民科学素质工作领导小组，成立科技小院推进专班，出台《科技小院建设推进办法》《科技小院管理办法》等，积极对接省、市农技协，支持引导涉农企业、协会、合作社、家庭农场与山农大 7 个院系密切联系，建立"政府+高校+企业（合作社）"的三方合作框架，共同打造全国一流的科技小院。

（2）在精准施策上"干"

支持科技小院聚焦重点领域热点、关键核心技术卡点，解除发展瓶颈，为全区农业产业现代化提供有力支撑。科学论证选定小麦抗倒伏、草莓产业绿色生物防控、甘薯产业品种选育与品质提升、茶园害虫生态调控等领域，加速技术攻关，助推农业产业"破茧成蝶"。甘薯科技小院完成国家青年基金项目 1 项，捕食螨科技小院研究生取得中国国际"互联网+"大学生创新创业大赛金奖、"创青春"中国青年创新创业大赛银奖。山东兴岳食品公司依托岱岳生猪小院推广"天然中药多糖负载锌指抗病毒蛋白缓控释试剂"，有效抑制口蹄疫病毒、猪蓝耳病病毒等常见猪病的传播；泰山茶溪谷公司使用生态调控技术、害虫诱集技术，降低了茶树病虫害，提升了茶叶产量和品质，成为高端绿茶市场上的佼佼者；三棵树农场应用连作障碍原因解析与控制技术和传粉昆虫、天敌昆虫与化学防治措施协同控害技术，从源头上解决了设施封闭、单一种植和复种指数高造成的连作草莓移栽死亡问题。

(3) 在产业发展上"干"

推动科技小院与龙头企业、合作社和家庭农场深度合作，加快科研成果转化，完善"科研—种植—生产"链条，实现了社会效益和经济效益双丰收。山东岱岳小麦科技小院建立新品种培育基地 200 亩、农技推广示范基地 600 亩、良种繁育基地 1.8 万亩，惠及 36 个行政村、1.5 万户农民，吸纳就业 60 人，人均年增收 1.5 万元。泰山板栗科技小院发挥集群连片引领作用，带动发展板栗种植户 4 万余户，发展规模基地 45 万余亩，年产板栗 13.5 万吨，产值 24.3 亿元，销往 25 个国家和地区，出口量连续 4 年全国第一。

三 经验启示

1. 强化组织与机制建设是基础保障

乡村振兴需要强大的组织队伍作为支撑，只有配备足够且专业的人员，才能更好地推动各项工作的开展。同时，建立健全乡村组织体系，充分发挥基层组织的作用，让各项政策和技术能够真正落地生根。乡村振兴离不开资金投入，地方政府应积极争取上级资金支持，同时合理安排本级财政预算，确保资金能够精准用于乡村振兴的关键领域。

2. 搭建多元平台是关键举措

通过搭建人才培养平台，提升农民的就业创业能力，培育本土人才，为乡村发展提供智力支持。通过搭建产学研合作平台，与高校、科研机构建立紧密的合作关系，将先进的科研成果转化为实际生产力,促进乡村产业升级。同时,也为高校和科研机构提供了实践基地,实现了互利共赢。在信息时代,新媒体平台为科普工作提供了更广阔的空间和更便捷的渠道,通过创新科普形式,更好地满足农民对科普知识的需求,提高科普的覆盖面和影响力

3. 高位推动与多方协作是重要保障

乡村振兴需要政府的高位推动和统筹协调。通过建立专门的推进机构,制定相关政策和管理办法,为乡村振兴提供有力的组织保障和制度保障。地方政府应加强对乡村振兴工作的领导,明确责任分工,确保各项任务落到实处。乡村振兴又是一项系统工程,需要政府、高校、企业、合作社等多方协作。通过建立多方合作机制,能够整合各方资源,形成合力,共同推动乡村发展,各参与方应明确自身的职责和作用,加强沟通与协作,实现优势互补,共同为乡村振兴贡献力量。

(资料来源:根据山东省泰安市科协提供材料整理)

案例10 山西忻州:科普项目引领科技赋能乡村

一 基本情况

山西省忻州市科协以项目为引领,促进优质服务与县乡村产业科技需求精准对接,打造精准化、专业化的服务项目。创新"一组织+三阵地"模式,搭建科普服务平台,抓实基层科协组织建设,促进科普服务与乡村科技需求精准对接,更有效、便捷、精准地开展科技培训、科普讲

座、产业指导活动，筑牢科普惠农中心服务站、农技协、科普教育基地三大主阵地，为农村提供亟须的科技培训、科普讲座、产业指导等科技服务，将专业化、精准化的科普服务推向深入。同时，强化乡村振兴人才技术支撑，充分发挥科协联系服务科技工作者的桥梁纽带作用，形成了一支服务基层的农村科普人才队伍，广泛汇聚科技服务力量，凝心聚力服务农业农村现代化发展，推动科技扎根泥土赋能乡村振兴。

二 具体做法和成效

1. 科普项目引领，增强发展动能

结合中国科协和山西省科协基层科普行动计划，锚定各县域特色产业，引导和推动各县（市、区）科协积极申报助力乡村振兴项目，2023年，经过广泛动员、积极组织，推荐申报8项助力乡村振兴战略实施项目，主要包括实用技术推广和新品种示范推广（小杂粮种植推广服务、特优农牧业科普、茄果类实用技术推广、红肉灵芝实用技术研究等），以及美丽乡村科普示范基地建设、乡村精神文明建设等项目。

2. 搭建科普平台，创新服务模式

一是开展农民培训。忻州市蜜蜂协会科普惠农服务站对45名蜂农进行了高素质农民专业技术培训，培训内容主要以线上电子商务为主，指导蜂农如何紧跟潮流，利用直播、网店等平台将自产的优质产品通过网络销售出去。

二是开展特色产业培训。繁峙县重点发展中药材种植产业，借助博士创新工作站，整合各级各类前沿科研资源，加快推动科技成果转化。在恒宇天然草本资源有限公司的带动下，繁峙县持续加大中药材种植培植力度，辐射带动周边多个村庄种植中药材，并涌现出了以解心景为首的青年创业骨干积极发展中药材规模化种植，中药材种植基础逐步夯实。

三是优质科普资源下沉基层。科普挂图进农村，在省科普服务中心订购科普助力乡村振兴挂图 70 套为所有县（市、区）配发，用于农村科普宣传栏科普资源的定期更新。科普大篷车在基层发挥科普作用，忻州市科协先后为河曲县和偏关县申请了 2 套科普大篷车，在全国科普日、科技活动周和各类科普活动日，指导县科协积极组织科普大篷车开展宣传活动。

3. 科技人才支撑，提升专业水平

一是产业顾问支持脱贫县产业发展。忻州市科协与乡村振兴局联合推荐产业顾问，坚持脱贫县与科技人才双向选择，为确实需要产业顾问服务的县推荐本县本产业科技人才和省内科技专家。为繁峙县、神池县、岢岚县推荐特色种植、肉羊品种培育、红芸豆优种改良等方面专家 6 名，服务脱贫县产业发展。

二是科普惠农专家服务团支持实用技术推广。发挥科普惠农专家服务团的专业优势，结合基层科普需求，订单式服务基层。选派专家深入基层开展科普培训、走进田间地头进行技术指导，为基层提供强有力的科技支持。

三是推荐乡土人才入库省农技协专家库。从基层"三长"、科普惠农中心服务站以及县特殊农业企业择优推荐 9

第四章　科协助力乡村振兴的经典案例

名优秀乡土科技科普人才入库。

三　经验启示

1. 以项目为纽带整合资源

通过申报助力乡村振兴项目，将中国科协、山西省科协的资源与地方特色产业需求紧密结合，为乡村产业发展提供资金支持和方向指引。在推动乡村振兴时，充分利用上级政策和资金支持，通过项目化运作，将外部资源精准导入乡村产业发展的关键环节。同时，锚定各县域特色产业申报项目，避免"一刀切"的帮扶模式，使科技服务更具针对性和实效性。

2. 多方联动构建人才服务体系

忻州市科协与乡村振兴局联合推荐产业顾问，科普惠农专家服务团订单式服务基层，推荐乡土人才入库省农技协专家库，形成了从外部专家到本土人才的多层次、全方位的人才服务体系。推荐的专家与当地特色产业紧密结合，注重人才与产业的匹配度，让专业人才在适合的产业领域发挥最大作用，实现人才与产业的良性互动。同时，从基层"三长"、科普惠农中心服务站等推荐优秀乡土人才入库，既为他们提供了更广阔的发展平台，又为乡村发展储备了本土人才力量，让他们成为推动乡村发展的主力军，增强乡村发展的内生动力。

3. 以组织建设形成强大合力

忻州市科协创新"一组织+三阵地"模式，抓实基层科协组织建设，筑牢科普惠农中心服务站、农技协、科普教育基地三大主阵地，为科技服务提供了坚实的组织保障和平台支撑。同时，通过基层科协组织的引领和协调作用，整合各类科技资源，实现科普服务与乡村科技需求的精准对接。这也表明基层组织在乡村振兴中具有重要的资源整合和协调功能，要充分发挥其作用，打破部门和领域壁垒，形成推动乡村振兴的强大合力。

（资料来源：根据《忻州日报》2024年10月25日第2版刊登文章《我市推动科技扎根泥土赋能乡村振兴》整理）

案例11　山东济南：科技顾问团为乡村振兴贡献人才力量

一　基本情况

为深入学习贯彻习近平总书记"要坚持不懈把解决好'三农'问题作为全党工作的重中之重，举全党全社会之力全面推进乡村振兴"的指示要求，济南市科协深度融入抓党建促乡村振兴"1+1+N"工作模式，探索推动"乡村振兴科技顾问工作机制"。目前，全市各级科协组织逐步摸索出以科技赋能乡村振兴、人才助推共同富裕为着力点，以农技协等基层科协组织为基础，以乡村振兴科技顾问志愿服务为抓手，以科技小院、乡村振兴科技顾问工作站为阵地平台的全新工作路径，动员引导广大科技工作者投身一线，形成人才、产业、资金、创新"四链融合"的工作闭环，不断激活乡村发展的各类要素，为乡村全面振兴插上了科技"翅膀"。

二　具体做法

1. 组建乡村振兴科技顾问团

济南市科协印发《关于全面推进建设乡村振兴科技顾问团队工作的通知》，进一步明确任务目标，分解细化内容，提出工作要求。联手各级组织部门，发挥科协系统人才资源优势，建立市、区县、街镇三级科技顾问团队，成员既有高等院校科研院所专家、农业科技工作者、科研型企业负责人等高等技术人才，又有农技推广人才、农村实用人才、创新创业人员等实用人才，还有一线农业经营主体负责人、技术人员、社会组织科技人员等本土能人。目前，科技顾问人数超过1500人，具备覆盖全市所有涉农区县、街镇的能力。

2. 规范开展志愿服务

济南市科协围绕推动发挥"科技顾问"作用，制定《乡村振兴科技顾问志愿服务行动实施细则》，进一步规范科技顾问志愿服务活动的运转流程，安排"科技顾问"志愿服务活动专项经费，为志愿服务有序开展提供了根本保障。市、区县两级科协和顾问专家有效使用市科协"志愿服务活动"管理平台及微信客户端，及时登记备案，调度服务活动，加强过程管控，有效保障志愿服务活动正常开展。截至目前，共开展志愿服务活动2400余场，直接受益群众超过4.5万人。

3. 建立"第一书记+科技顾问"的协调联动制度

各级科技顾问团队紧密联系驻村第一书记，分区域、分领域、分时段组织供需对接，推进农业生产科技问题供需协调解决体系建设，根据《关于推行"乡村振兴科技顾问"机制助力推进抓党建促乡村振兴的实施方案》要求，建立清单管理机制、问题处置机制、现场指导机制、合作带动机制，确保科技帮扶精准对接，运行高效。通过第一书记对帮扶村的需求摸排，综合农民群众对农业生产中遇到的难点、堵点，汇总完善科技服务需求清单，由各级科技顾问团队联系相关专业的科技顾问开展志愿服务活动。自2023年9月以来，组织开展乡村振兴科技志愿服务供给清单和需求清单工作，汇聚供给（需求）项目1843条，开展科技顾问志愿服务活动3050场，直接受益群众超过5.5万人。

三 主要成效

1. 产业带动作用成效显著

各级"科技顾问"团队充分发挥自身专业优势和资源优势，通过采取一线指导、实体合作、技术咨询等方式，把科技成果转化成推动农村产业振兴的先进生产力。商河县科技顾问马素军，利用自身专业优势和资源渠道，为合作社提供科学指导，引入高层次技术人才团队，建设"商河玉米科技小院""殷巷镇农作物基因编辑技术专家工作站"，提升产品质量、增加收入来源。章丘区树莓产业协会发挥科技顾问作用，不断提升科研技术水平，助推树莓产业健康发展，辐射带动全省发展树莓基地2760亩，1072名农户种植树莓增收致富，逐步发展成为山东省品种最多、规模最大的树莓种植基地。

2. 阵地平台辐射作用突出

济南市科协培育建设的8家国家级科技小院、57家市级科技小院,以及正在遴选培育的20家左右的乡村振兴科技顾问工作站,为科技人才投身乡村振兴事业提供了施展才华的广阔舞台。目前,已经吸引高等院校、科研院所教授级专家52名,硕士105名。市科协用好进站专家团队宝贵资源,将专家工作站、农技协、乡村振兴科技顾问等力量加以整合,加大科技人才培养力度。2024年各科技小院共举办"农业专家进小院"等专题报告327场次,培训科技小院技术人员、科普带头人120人,培训农户4300人,一批传统种、养殖户正逐步向现代农业经营者转变。各科技小院广泛签约农业公司和合作社,迅速铺开推广新技术,实现成果转化,助力农民增产增收。目前,市级科技小院拥有专利300余项,带动15000余户农民群众增收,服务和生产土地面积超过10万亩。

3. 构建基层科协组织服务乡村振兴新格局

通过科技顾问机制深入实施,有效激发了全市97家基层农技协组织活力,通过协会动员组织、引导更多的基层农业科技工作者开展助农活动,形成推进乡村振兴的整体合力。同时,市科协锚定基层需求,开创性开展10项基层农村科协组织"乡村振兴共建服务"试点项目,探索新时代农村科普工作模式,有效提升了服务能力。

四 经验启示

1. 人才是乡村振兴的关键支撑

乡村振兴离不开人才的支持。济南市通过整合高等院校、科研院所的专家资源,以及本土的农业科技人才,形成了覆盖全市的科技顾问网络。这种"高端人才+本土能人"的组合模式，不仅为农村提供了技术支持，还激发了农民的创新意识和创业能力。这说明，乡村振兴需要多层次、多元化的人才队伍，既要引进外部专家，也要培养本土人才。

2. 多级联动机制是资源整合的有效途径

济南市通过"第一书记+科技顾问"的协调联动制度，建立了清单管理、问题处置、现场指导等高效运行机制，实现了科技资源的精准对接和高效利用。这种多级联动模式，充分发挥了各级组织的优势，形成了"人才、产业、资金、创新"四链融合的工作闭环。这表明，乡村振兴需要整合各方资源，通过多级联动机制，实现科技、人才、资金等要素的有机结合。

3. 志愿服务是推动科技下乡的重要形式

济南市通过规范化的志愿服务活动，将科技服务送到农民身边，提升了农民的科技素养和生产技能。这种志愿服务模式，不仅为农民提供了及时的技术支持，还增强了农民的科技意识和自主创新能力。这说明，志愿服务是推动科技下乡的有效形式，能够弥补农村科技服务的短板，形成科技服务的长效机制。

（资料来源：根据山东省科协提供材料整理）

案例12　山东淄博：科协助力人才振兴的"周村模式"

一　基本情况

近年来，山东省淄博市周村区科协高度重视基层基础和

第四章　科协助力乡村振兴的经典案例

人才培育工作，立足科协"四服务"职责定位，突出农业农村重点，全面深化科协系统改革，不断在科协组织建设、人才培育和作用发挥、平台搭建等方面持续发力，创新突破、大胆实践，取得了优异成绩，涌现出了一大批村（社区）党支部书记、科协主席带领群众发展特色农业、助力乡村振兴的优秀典型，探索形成了"3+1"基层科协组织力提升"周村样板"和科协系统改革与"党管人才"融合发展"周村模式"，多次被中国科协和山东省科协确定为科协系统深化改革品牌项目和典型案例，开创了新时代具有周村特色的农业农村科技（科普）人才助力乡村振兴的新路径。

二　具体做法和成效

1. 建组织夯基础，延伸基层科协组织工作手臂

2021年2月，周村区科协抢抓新一轮村（社区）"两委"换届机遇，在全国科协系统率先提出推进农业农村科技（科普）人才进"两委"的新思路，争取到由区委组织部牵头、联合区民政局印发了《关于在全区村（社区）"两委"换届中推进农业农村科技（科普）人才进"两委"和做好基层科协组织建设工作的通知》，明确实现"两个100%"的工作目标［100%的村（社区）农业农村科技（科普）人才入选"两委"班子，100%的村（社区）科协主席由新当选的"两委"成员中农业农村科技（科普）人才兼任］，将该项工作纳入全区村（社区）"两委"换届工作中，多方协同推进。截至当年6月，全区175个村（社区）全部成立科协组织，圆满完成了"两个

100%"的工作目标，实现了村（社区）层面科协组织建设全覆盖，有效延伸了基层科协组织的工作手臂。

2. 纳人才汇力量，培育农业农村科技（科普）人才

周村区科协利用村（社区）"两委"换届之机，在全区 175 个村（社区）全部建立了科协组织，并将农村和社区的科技致富带头人、合作社负责人、农技推广人才和热心科普推广工作的村（居）负责人等吸纳到村（社区）"两委"和科协组织中任职。全区 175 个村（社区）新当选的 823 名村（社区）"两委"成员中，农业农村实用人才、科技人才 540 人，占总人数的 65.62%；城市社区实用人才 192 人，占总人数的 23.33%。全区 175 个村（社区）科协的 527 名干部中，有 424 名入选村（社区）"两委"班子，有 120 个村（社区）书记、主任担任了村科协主席，村（社区）科协力量得到有效增强。为确保新当选的村（社区）科协干部尽快熟悉业务、适应岗位，周村区开创性地将科协业务培训纳入全区村（社区）"两委"成员培训班内容，分两期对新当选的村（社区）"两委"成员和科协干部进行了培训，平时结合工作例会、外出参观学习、现场调研等形式，使全区各村（社区）科协干部的科技意识不断提高，科技服务群众能力不断增强。

3. 强工程建基地，服务村居科技经济融合发展

自 2021 年以来，区科协将"基层科普行动计划"项目由面向城市社区、学校逐步转向倾斜农村，以王村镇为试点，争取将优先发展生态农业和乡村旅游的王村镇王洞村、彭东村、王村醋有限公司等农村和涉农企业列入"基层科普行动计划"项目，开创性地建设了王洞村农业科普

馆1个、科普广场1处，彭东数字农业科普长廊1条，王村醋文化科普馆1个，为服务乡村振兴和周村经济发展发挥了导向性作用。各村利用上述科普阵地广泛组织开展各类新型职业农民培训、农业技术推广和科技下乡活动，成为群众学科学提素质、用科学能致富的主阵地。

4. 搭平台树典型，探索科技助力乡村振兴新路径

周村区科协连续多年举办"科技助推乡村振兴农业科技专家周村行"活动，成功促成区政府、区委组织部、王洞村等5家委员单位与山东农学会及所属学会签署《科技助推乡村振兴战略合作协议》《科技助力乡村人才振兴战略合作协议——王洞村黑小麦产业》等，在科技助推乡村振兴、人才培育等方面展开深度合作。积极争取山东省农科院、山东农学会支持，承办"山东科学大讲堂"举办4期"助力乡村人才振兴专题培训班"，8次邀请省农科专家到村（社区）、农民合作社种植基地指导解决实际问题，3次专程带领镇村负责人到省农学会对接，成功助力周村区黑小麦、树莓等生态产业、数字农业发展。

以王洞村王玉春、平楼村丁志强等为代表的村党支部书记、科协主席带头领办创办合作社，带领群众大力发展特色农业，已成为周村区农业农村科技（科普）人才投身乡村振兴、助推科技经济融合发展的模范典型。截至目前，王洞村的彩麦产业发展规模已增至1000余亩，种植品种新增血麦、宁紫麦、蓝麦、黄小麦等多个品种，初步形成了集彩麦种植、加工、储存、销售为一体的产业链。村"两委"依托养殖专业合作社，配套建

设了良种肉牛养殖基地1处，计划规模达1000头牛，实行智能数字化牧场管理，王洞村一跃成为周村区发展特色农业的明星村，其探索形成的"村党支部书记领办创办农民合作社+土地流转+科技助力发展特色农业+提升农产品附加值助力村集体增收"的"王洞经验"成为各村（社区）竞相学习的发展模式。

三 经验启示

1. 坚持党对科协工作的全面领导

主动汇报、积极争取上级科协和党委、政府、有关部门的支持是推进工作顺利实施的根本保障，突出体现在组织部门对科协工作的大力支持和全方位参与上。例如，在提升基层科协组织力"3+1"试点工作、助力创新驱动发展、农业农村科技（科普）人才进"两委"、历年"最美科技（科普）工作者（创新团队）"选树宣传活动等工作中，全面实现了党建引领与科协业务的无缝对接、融合提升。

2. 坚持平台意识

借力借势、抢抓改革机遇是推进工作落地落实的关键抓手，突出表现在农业农村科技（科普）人才进"两委"工作中。2021年，周村区抢准村（社区）"两委"换届机遇，创新性地提出了推进农业农村科技（科普）人才进"两委"的新思路、新举措，得到了区委和组织部的大力支持，并由区委组织部牵头，将该项工作纳入全区村（社区）"两委"换届工作盘子，由组织部门审核把关，严格按程序选举、当选和培训，大大优化了村（社区）"两委"班子的科技结构,有效解决了农业农村科技(科普)人才的培育问题,为全面打通科协组织服务乡村振兴"最后一公里"提供了组织保障。

3. 坚持需求导向

结合全区发展大局,积极对接、主动作为是取得工作成效的重要途径,突出表现在科协组织在服务村(社区)经济发展、助力乡村振兴过程中所做的各种有效服务。例如,积极争取省市科技资源下沉农村、积极搭建平台促进科研院所与村(社区)合作、根据村(社区)发展需要有针对性地带领基层专程对接学习、加强农业农村科技(科普)人才培育培训、选树典型以点带面等,均取得了良好成效,也得到了上级科协和基层群众的广泛好评。

(资料来源:根据山东省科协提供材料整理)

案例13　甘肃定西:科协助力组织振兴的"农技协样板"

一　基本情况

甘肃省定西市科协充分发挥农技协在服务基层、服务"三农"、服务乡村振兴中的重要作用,多措并举推进农技协建设,有效助力巩固拓展脱贫攻坚成果和乡村振兴,定西市现有农技协(联合会)130多个,市级农技协联合会1个、县区级农技协联合会3个。近年来,定西市科协紧紧围绕市委、市政府提出的"薯药菜种畜"等农业特色产业,建基地、抓示范、促联合、抓提升,全市各县区农技协组织规模逐步壮大,经营管理水平明显提高,经济实力逐渐增强。全市农技协（联合会）已成为全市乡村振兴的助推器、科技创新的试验场、农民科学素质提升的大课堂和新型农业经营体系的重要组成部分和现代农业科技创新推广的重要力量。

二 具体做法和成效

1. 加强组织建设

成立定西市农村专业技术协会联合会，搭建农技协市级组织管理平台；先后指导成立安定区、漳县、岷县农村专业技术协会联合会，其余各县区的联合会正在抓紧筹备和组建，力争全市七县区全部建立县区级农村专业技术协会联合会，实现全市"1+7+N"的农技协联合会组织模式。

2. 夯实发展基础

建立市级特色科普示范基地20个、省级科普小院5个、国家级科技小院4个；指导甘肃省小杂粮产业化研发加工品牌创建科普教育基地、甘肃康勤薯业有限公司科普教育基地两家单位入选2021—2025年中国农技协科普教育基地；全市整顿提升完善农技协（联合会）130个，涵盖中药材、马铃薯、草牧等主导优势产业和花卉、果蔬、小杂粮、蜂业、加工运输等特色富民产业，其中2022年引导组建协会（联合会）8个、规范提升25个。

3. 强化示范引领

2020年以来，重点引进了中华蜂、陇谷13号、良荞2号、荷斯坦奶牛等各类种植养殖新品种15个，推广新技术12项；建设高标准黄芪党参、苹果、金银花、马铃薯、奶牛等8000亩标准化示范基地和牧草种植、牛羊养殖、有机肥生产为一体的"草畜肥"示范园；总结推广"支部+协会+合作社+企业+基地+农户+科研+电商+品牌"发展模式和产业带动、能人带动、就业带动、分红带动"四带动"措施，适时召开各类形式的现场会、交流会、培训会，发挥好示范带动作用。

4. 突出品牌创建

申请注册"华岭云珠""蕾回居""甘味康勤""陇上土豆王国"等商标十多项，与各类科研院所联合研发生产"百合咖啡"、苦荞系列代用茶、金银花茶等系列产品，打造地方特色农产品品牌；组织市内各农技协积极参加省市创业创新大赛，获甘肃省首届退伍军人创业创新大赛第三名、全国农村创业创新大赛甘肃省第一名、甘肃省"百千万"创业引领工程定西市第二届创业创新大赛优秀奖等好成绩。

5. 发挥项目效应

2022年，实施各类科普项目12个，建立种养加科普示范基地5000余亩，引进新品种3项、新技术5项，推广新技术新品种8项；组建科技团队8个96人，开展科技培训和现场指导92场次，培训指导4950人次；创建科普示范基地7个，辐射带动周边990户农户人均增收3485元。

6. 抓实志愿服务

近年来，组建市县乡级科普志愿服务队24支422人，聘请省、市、县专家50余名担任技术顾问，组建科技团队20支，为会员提供产前、产中、产后的优质服务。开展各类科技志愿服务活动，发放农药、马铃薯良种等各类农资达80多万元，购置各类科普图书100余种3万余册，印发科技手册9万余册，办科普专栏500余次，受益人达8万余人（次）。先后组织举办各类科技培训500余期，编写科普宣传栏46期，发放科技资料9万份册，参与大型科普活动500次。

7. 推动东西协作

积极推动通渭县乐百味苦荞麦种植协会、安定区设施农业联合会等单位与山东普朗特农业技术有限公司等单位签订苦荞麦产品、小杂粮、蜂蜜销售合同和果树新品种选育栽培、脱毒马铃薯繁育产业发展等农业技术合作协议。截至2023年11月，共销售协会所属公司产品1200余万元；引进抗旱果树品种26个共计1.58万株，生产反季节果品21万公斤，对中油21号、金太阳、丰园红杏等品种进行了重点示范和推广，引进蔬菜新品种11个。

8. 培树典型先进

近年来，定西市委、市政府表彰先进农技协（联合会）21个、科普示范基地14个、科普教育基地7个、科普小院2个、农技协（联合会）先进个人15个；10个单位荣获"全国优秀农村专业技术协会"；表彰市级科普示范基地12个、科普工作先进集体7个、先进个人8名，荣获市级全民科学素质工作先进集体7个，命名"定西市十佳农村专业技术协会（联合会）"。

三　经验和启示

1. 突出政治引领是保障

习近平总书记高度重视农业科技工作，就农业科技创

第四章 科协助力乡村振兴的经典案例

新发表了一系列重要讲话，要把学习贯彻习近平新时代中国特色社会主义思想和关于"三农"工作的重要论述作为农技协建设的首要工作来抓，武装头脑、指导实践、推动工作。要提高政治站位，精心组织谋划，始终以服务基层农技协和群众为宗旨，团结带领广大会员始终听党话，永远跟党走。

2. 加强自身建设是关键

各农技协（联合会）要坚持问题导向、目标导向、效果导向，瞄准市场需要和广大农民需求，强化组织赋能，主动作为，适应市场，切实提升组织力、动员力、影响力。要完善自身组织保障机制、利益分配机制、内部管理机制，推动农技协向规范化方向发展。要加大对农技协负责人、会员的教育培训力度，提高农技协队伍的整体综合素质和工作能力。

3. 强化组织领导是前提

要广泛宣传农技协组织的地位、作用，本着成熟一个建设一个的要求，积极帮助指导组建成立好基层农技协组织。要坚持改革方向，加强领导、引导，激发农技协发展的内生动力。要加强调查研究，及时解决发展过程中出现的困难和问题，要注重总结经验树立典型，推广成熟做法，开展评比表彰，促进农技协发展。

4. 因地制宜多元发展是根本

发展农技协不能搞一个模式，也没有固定模式，要鼓励因地制宜、突出特色，形成多类型组建、多模式发展的格局。要多管齐下放手鼓励、引导、服务农技协发展，要重点发展销售型、加工型、科技型、服务型、中介型，多元推进，全面加快农技协发展步伐。

（资料来源：根据中国科协农村专业技术服务中心编制的《"基层科普行动计划"典型案例汇编（2022年）》内容整理）

案例14　山东菏泽：科协基层组织建设的"定陶模式"

一　基本情况

山东省菏泽市定陶区位于山东省西南部、菏泽市中部，辖9个镇、2个街道办事处，面积846平方千米，人口64万。近年来，定陶区科协围绕中心、服务大局，团结带领广大科技工作者，锐意进取、积极作为，认真推动基层科协系统深化改革，积极吸纳以学校校长、医院院长、农技站站长为关键人物的"三长"任镇街科协兼职副主席，充分吸纳"五老"（老干部、老战士、老专家、老教师、老模范）科技工作者任代表，让基层科协组织由"无人干事""兼职干事"转变为"有人干事""共同干事"，有效激发了科协基层组织活力，为乡村振兴和基层科普行动提供科技和人才支撑。目前，全区共选配学校校长12名、医院院长12名、农技站站长11名任兼职副主席。

为深入贯彻落实习近平总书记重要指示精神，根据《中国科协章程》及国家、省、市关于加强科协系统组织建设的有关规定和通知精神，定陶区科协立足全区发展大局，创新工作方法，扎实高效推进基层科协换届工作，为

第四章 科协助力乡村振兴的经典案例

科协组织高效运转打下坚实基础。

二 具体做法

1. 深化调研摸底，在顶层设计上下功夫

成立由主席任组长的工作专班，对全区11个镇街科协组织领导机构、代表情况、工作场所和"三长"人选等基本情况进行调研摸底，收集关于换届工作意见建议42条，做到底子细、情况明、症结清。针对调研中发现的基层科协缺组织、缺阵地、缺经费、缺人员"四缺"问题和虚化、弱化、形式化、边缘化"四化"现状，研究制定《定陶区镇街换届大会指导方案》，印发《关于做好镇街科协换届工作的通知》，要求各镇街以本次换届为契机，完善制度体系，强化资金保障，加强阵地建设，确保运行制度化、活动常态化，各镇街根据指导方案均制订了本次换届的工作方案。

2. 强化沟通指导，在换届流程上保规范

换届筹备期间，区科协与区委组织部组成联合指导组全程参与换届工作，积极与镇街主要负责同志沟通协调，通过实地指导、山东通工作群、电话沟通等方式，及时了解各镇街科协换届工作进展情况，解答相关问题。科学编制《镇街科协换届材料汇编》，对请示报告、工作方案、选举办法、代表选票、结果报告、人员统计等工作逐项说明，方便镇街对照执行。

3. 优化组织结构，在班子履职上增动力

为进一步发挥好"头雁"带动效应，按照《定陶区镇（街道）科协换届大会指导方案》的要求，明确各镇街科协主席由副书记或党（工）委委员担任，卫生院院长、学校校长、农技站站长全部进入镇街科协班子队伍，担任兼职副主席；创新吸纳身体健康、有专业技术特长的老干部、老战士、老专家、老教师、老模范"五老"科技工作者任代表。共选配兼职副主席"三长"人员35名，"五老"科技工作者代表80名。

三 主要成效

1. 科普服务更有力

换届以来，镇街科协三长围绕科普阵地，不断提升科普服务水平。依托村级党群服务中心、新时代文明实践站、科技馆等阵地，举办"团体心理活动""卫生健康伴您行""科普助老"等科普展讲座10场，全区11个镇街实现了科普阵地全覆盖，高标准建设了科普文化长廊1000余米、社区（村）科普体验馆9个、科普主题公园12处，制作科普墙体宣传画3万多平方米。结合全区乡村振兴战略，镇街科协组织农技专家深入调研农技协、涉农企业、农民专业合作社，开展科技小院申报推荐工作，山东定陶小麦—玉米科技小院入选2024年第二批中国农技协科技小院。

2. 科普渠道更健全

随着基层组织建设的不断完善，各镇街科协积极探索创新服务模式，以科学普及为核心，拓宽服务渠道，让科技成果惠及更多群众。以"全国科普日""全国科技工作者日""科技活动周"等为关键节点，大力开展"五进"科普活动，开展科普宣传、科普讲座、科学咨询活动20

余次，编发各类科普宣传资料3000余份，开展防灾减灾、防溺水、食品安全等主题科普活动10余次，有力地营造了爱科学、讲科学、学科学、用科学的浓厚氛围。2024年9月13日，菏泽市全国科普日主场活动启动仪式成功在定陶区举行，通过多方主体联合、优质资源整合的方式，为广大群众奉献了一批亮点纷呈、精彩不断的科普盛宴，推动全社会形成讲科学、爱科学、学科学、用科学的良好风尚。

3. "五老"代表更活跃

充分发挥"五老"代表作用，吸纳"五老"代表加入老科协队伍，深度参与科普宣传、科技咨询、科技创新等活动。"五老"代表开展社区健康卫生科普讲座38场次；走向田间地头进行技术指导、开展技术讲座21场次，受益、受教公众5000余人次。区老科协会长孔凡云被山东省老科协评为"山东省老科协工作先进个人"，副会长钟友彰被山东省老科协评为"山东省优秀老科技工作者"；区老科协被市老科协评为"全市老科协工作先进集体"，孔庆思、钟友彰、明文阁、荣存良、刘传民5名代表被市老科协评为"菏泽市老科协工作先进个人"。

四 经验启示

1. 顶层设计与调研摸底是成功换届的基础

换届工作需要科学的顶层设计和充分的调研摸底，定陶区科协通过成立工作专班，对全区镇街科协的基本情况进行全面调研，收集意见建议，摸清底数，找准问题。这种做法为科学制订换届方案提供了依据，确保了换届工作的针对性和实效性。

2. 强化组织保障是推动工作的关键

定陶区科协通过明确镇街科协主席由副书记或党（工）委委员担任，吸纳"三长"和"五老"科技工作者进入科协班子，优化了组织结构，增强了科协组织的领导力和执行力。这种做法不仅解决了基层科协"无人干事"的问题，还充分发挥了"头雁效应"，提升了科协组织的凝聚力和战斗力。

3. 规范流程是换届工作的重要保障

换届工作涉及多个环节，必须严格规范流程，定陶区科协通过科学编制《镇街科协换届材料汇编》，对换届工作的各个环节进行详细说明，确保了换届工作的规范性和透明度，这种做法不仅提高了工作效率，还避免了换届过程中可能出现的混乱和失误。

（资料来源：根据山东省科协网站刊登文章《全省科协组织建设典型案例——菏泽市定陶区科协扎实推进换届工作　筑牢基层组织根基》整理）

案例15　浙江海盐："村庄科普化"的县域样本

一　基本情况

浙江嘉兴海盐县科协以"浙里科普"村庄科普化试点为契机，坚持党建引领、资源融合，以科普特色、群众需求为方向，积极整合优质资源，拓展科普阵地，不断完善科普工作网络，培养农村技能人才，形成科普惠民新格局，助力乡村全面振兴。同时，以雪水港村为示范点，把科普与乡村旅游结合，以生产、生活、生态融合为特色，因地制宜开展科普宣传和科普惠民活动，让科普融入群众日常生活，实现村庄科普化、科普常态化，切实提升农户科学素质，增强乡村科普能力，基本形成了以"科普研学""技能培训""老年学堂"为主要模式的村庄科普化县域样本。

二 具体做法和成效

1. 坚持党建引领，构建全域科普格局

以雪水港村为例，该村先后获评浙江省先进基层党组织、浙江省善治示范村、浙江省民主法治村、浙江省美丽乡村特色精品村、浙江省引领型农村社区、浙江省示范型儿童之家、首批省级未来乡村等荣誉。村领导班子创新思路，充分发挥自身优势，将光伏、风能、柴改电等低碳资源与稻作、水果、米酒酿造等传统资源相结合，提升村庄科普基础设施水平，建成"一馆、一场、一站、一线"科普阵地，以生产、生活、生态"三生"融合科普为特色，加强农村科普讲师团建设，组织科技顾问和科普志愿者20余人，因地制宜开展科普宣传和科普惠民活动，让人们在"润物细无声"中走进科普，实现村庄科普化、科普常态化，切实提升居民科学素质，赋能共同富裕。2023年，雪水港村开展各类科普培训活动60余场，受惠群众2100余人次，村庄科普游吸引外来游客5.2万余人次。

2. 整合多方资源，提升科普服务品质

海盐县科协以雪水港村为中心点，辐射周边，结合海盐县得天独厚的科普资源，开发"丰山溢水·乡愁线""古韵画乡·山水线""醉美老镇·文化线"等美丽乡村精品线，策划推出三条科普研学游线路，融入红色、历史、非遗、人文、美丽乡村、现代农业等亮点，挖掘科技、科创、科普资源，为县内外少年儿童开展农村研学活动提供方便和服务。例如，"丰山溢水·乡愁线"科普研学线路呈东西向贯穿海盐县域中部，涉及通元镇和秦山街道4个行政村，线路上包含丰义寻趣、丰山丝竹、雪水春早等乡村旅游景点，整条线上既有丰富的自然山水资源，也有浓厚的非遗文化气息，还有现代化的农业产业基地，可以感受海盐践行"绿水青山就是金山银山"理念，探索农文旅融合的乡村发展新路径，体验一系列具有田园风味的趣味活动。

3. 聚焦需求导向，扩大科普辐射范围

雪水港村的经验，带动了海盐县域村庄科普化模式多样化发展，现已基本形成了以"科普研学""技能培训""老年学堂"为主要模式的村庄科普化县域样本，三种模式互相交融。应用"科普研学"模式的行政村（社区）一般新农村建设基础好，乡村旅游资源丰富，外来游客较多。比如，沈荡酿造利用公司讲解员客串科普讲解，喜番乐农场利用水果采摘活动开展科普讲解等。应用"技能培训"模式的行政村（社区）一般经济比较发达，特色优势产业发展良好或企业众多，是现代农民和产业工人集聚之地。海盐县科协以产业工人、农民为主要科普对象，以课堂讲座、现场辅导为主要科普形式，科普内容主要以企业上岗技能、安全生产、农业科技知识等为主，通过技能培训，不断提升农村劳动技能人才数量，提高家庭收入。应用"老年学堂"模式的行政村（社区）一般村庄规模较大，居住人口众多，群众对开展科普活动的需求较为强烈。海盐县科协以老年人群体为主要科普对象，以课堂讲座、现场辅导为主要科普形式，科普内容涵盖面较广，既有日常生活的知识，如医疗、食品安全、核电安全、手机使用等，又有兴趣实践的知识，如滚灯制作、摄影、酿酒、写作等。

三 经验启示

1. 强化基层党组织作用

雪水港村通过党建引领，充分发挥基层党组织的战斗堡垒作用和党员的先锋模范作用，将科普工作与基层党建紧密结合，推动科普工作落地生根。同时，村领导班子创新思路，将低碳资源与传统资源相结合，提升科普基础设施水平，为科普工作提供了坚实的组织保障和物质基础。

2. 整合多方资源，形成工作合力

海盐县科协以雪水港村为中心，辐射周边，挖掘科技、科创、科普资源，为科普工作提供了丰富的素材和载体，通过建设"一馆、一场、一站、一线"科普阵地，将科普融入群众日常生活，实现科普常态化，提升了科普服务的覆盖面和影响力。同时发挥社会力量，组织科技顾问和科普志愿者，形成科普讲师团，开展科普宣传和惠民活动，充分发挥社会力量在科普工作中的积极作用。

3. 精准对接群众需求

根据不同村庄的特点和需求，开发多样化的科普模式，如"科普研学""技能培训""老年学堂"，确保科普内容和形式贴近群众生活，满足不同群体的需求。同时，结合当地特色优势产业，开展技能培训，提升农村劳动技能人才数量，推动产业升级，助力农民增收。

4. 科普与乡村旅游结合

将科普与乡村旅游紧密结合，通过科普研学游线路，吸引外来游客，实现科普与旅游的双赢，推动乡村经济发展。通过"丰山溢水·乡愁线""古韵画乡·山水线""醉美老镇·文化线"等美丽乡村精品线，打造具有地方特色的科普品牌，提升乡村的知名度和影响力。

5. 以点带面发挥示范效用

以雪水港村为示范点，带动周边村庄的科普化发展，形成县域样本，为其他地区提供了可复制、可推广的经验。同时，通过总结成功经验，不断完善科普工作网络，提升科普服务品质，推动科普工作持续发展。

(资料来源：根据科技世界网 2024 年 8 月 2 日刊登文章《海盐县科协：坚持党建引领，助力乡村振兴》整理)

案例 16 山东济宁：科普惠农牵手"第一书记"

一 基本情况

山东省济宁市科协在深入分析基层科普工作现状、总结经验问题的基础上，聚焦服务乡村振兴，主攻乡村地区、农民群体等科学素质薄弱环节，突出"党建带科建"

政治引领，发挥全市驻村第一书记和工作队员的桥梁纽带作用，探索科协列单、群众点单、第一书记兑单的"三张单子"工作模式，精准对接群众诉求，推动科普资源向乡村聚集，实现科普惠农双向互动。

二 具体做法和成效

1. 建立工作机制

市科协联合市乡村振兴局、市下派办等部门印发《济宁市"科普惠农助力乡村振兴行动"的实施方案》。各县市区科协建立日常工作联系机制，加强与科普专家、下派干部合作联动，合力推进农村科普志愿服务活动开展有效衔接，充分激发科技工作者服务乡村振兴战略的热情，让科普惠及广大农民群众。

2. 形成服务清单

认真梳理科协系统科普惠农资源，突出针对性、实用性、实效性，列出《济宁市科普惠农助力乡村振兴服务清单》。一是组织涉农的学会、协会和科普工作室，重新组建农业科技专家库，吸纳专家82位，列出种植业、畜牧业等服务清单17项。二是发挥医疗卫生学会科普宣传主导作用，充实完善医学健康科普专家团，吸纳专家112位，形成了健康义诊、医疗咨询等服务清单15项。三是依托青少年科技辅导员协会和科普大篷车、流动科技馆资源，建立青少年科技专家库，吸纳专家教师133位，形成了科创竞赛、宣传展示等服务清单23项。四是组织济宁科普艺术团、老科协科普艺术团充实力量、更新内容，新建教育家协会科普艺术团，形成科普文艺演出服务清单

3项。

3. 广泛开展活动

截至2023年9月，济宁市累计开展农村专业技术培训、青少年科普活动、科普文艺演出等70余场次，受益群众8000余人次，山东电视台、山东大众网等省市媒体对系列活动进行了宣传报道，多家部门主动要求参与活动，科普惠农行动深受各级干部群众好评，进一步提升了科协科普工作的社会影响力。

三 经验启示

1. 科协"列单"

围绕科技助力乡村振兴，认真梳理科协系统科普惠农资源，健全完善农业科技专家库、青少年科技专家库、医学健康科普专家团、科普艺术团等"三库一团"，汇聚327位优秀科技工作者、科普工作者，列出55项农业农村、卫生健康、青少年科技教育服务清单，供基层选择。

2. 群众"点单"

充分发挥驻村帮扶第一书记和工作队员熟悉基层、了解群众的优势，以县域为单位，迅速组织"第一书记"和工作队员学习掌握科技助力乡村振兴的主要内容和服务清单。组织第一书记和工作队员带着清单走基层，引导农村干部群众了解服务清单和内容，广泛征求村民代表、"两委"干部和乡镇街道干部的建议，并结合农业生产、农村生活、青少年教育等实际需求，精准选择科普服务项目，实现了科普活动由科协"配送"向群众"点单"转变。

3. 第一书记"兑单"

完善日常工作联系机制，济宁市科协与第一书记、科普专家团队建立微信工作群，以群众满意为标准，打通科普惠农服务供与需。紧扣农业生产时间节点，合理确定活动开展时间地点，组织引导干部群众广泛参与，兑现科普惠民的服务承诺。

（资料来源：根据山东省科协提供材料整理）

案例17 湖北武汉：打造农耕科普研学基地

一 基本情况

2022年中央一号文件提出，将符合要求的乡村休闲旅游项目纳入科普基地和中小学学农劳动实践基地范围。为结合产业发展打造农耕科普基地，湖北武汉绿乐农业科技有限公司因地制宜抓发展，深挖产业潜力，用莲藕特色产业赋能基地蔬果销售，科学规划谋布局，大力发展莲藕特色产业，兴建农耕科普研学基地；同时，在蔡甸九真山承建科普农业展览馆，展馆占地面积2000平方米，用农业展览馆联动农业特色产业基地与318三产融合示范带景点的模式，促进农旅、研学融合，走出了一条集科普研学教育、特色生态种植、农旅融合于一体的特色产业科普示范之路。2021年10月以来，与旅游部门、九真山景点联动组织开展农耕科普服务活动达96次，接待师生达21950多人次。目前，绿乐科普农耕研学基地可开展企业团建、小学幼儿园学生研学、亲子家庭活动，可同时接待500人。

二 具体做法和成效

1. 精心设置科普课程

农耕科普课程紧扣"教育回归、本真教育",为"双减"下的中小学生提供扩展视野、亲近自然、参与体验的农耕特色研学基地。围绕二十四节气设有探秘蜜蜂王国、水稻课、香草园寻香、非遗糖画、扎染、农耕种植、探索黑夜精灵课程,通过劳作、唱歌、玩耍、童谣、绘画、运动、体验自然以及食物制作等方式,陪伴孩子走进真实的田野村庄,与花、草、菜、虫、农夫为伴,打开孩子的感官,开掘智慧源泉,沉淀生命底色,帮助父母走进孩子的世界。

为组织开展好农耕科普课堂,基地建立科普活动站、科普宣传栏,组建专业农耕科普老师专班;除了开展科普课堂,还向社区居民、村民以及企业职工开展科普实践每年12—15次,形成有效的科普工作体系,用农耕科普教育活动促进科普产业发展,拉近与游客、学生的科普距离,做到科普共享。

2. 打造"科普+农旅+产业"融合发展新模式

绿乐农耕科普研学活动开展一年以来,紧扣"教育回归、本真教育"开展农耕研学活动,每年参与研学教育活动达1万余人次,有效促进农旅融合发展。农耕研学教育开展有利于助推基地特色产业发展,带动就业,通过莲藕、菜薹以及水果销售采摘,实现特色产业的发展与振兴。通过建设小微科普展馆,拉近与游客、学生以及村民的科普距离,做到科普共享,每年农业科普展馆接待游客达3600人次。同时，突出新品种的推广、应用、农业科普宣传，每年组织华农、市农科院专家到田间地头开展农技指导2—3次，实现将农业科普建在希望的田野上。

3. 实现农民增产增收

通过科技成果转化、科普研学建设、特色生产种植、农旅融合等方式，吸纳当地村民百余人务工就业，辐射周边农户3000余户增收，提高经济收益，实现基地销售收入600余万元。同时以点带面，有效增强318三产融合示范带上农耕景点的联动，真正探索出一条通过特色产业科普助力乡村振兴的发展之路，有力助推一二三产业融合发展，实现农民增产增收。

三 经验启示

1. 农旅融合的创新实践

绿乐农耕科普基地将农业与旅游深度融合，通过科普研学活动、农耕体验项目和特色农产品销售，形成了"科普+农旅+产业"的新模式。这种模式不仅丰富了农业的功能，还提升了农业的附加值，为乡村振兴注入了新的活力。乡村振兴需要打破产业边界，推动农业与旅游、教育、文化等产业的深度融合，实现多元化的产业发展。

2. 科普教育的多元化设计

绿乐农耕科普基地紧扣"教育回归、本真教育"的理念，围绕二十四节气设计了多样化的科普课程，激发学生和游客的兴趣。充分说明科普教育应注重内容的趣味性和多样性，结合当地特色资源，设计贴近自然和生活的课程，增强科普的吸引力和感染力。同时，科普教育还需要系统规划和专业支持，通过建设科普设施、培养专业人才，提升科普教育的规范化和专业化水平。

3. 以点带面的辐射带动

绿乐科普基地通过自身发展，带动了周边农户增收，辐射了318三产融合示范带上的其他农耕景点，形成了区域联动的发展格局。启示我们乡村振兴应注重示范点的建设，通过以点带面的方式，发挥示范引领作用，推动区域整体发展。

（资料来源：根据中国科协农村专业技术服务中心编制的《"基层科普行动计划"典型案例汇编（2022年）》内容整理）

案例18 山东临沂：党建带科建打造"科普沂蒙行"工作品牌

一 基本情况

2023年以来，临沂市科协创新打造"科普沂蒙行"工作品牌，不断探索科普教育新模式，拓展科普合作新领域，凝聚力量、深度融合、一体推进，充分发挥全市驻村第一书记和工作队员的桥梁纽带作用，突出"党建带科建"政治引领，集成科协优势资源，探索科普与第一书记工作、党建与业务工作、线上科普与线下科普相融合的工作模式，精准对接群众需求，服务乡村全面振兴。

"科普沂蒙行"以"创新科普载体，弘扬科学精神"

为目标，通过精心设置线上科技馆、科普大篷车、科普电影放映、科学实验秀、科学大玩家、反邪教宣传六大板块，为广大偏远地区农村青少年学生搭建学科学、爱科学的平台，打通偏远地区青少年科学素养与技能科普工作"最后一公里"，尽最大努力满足基层公众的科普需求，在全社会推动形成讲科学、爱科学、学科学、用科学的良好氛围，使蕴藏在全市人民中间的创新智慧充分释放、创新力量充分涌流。

二 具体做法

1. 建立工作机制

临沂市科协联合市驻村第一书记和工作队工作专班，印发《关于在第一书记任职村开展"科普沂蒙行"走进基层活动的通知》，全市第一书记和工作队积极报名，合力推进"科普沂蒙行"活动开展有效衔接。在活动安排、具体实施等方面，加强与科研单位、科普组织和村"两委"之间的有效沟通衔接，实现资源共享、优势互补，促进科普取得实效。

2. 深入偏远地区

认真梳理科协系统科普资源，突出针对性、实用性、实效性，把科普展览和课堂搬到偏远地区的学校、社区、村庄，流动的科普盛宴跨越山水，步履不停。比如，在平邑县常柴希望小学、沂南县依汶镇朱家里庄中心小学，工作人员给当地青少年献上一场科普盛宴；在蒙阴县汶溪小学，临沂市科技馆科普大篷车为广大市民及学生送去精彩的科普展品；在平邑县第三实验小学，"科普沂蒙行"为同学展示了奇幻的科学实验秀、精彩的科普大篷车展品、趣味性浓厚的科技制作。

三 主要成效

截至 2024 年 11 月，"科普沂蒙行"已先后前往蒙阴县常路镇、沂水县诸葛镇等 122 个第一书记和工作队任职村开展科普体验活动，总行程 2 万余千米，受益群众 6 万余人次，活动深受各级干部群众好评，进一步提升科协科普工作社会影响力。

四 经验启示

1. 科普工作与第一书记工作相融合，助力乡村全面振兴

围绕基层群众最关心最需要的科普需求，充分发挥科技人才荟萃、科普资源丰富优势，凝心聚力办好科普教育活动，不断提高科技创新支撑力、科普宣传引领力和基层组织服务力，突出群众性、参与性、互动性，开展常态化、多元化科普服务，促进线上线下深度融合，推动优质资源广泛传播。

2. 党建工作与业务工作相融合，助力志愿服务提质增效

牢固树立"把抓好党建作为最大的政绩"理念，以"科普沂蒙行"活动为抓手，牢固树立"围绕中心、建设队伍、服务群众"意识，以"党建+科普"志愿服务为主线，构建"一核引领、多元参与"的党建引领模式，把科普志愿服务活动融入支部党建活动中，充分调动人员工作的积极性、主动性和创造性，做到科普志愿全覆盖，红色阵地遍网格，把创建品牌的过程变成增强党员干部党建意识的课堂，变成凝聚干部群众团结奋斗的动力，提升科普工作效能和科普服务质量，实现党建与业务工作的双融合、双促进、双提升。

3. 线上科普与线下科普相融合，助力全域科普见行见效

临沂市科协以"科普沂蒙行"活动"线上科技馆"板块为抓手，着力构建"全地域、全时空、全人群"全域科普体系。"线上科技馆"在现有科普资源基础上大力提升，把展品讲解、趣味科学实验、科普剧、传统文化小课堂、微讲堂、影院剧场等现有科普资源整理、融汇、拓展，运用"互联网+科普"形式，全面介绍全馆展览资源和科普教育活动，为广大偏远地区农村青少年学生搭建学科学、爱科学的平台。

（资料来源：根据山东省临沂市科协提供材料整理）

案例19 重庆：打造乡村科普馆 田园变游园

一 基本情况

重庆市长寿区云台镇八字村距长寿区城区38千米，离重庆中心城区110千米，面积5.36平方千米，辖区内主要为丘陵地形，现有农业人口3617人、城镇人口92人。八字村始终坚持生态优先绿色发展理念，因地制宜走"现代农业、循环农业、健康农业、助农增收"发展道路，大力发展种植养殖、观光旅游、商务活动、科研教学等综

合产业项目，形成了"农、商、旅、研"深度融合发展模式，描绘了一幅"十里溪河、百亩花海、千亩良田、万亩森林"的新时代新农村美丽画卷。近年来，重庆市长寿区科协结合区情实际，以建设基层科普阵地为抓手，坚持把科技要素引入农业农村、把科技力量注入乡村振兴、把科普知识融入百姓生活，农村科普活动蓬勃开展、科普氛围日益浓厚、科教水平不断提高、科学素质持续提升。作为长寿区2022年实施的"基层科普行动计划"项目之一，云台镇八字村重点打造以"农旅融合农教融合"科普体验为主的清迈良园乡村科普馆，充分发挥项目资金实效，充分激发市场主体参与科普的热情，建成了集种植研究、技术推广、旅游度假、科学教育为一体的现代科普基地，初步实现了经济效益、社会效益、生态效益"三效合一"。

二 具体做法

1. 用好三方资源力量

清迈良园乡村科普馆项目的建设，优化整合了科协、村委会、清迈农业有限公司三方资源力量。科协主要为项目提供资金保障和智力保障，对项目实施投入资金有效解决村委科普经费困难问题，对项目方案设计、资金管理和科学建设加强监督指导，对村委有序开展科普宣传、培训、示范、推广提供服务；八字村村委会主动参与项目建设和科学普及，始终将农村科普工作列入重要工作日程，成立了由党支部书记负责的科普宣传教育工作小组，把乡村科普馆作为2022年全村重点实施项目；重庆清迈农业有限公司积极为项目提供资金配套和人才配套，为项目更好发挥科普作用补充了 15 万元建设资金，为开展科普活动配备了 9 名科普基地专职工作者、9 名专兼职科普导游员、30 名科技志愿者。

2. 建好六大主题场馆

清迈良园乡村科普馆将"农耕文化"寓于"人类文化"之中作为创意设计思路，以"农旅融合、农教融合"科普体验为主，以"农耕课程"为建设主题，以"劳动实践"为表现形式，该馆占地面积 1440 平方米、建设面积 200 平方米，以清迈良园田园综合体为项目载体，重点打造"蔬菜种植区、土壤科普区、农夫实验室、手工操作区、昆虫标本区、种子科普区"六大主题场馆。各场馆可供体验感受农业文化魅力：蔬菜种植区体验沉浸式种植乐趣，土壤科普区学习丰富土壤知识，农夫实验室培养提升科学思维，手工操作区锻炼提高动手能力，昆虫标本区领略别样昆虫世界，种子科普区探索种子奥秘撒播科学种子，成为八字村主要科技服务平台。

3. 打好五大金字招牌

清迈良园乡村科普馆建设前，重庆清迈农业有限公司已获得西南大学科研教学实验基地、重庆市"最受欢迎校外劳动教育实践场所"、重庆市中小学生社会实践教育基地、首批重庆市中小学校外科普特色基地、首批成渝地区十佳科普研学线路五大金字招牌，是长寿区重要的科普基地。清迈良园乡村科普馆建成后，与以往农村传统获取科学知识的渠道相比，该场馆更加突出互动性，更加注重通过文字、图片、实物、互动视频等形式展示科普元素，各种声光电效应齐上阵，带来全方位感官体验，兼具知识性、趣味性、互动性、体验性，更具吸引力、感染力。通过持续放大场馆效应和招牌效应，科普馆吸引更多的机关单位、科研院所、中小学校、农业企业到八字村开展种植研究、技术推广、旅游度假、科学教育等活动。

三 主要成效

1. 经济效益

通过清迈良园乡村科普馆和科普基地的示范带动，云台镇八字村2022年全村分红30余万元，村集体收入6万元，重庆清迈农业有限公司2022年在商务活动、休闲度假、住宿餐饮等方面实现营业收入600余万元，同比增长5.7%，同时带动周边地区种植绿色水稻5000余亩，辐射周边发展种植养殖大户40余家，引导外出务工村民回乡就业，提供固定就业岗位120余人，增加当地村民收入3万元/人。

2. 社会效益

清迈良园乡村科普馆自开馆以来，日均接待群众参观者30余人，接待中小学生社会实践活动20余次，开展科普培训（讲座）30余场次，发放科普宣传资料5万余册，科普展览受益群众2000余人次。该项目科技示范引领作用得到充分发挥，不仅有效提升了基层科普组织、科普工作者、科技志愿者及农村群众参与科普工作的积极性，同时也提高了农村基层科普服务能力和水平，让科普公共服务持续惠及广大群众，为营造健康科学、文明良好的科普氛围注入了新能量，深受当地村民、过往游客、中小学生认可和好评。

第四章　科协助力乡村振兴的经典案例

3. 生态效益

清迈良园乡村科普馆改善了农村生活环境，美化了乡村亮丽景色，把田园变成了游园、校园，为乡村风光增添了趣味，促进了乡村生态振兴。八字村在该项目的带动和多年的努力下，"颜值"也在悄然发生着变化，已摇身变为一个宜居宜业宜游的美丽乡村。现八字村已创建美丽村庄3个、美丽院落3个，成功荣获中国美丽休闲乡村、全国一村一品示范村、全国森林美丽乡村示范村、重庆市休闲与农业旅游示范村、美丽巴蜀宜居乡村示范村、重庆市乡村治理示范村等称号。

四　经验启示

1. 协同机制优势

清迈良园乡村科普馆项目的建设是一个系统工程，需要多部门、多方面、多主体协同合作，科普馆在建设过程中始终坚持遵循"科协提供保障、村委主动参与、企业积极配套"的原则，优化整合科协、村委会、企业等多方资源力量，发挥多主体协作优势，人力、物力、财力、智力"四力"齐发，共同推进项目进展。

2. 基础资源优势

清迈良园乡村科普馆项目的成功主要基于长寿区拥有"讲解员+志愿者+信息员"科普工作队伍的组织基础、长寿区最大规模粮食生产绿色高效综合示范区的产业基础以及全体村民讲科学、爱科学、学科学、用科学的群众基础。项目依托市级龙头企业重庆清迈农业有限公司，在科普馆项目建设前就已经获得西南大学科研教学实验基地、重庆市"最受欢迎校外劳动教育实践场所"、重庆市中小学生社会实践教育基地、首批重庆市中小学校外科普特色基地、首批成渝地区十佳科普研学线路五大金字招牌,为科普馆项目的建设奠定了雄厚的资源基础。

(资料来源:根据中国科协农村专业技术服务中心编制的《"基层科普行动计划"典型案例汇编(2022年)》内容整理)

案例20　上海:青村镇社区书院打造群众精神家园

一　基本情况

"科以明心　普至清溪"社区书院是上海市奉贤区青村镇科协积极响应上海市科协"基层科普行动计划"而创建的基层社区书院项目,整合辖区内优秀的科技型企业,结合当地"青溪老街""吴房村"等地方特色文化,形成独具地方特色的科普品牌。青村镇是奉贤区中小企业活力集聚区,伽蓝、晨光等一众龙头企业皆在青村发展壮大,著名的"星期天工程师精神"起源于青村镇钱桥片区(原钱桥镇)。辖区拥有镇级社区文化活动中心、中版书房、天阳钢管鸿鹄新材料研究院、申鸿雉鸡馆和恒润梦工厂等企业科普活动阵地,提供专业科普服务,并且都配备专业科普人员,每年开展科普周、科技节等活动;建立科普知识人才"一站三员"储备库,在各村居打造拥有丰富科普专业知识的村居科普辅导员队伍,面向居民提供生活日常科普服务;以企业科普阵地为依托,配备有专业的科普讲解员，面向群众，提供科技创新最新资讯科普讲解服务；坚持以"党建引领、科技特色、资源融合、群众喜爱"为目标，开展科普益民，促进社区人口素质的提高，推动社区精神文明建设。

二 具体做法和成效

1. 搭建线上科普体验平台提供科普配套上门服务

青村镇科协紧跟时代发展趋势，采用"互联网+"科普的形式，将辖区内各大科普活动场馆通过AR虚拟现实技术打包成图片、视频等形式提供给需要科普活动的村居。搭建了线上沉浸式体验平台，通过微信公众号等互联网平台向各村居宣传，村民可以通过AR视频技术观看了解镇内所有科普场馆即将开展的科普活动，提前了解活动形式、内容、效果等，让广大的村民足不出户即可体验到精彩丰富的科普活动，然后可根据居民朋友的喜好，选择适合的场馆进行活动的开展。目前青村镇科协已经通过线上预约，线下打包的方式开展15场科普活动，覆盖群体达500余人，得到了广大居民朋友和社会各界人士的一致好评。

2. 制定科普活动"菜单"按需精准派送

通过项目实施，青村镇科协与"不刷题俱乐部"开展合作，针对辖区内广大的青少年群体，推出了"重器筑梦"系列科学实验以及趣味科学秀表演等一系列富有趣味性的科学活动。通过建立菜单列表的形式，提供给辖区内各中小学校以供选择。学校老师学生可通过线上AR视频预先体验实验内容与科学秀表演形式，初步了解后再选择适合自己的科普活动。由学校老师组织学生参加，针对不同学龄段的群体，选择不同的科学实验表演形式，由"不刷题俱乐部"带领专业的科普老师进入校园，向参与活动的青少年提供专业的科学实验表演，并通过互动的形式激发学生对科学实验的浓厚兴趣，让广大青少年从小能够养成爱科学、学科学的良好习惯。

3. 强化队伍建设提高科普专业水平

青村镇科协致力于将科普工作做得更细更好，始终不忘加强自身队伍建设。共建立村居科普大教学点38个，每个教学点设有专业的科普辅导员，每月定期向基层村民宣传普及生活常识、科技资讯等。在青村镇科技型企业中，建设企业科普教学点，由企业内科技人员兼任科普讲解员，每月定期向社会大众开放，并提供更为专业的科学知识普及服务，逐步形成科普服务全覆盖、零死角，将全镇的每一个角落都纳入科普服务的范畴。镇科协每季度开展一次科普辅导员培训大会，提高基层科普辅导员业务水平。不断更新基层科普方式，开展内容丰富形式多样的科普知识讲座，定期更换科普宣传栏内容，确保将最新的前沿资讯提供给基层，以更专业的能力、更新颖的内容向广大居民朋友提供科普服务。

4. 打造科普品牌参加科创竞赛

青村镇科协不仅将提升科普内容建设作为重点工作，更致力于打造特色科普品牌建设，不断提升自身实力和实践精神。镇科协与上海市科技教育特色示范学校——青村小学展开深度合作，设置专项资金，用于青村小学打造其特色科普项目"校园泥巴"课程，并针对部分对科创研究具有浓厚

第四章 科协助力乡村振兴的经典案例

兴趣的同学开设人工智能教育培训，积极参加各类市级科创比赛。通过与青村小学科创学子的合作，在市级科创平台上充分展示青村镇科创研究实力，打响发挥青村镇科创品牌，让青村镇科协走进大众视野，走出奉贤，走向全市。

三　经验启示

1. 坚持党建引领，整合多方资源

科协组织在乡村书院建设中，必须坚持党建引领，将党的方针政策与科普工作紧密结合，确保科普活动符合社会主义核心价值观，服务乡村振兴战略。通过党建引领，可以更好地整合各方资源，凝聚各方力量，为乡村书院建设提供坚强的组织保障。同时，科协组织应善于整合多方资源，包括企业、学校、文化机构、社会组织等，形成科普合力，通过整合资源丰富科普内容，提升科普质量，同时也能降低科普成本，提高科普效率。此外，结合地方特色文化资源，可以增强科普活动的吸引力和感染力，使科普工作更具地方特色。

2. 创新科普形式，提升科普吸引力

科协组织应紧跟时代发展趋势，创新科普形式，体现科技力量，利用现代科技手段提升科普吸引力，通过线上线下相结合的方式，可以突破时间和空间的限制，使科普服务更加便捷、高效。同时，利用虚拟现实（VR）、增强现实（AR）等新技术，可以开发更多新颖的科普产品，增强科普活动的趣味性和互动性，吸引更多群众参与。

3. 精准对接需求，提供个性化服务

科协组织在乡村书院建设中，应注重精准对接群众需求，提供个性化服务，通过调研了解不同群体的需求特点，设计多样化的科普内容和形式，提高科普活动的针对性和吸引力。例如，针对老年人开展健康养生科普讲座，针对青少年开展科学实验和趣味科普活动，针对农民开展农业技术培训等。

4. 注重实践应用，推动成果转化

科协组织在乡村书院建设中，应注重科普成果的实践应用，推动科技成果转化为实际生产力。通过开展科技创新竞赛、科技成果转化项目等，鼓励群众积极参与科技创新，将科普工作与乡村振兴、产业发展紧密结合，为乡村经济社会发展提供科技支撑。

（资料来源：根据中国科协农村专业技术服务中心编制的《"基层科普行动计划"典型案例汇编（2022年）》内容整理）

第五章

科协助力乡村振兴的山东实践[*]

近年来,山东省科学技术协会(以下简称"山东省科协")立足为科技工作者服务、为创新驱动发展服务、为提高全民科学素质服务、为党和政府科学决策服务的重要职责,充分发挥科协组织优势、人才和智力优势,加强统筹谋划,聚力整合资源,积极组织、指导、协调和推动全省科协系统服务乡村振兴。全省各级科协组织围绕"五大振兴"要求,积极搭建平台,汇聚科协之能,服务乡村所需,打造专业化、精准化的服务项目,促进优质服务与县乡村科技需求精准对接,全省科协系统服务乡村振兴有序有效推进,并取得显著成效。

一 实施"乡村振兴科普行动"

自 2006 年山东省贯彻实施《全民科学素质行动计划纲要(2006—2010—2020)》以来,农民科学素质和农村科普工作得到显著提升,但是对照实施乡村振兴战略的要求,

---

[*] 本章根据山东省科协提供材料整理。

当前农民科学素质偏低的现象依然存在，农民的知识结构、生活方式等方面的问题还较为突出。2020年中国公民科学素质调查结果显示，山东省农村居民科学素质比例仅为7.96%，远低于城镇居民（13.81%），农民科学素质偏低成为实施乡村振兴战略的短板。近年来，山东省科协组织开展的科技助力精准扶贫工作取得明显成效，为进一步加强和巩固工作成果，山东省科协决定实施乡村振兴科普行动。

（一）具体举措

1. 广泛开展科普行动供需匹配

一是征集需求。山东省科协每年向省级学会征集乡村振兴科普行动资源，掌握相关学会开展乡村振兴科普行动内容、方式，梳理形成资源供给库；每年通过基层科协组织开展乡村振兴科普行动需求问卷调查或实地走访交流，征集农民在生产生活中遇到的难题，准确了解不同时节农业生产、农民生活的共性需求，形成需求库，为对口服务打好基础。

二是供需对接。由山东农技协建立乡村振兴科普行动对接平台，根据时令和农业发展特点，结合实时供需情况，找准结合点，组织相关省级学会与基层科协具体对接，协商确定活动内容、方式，因地制宜制订活动方案，确保精准对接、精细服务。

三是组织实施。山东省科协组织相关省级学会落实对接活动，市、县科协配合做好人员组织、场地等具体安排，山东农技协负责活动联络协调，确保活动安全有序推进。

四是成果评价。山东农技协及时掌握对接活动开展情况,并对活动效果进行初步评价,科普部结合相关工作调研,做好工作总结,优化流程,完善工作机制,不断提升工作有效性。

2. 全方位实施乡村振兴科普行动

一是农民健康生活升级行动。组织各市科协通过深入开展科普报告团、科学大讲堂进农村等活动,广泛开展减盐、减油、减糖等科学饮食及老年生活指导等保健知识宣讲,从改善营养膳食结构和促进科学健身入手,倡导健康生活方式,增强农民维护和促进自身健康的能力;广泛开展智能手机使用培训,帮助老年人融入数字生活,在留守儿童中普及科学知识,为孩子的梦想插上科学的翅膀;组织参加中国科协农民科学素质网络知识竞赛等活动,通过广泛参与活动提升贫困地区群众科学素质;开展公共卫生科普,组织医疗下乡活动,加大对慢性病、常见病、地方病和重大传染病防治的科普宣传,适时组织应急科普宣传,提高农民应对突发事件的处置能力,树立讲科学、爱科学、学科学、用科学的良好风尚,推进农村移风易俗,抵制封建迷信和伪科学的消极影响,带动农民养成科学文明健康的生活方式。

二是农业技术技能培训行动。组织山东农技协等涉农学会,聚焦农业、农民需求,加强智力帮扶,动员有关专家、科技志愿者等开展科普讲座、技术指导,举办农业科技、实用技能培训,向农民传授农业发展新理念、现代农业新技术,促进农业高质高效。充分利用移动互联网与农民培训的跨界融合,建设完善科普中国 App 等手机移动端传播体系,采取线上线下相结合的形式开展培训,提升农民利用手机发展生产、便利生活、增收致富的能力。

三是乡村科学经营助力行动。组织各市科协推动科技元素融入农业，结合农业生产、电商经营以及农村第三产业发展，定制针对性服务专家团队开展人工智能技术服务，对农业龙头企业、农技协、家庭农场、专业合作社、种植大户进行需求对接服务，举办电商、农产品营销等专题培训，为农村电商模式创新、"新零售"业态发展提供技术服务。普及智慧农业知识，推动新一代信息技术与农业生产经营深度融合，助力农产品经营数字化智能化建设。

四是乡村科普资源优化行动。加强对农村科普场所建设的指导力度，推动基层科普行动计划、山东省科普示范工程等项目在农村地区建设示范组织，加强流动科技馆、科普教育基地等科普场所联动协作，开展农村中小学生走进科技馆、科普大篷车进农村等活动，提升基层科普设施服务群众能力。积极吸纳农业技术专家加入科普人才队伍，开展志愿服务。各级农技协开展农技人才培训，推动有条件的地方建设"科技小院"。联合电视、网络等媒体开展科普宣传，营造乡村振兴科普行动浓厚氛围。

3. 推进科普基础设施建设

以烟台莱州市为例，该市坚持基地联盟、内涵建设、品牌打造"三轮"驱动，不断强化科普基础设施"四化三提升"体系建设，通过分类建设、管理提升、开放共享、优势互补，全力打造社会性、群众性、经常性科普活动场所，全市形成科普场馆与科普教育基地联动的科普教育网络，促进形成良好的科普事业和科技创新发展环境。

第五章　科协助力乡村振兴的山东实践

一是拓展科普基地联盟，串起科普场馆"珍珠链"。坚持空间布局均衡化、科普展示特色化、投入体系社会化、科普服务扁平化"四化"标准，推进科普资源优化配置。在空间布局上，突出莱州市科技馆"龙头"优势，辐射布局建设河滨社区、福禄苑社区、气象科普馆、现代海洋牧场科普馆等11个骨干社会场馆，串联融合博物馆、文化馆、图书馆中华月季园、登海种业等27个国家和省市级科普示范单位组建"莱州市科普基地联盟"。在展示特色化上，根据全市科普阵地的不同特点和受众群体，发挥综合性、专业性科技馆和社区、学校、企业等科普场馆各自特色，内容互补。在投入体系上，以政府公共财政投入为主导、上级科普项目奖补资金为牵引、市级科普经费奖补为辅助，充分引进机关事业单位、企业、社区、村庄、学校等资源和资金，鼓励社会各界共建共享，突出科普特色，提供优质服务。

二是深化科普宣教内涵，营造新型科普"共享间"。实施科普基础设施承载力、辐射力和服务力"三提升"行动。制定科普教育基地联盟章程和基层科普场馆管理办法，将各级各类科普场馆纳入全民科学素质工程范畴，场馆和基地统一命名推介，统一线路设计，统一开放共享，促进科普基地由"点"变"团"；开展"雪中送炭"，有计划对社会科普场馆开展展品流动和展品更新，推动科普阵地由"小"变"强"；加强各类科普场馆和基地服务指导，引进和培养科普专兼职人才，开展公众开放日活动，激励各类科普平台由"闲"变"活"。坚持搭建平台、资源共享，成立基层科普员队伍，发展科技志愿者，在与群众接触最密切的一线场所宣传科普知识，扶持非物质文化遗产、科学普及、科普旅游、产业发展等项目走深走实，围绕科普宣传、应急科普、实用技术培训、乡村振兴提供科普服务，为新时代文明实践提供坚强智力支撑。

三是创树科普活动品牌，打造科普服务"升级版"。以市科技馆为龙头，依托科普场馆和科普教育基地，配合流动科技馆、科普大篷车和102处山东省数字科普终端、930个村庄和社区科普宣传栏、科普画廊和科普文化墙，组织开展了"市民科普文化游""走进科普场馆，探索科学奥秘"等活动，举办"民防科普进社区""新冠疫情防治知识"等专题讲坛和"公共安全""应急科普"系列讲座，在家庭防火、信息安全、食品安全、交通安全、疫情防控等方面进行公共安全科普知识传播。市科协联合市委宣传部把基层科协组织平台主动融入新时代文明实践中心建设，开展"科普莱州行"活动，推进科普服务和文明实践双升级，持续开展"走进科技殿堂·共享文明生活""礼赞共和国·智慧新生活"和科教"五进"活动，推动科普联盟成员单位广泛开展科技创新与科普活动，形成联动效应、质量效应和品牌效应，全力推动科普与新时代文明实践常态化、专业化、精品化。

4. 开展"反邪""美·优"系列活动

乡风文明是乡村振兴的重要保障，科协组织作为科技工作者的家园，一直致力于倡导现代文明理念和生活方式，培育良好生活习惯和文明乡风，而邪教问题如同隐藏在暗处的毒瘤，对乡村的社会稳定、经济发展和文化建设都构成了严重威胁。在乡村反邪教工作中，科协通过持续

第五章　科协助力乡村振兴的山东实践

开展宣传教育活动,加强乡村意识形态管理,推动传统文化创造性转化、创新性发展,为乡村振兴营造健康向上的社会氛围。

一是加强部门协作与联动,形成反邪合力。反邪教工作是一项系统工程,需要各部门的共同努力和协作。山东省各级科协组织加强与宣传、政法、教育等部门的沟通与协作,建立更加紧密的工作机制,通过定期召开联席会议、共享信息资源、联合开展活动等方式,形成反邪教的强大合力,共同守护乡村文明风尚和社会和谐稳定。同时,积极争取社会各界的支持和参与,共同构建反邪教的社会共治格局。

二是全方位打造反邪教宣传阵地。淄博市联合市委宣传部、市委政法委等多个部门,共同开展"尚科反邪　聚力'美·优'宣传阵地建设"活动,通过在各区县、功能区结合全域公园、村社区科普阵地、中小学科普园地和室内科普馆建设,集中打造了一批反邪教宣传栏、宣传标牌,实现了反邪教宣传的全方位覆盖,这些宣传阵地不仅美观大方,而且内容丰富、形式多样,有效提升了宣传效果。青岛市反邪教协会在乡村建设反邪教工作站,构建了立体式宣传网络,在村庄设置了反邪教宣传栏,定期更新海报内容,组织包括邪教的常见类型、危害案例、识别方法等,让村民在劳作之余也能接受教育。东营市利用社交媒体、微信公众号等平台,发布反邪教知识,扩大宣传覆盖面。枣庄市利用"科普大篷车"流动课堂,将反邪教知识送进乡村,并结合本地文化特色,打造反邪教科普讲座、文艺展演、电影放映等主题文化活动。

三是丰富宣传形式。青岛市针对乡村特点开展了丰富多彩的宣传活动，充分利用中国反邪教网的农村反邪教警示宣传教育资料素材库的资源；制作反邪教展板在乡村巡展，发放反邪折页；组织村民观看反邪教微电影《咕咚》、反邪动漫《迷失》，通过生动的画面让村民直观感受邪教的危害。临沂市组织"科普沂蒙行"活动，充分利用科技馆电子屏、竖屏等资源营造反邪教宣传氛围；在参观入口摆放反邪教宣传手册供公众取阅学习；播放反邪教微电影、微视频以及微动漫警示宣传片；设计《崇尚文明反对邪教》《揭秘全能神洗脑术》等展览在科技馆常年展出；印制《防邪辨邪识邪反邪教知识读本》并开展公益捐赠活动。

（二）主要成效

从 2021 年开始，通过实施乡村振兴科普行动，山东省农民生活方式更加科学健康，农业技术技能培训水平明显提升，乡村科学经营模式持续优化，农村科普资源供给不断丰富，农民科学素质进一步提升，有效助力农民全面发展和乡村全面振兴。

1. 助力乡村振兴优化延伸

引导全省科协组织和广大科技工作者服务乡村振兴工作成为常态，围绕"五大振兴"要求，增加高质量科技供给，实现农民科学素质不断提升，农业科技人才数量明显增加，基层科协组织网络体系不断完善，各类农业创新成果、决策咨询成果面向乡村供给，延伸工作链条，服务乡村需求有效率和满意度明显提高。同时，引导支持市、县级科协参与行动，立足科协职能和农民群众实际需求，开

第五章　科协助力乡村振兴的山东实践

展供需匹配，做到帮扶对象精准、服务内容精准、帮扶方式精准。2021年，山东省老科协等20余个省级学会、科技志愿队、科普示范团队完成对50多个县（市、区）需求的精准对接；累计开展各类服务活动100余次，直接服务群众2万余人。2022年，全省科协系统组织科技志愿服务队、科普团队累计在农村地区开展科普活动3300余场，受益群众不断增加。

2. 实现科普惠民零距离

山东省科协通过精心组织一系列科普活动，深入推进农村青少年素质提升、实施基层科普行动计划，每年支持近百个涉农科普社区、农技协、科普教育基地等，科普服务赋能乡村振兴。充分发挥科普大篷车、流动影院车等载体作用，组织开展的"乡村振兴科普行动——流动科普巡展""数字科普大篷车沿黄行科普巡展"等活动，深入农村、学校等，通过播放特效电影、举办科普展览、开展科普讲解等形式，将科普送到基层，累计受众达6万余人。山东电子学会、山东省信息产业协会的科技支撑乡村振兴公益行动"启迪义教"项目为8县区20所中小学3500余名学生，捐赠3D打印机、机器人等教育物资，并开展了师资培训、科普公益课、科普展等活动；山东省疼痛医学会、山东针灸学会等共同开展的"三百三巡"健康赋能行动，进行中医适宜技术系列培训讲座和公益义诊等活动。济宁市科协探索出科协"列单"、群众"点单"、第一书记"兑单"的"三张单子"工作模式，累计开展青少年科普活动、科普文艺演出等70余场次，受益群众8000余人次。

3. 助力乡村振兴提质增效

2021年，利用基层科普行动计划奖补扶持资金，支持建设农村专业技术协会（农业科技志愿服务队）65个、科普教育基地50个；利用山东省科普示范工程奖补扶持资金培育打造了41个涉农类科普示范组织。2022年，山东省科普示范工程遴选100多个科普团队、科普阵地、科普资源项目重点开展乡村振兴科普行动，基层科普行动计划支持110多个涉农科普社区、农技协、科普教育基地，进一步优化科普资源供给，提升农村科普服务能力。各地结合地方特色，组建胶东五市海洋科普联盟、科普助力乡村振兴联盟共建等平台12个，有效促进了乡村振兴供需精准对接。

4. 助力乡村人才振兴支撑有力

山东省科协充分挖掘全省优质科技资源和科普资源，细化科技志愿者动员、组织、管理、激励机制，认定命名山东省科普专家工作室214家、成立省级科技志愿服务队45支、市（县）级科技志愿服务队198支，优化服务流程，稳步提高科技志愿服务供给精准度。全省各市目前已全部组织建立了服务内容不同的专业化志愿服务团队，借助全国科普日、全国科技活动周、文化科技卫生三下乡、山东科学大讲堂及各市打造的各类科普品牌活动，积极开展形式多样的志愿服务活动，实现打通科普服务乡村振兴的"最后一公里"，如潍坊市在中国科技志愿服务和科普中国平台，实名注册科技志愿者24860人、科普员38637人、科技志愿组织389个，发布活动1310项，走在全省地市前列。

5. 推动科普信息化落地农村

提升科普中国、云上智农等App在农民群体中有效覆盖，通过现场与科普专家音视频连线，快速直接解决疑点难点，实现科普专家资源"跨时空"共享。积极组织参加农民科学素质网络知识竞赛活动，开设直播课堂，捐赠科普图书17900余册、科普挂图9000余份、明白纸32000余张，推送科普小视频1300余个、科普文章1800余篇，广泛传播农业生产、科学生活、科学经营等方面技术和知识，提升广大农民科学文化素质。实施乡村振兴流动科普巡展行动，在阳信、招远等8个县区农村开展流动科普巡展90多场次，行程5500多千米，受益群众达12万人次。2022年，临沂市科协与临沂日报社联合主办沂蒙云科普系列直播活动，通过直播走进农业产业园、中草药世界、辣椒种植基地等，活动历时2个多月，进行5场直播，实现科普活动惠及于民、方便于民。

6. 推进乡村数字科普转型升级

山东省科协着力在推进数字科普转型升级上下功夫，打造电视、新媒体、广播、户外宣传"四位一体"科普宣传平台，联合山东电视台打造的"科普总动员"引起社会强烈关注，丰富"科普山东"专区栏目，科学生活、应急科普等主题宣传走进千家万户，与山东海看、山东广电农科频道、山东交通广播等媒体建立密切联系，开设的"你知道吗"科普栏目广受好评，积极推动户外科普设施建设，实现科普设施广覆盖，相关典型材料在《大众日报》《山东改革》等报刊媒体宣传推广。青岛、济宁、菏泽等市不断完善数字科普工程管理运行规范，提高数字科普通终端运行效率，精选疫情防控、防灾减灾、卫生健康、农业科技等领域科普视频节目，面向农村基层民众滚动播放；烟台推出"烟台科普"智慧电视点播项目，威海开设网上直播课堂"希望的田野"，厚植乡村振兴的科学素质沃土。

（三）经验启示

1. 坚持科学引领，聚焦科普

乡村振兴科普行动在山东省科协党组领导下，由科普部负责组织协调，相关部室、直属单位、省级学会、市科协共同实施，建立健全工作推进协调机制，确保各项任务落实落地。强化乡村振兴科普行动规划引领，细化实化工作重点和具体措施，紧紧依靠党在农村的基层组织，有效组织群众，不断扩大社会参与面，探索乡村振兴战略实施背景下农村科普工作的新模式。坚持科学性、公益性，维护科学之真，严守意识形态底线，确保各项行动正确的方向。

2. 坚持供需对接，打造平台

加强顶层设计，深入调查研究，摸清供需底数，打造科普服务平台，创造良好环境，实现精准对接。广泛组织科技和科普工作者，以农民生活方式改善为立足点，以农业技术需求和质量要求为导向，进一步优化科普服务供需关系，不断增强农业农村自我发展动力。坚持从大局出发，在科普要素上优先配置，在项目资金上优先保障，在公共服务上优先安排。整合现有工作项目和资源，向农村地区倾斜，加大对乡村振兴科普行动的保障力度。

3. 坚持因地制宜，精准施策

始终遵循农村科普工作规律，科学把握乡村的多样性、差异性、区域性特征，注重因时因地制宜，精准服务，分类推进。切实发挥农民在乡村振兴中的主体作用，调动农民的积极性、主动性、创造性，聚焦当前农村科普的突出问题，增强针对性，在关键环节取得重大突破。聚焦重点攻坚，全省科协系统牢固树立"一盘棋"思想，上下联动，密切配合；积极发挥县乡（镇）科协领导机构中"三长"（医院院长、学校校长、农技站站长）作用，增强农村地区科协组织扶智扶志的能力。

4. 坚持循序渐进，有效衔接

切实做好调查研究，结合农村科普工作实际，合理设定工作任务，既尽力而为，又量力而行，充分协调各级科协组织及相关社会力量，注重整体部署、循序渐进、分类施策、久久为功，不断优化科普资源配置，推进农村科普服务均衡发展。

5. 坚持加大宣传，营造氛围

广泛宣传乡村振兴科普行动，调动广大科技和科普工作者参与行动的积极性、主动性和创造性，凝聚各方力量和智慧，推动各项工作持续深入开展。注重典型示范引领，及时总结、挖掘和推广乡村振兴科普行动的好思路、好经验、好做法，积极宣传有突出贡献的组织和个人的先进事迹，为乡村振兴科普行动营造浓厚的社会氛围。

二 高标准建设科技小院

"科技小院"是中国农村专业技术协会副理事长、中国工程院院士、中国农业大学张福锁团队创立的农业科技创新、技术服务和人才培养的新模式，由涉农的科技人员团队直接驻扎在农村生产第一线，"零距离"持续性地指导当地农民、企业和政府。2009年，张福锁院士团队在河北省曲周县中国农业大学实验站建起全国第一个科技小院，截至2024年年初，全国已建立1048个科技小院，覆盖31个省份，涉及222种农产品，覆盖农业行业中的59种产业体系，与120多家合作社和80多家企业紧密合作，推广应用技术10亿亩。"科技小院"服务模式从最初帮扶一家一户的1.0模式发展到如今通过科技赋能和人才支撑全面助力乡村振兴的3.0模式，同时也得到联合国粮农组织推介，已推广到海外多个国家和地区。2023年五四青年节来临之际，习近平总书记给中国农业大学科技小院师生回信，充分肯定了科技小院在农业科技创新、技术服务和人才培养等方面的作用。2024年中央一号文件明确提出，支持科技小院的推动和建设。

近年来，山东省科协充分发挥科协、农技协、组织优势，加快推进"科技小院"建设步伐，根据山东省农业产业的发展，着力把科技小院打造成服务"三农"科技基地，并于2023年6月开始申报科技小院，截至2024年9月，先后获批115家中国农技协"科技小院"，遍布山东省16个市，在农业技术推广、人才培养和科技成果转化等方面为服务乡村振兴作出了积极贡献。

（一）具体举措

1. 加强统筹规划与组织协调

一是成立工作领导小组。山东省科协成立了科技小院

第五章 科协助力乡村振兴的山东实践

建设工作领导小组，明确工作重点和推进措施，统筹协调各方资源和力量，确保科技小院建设的顺利推进。同时，将科技小院建设工作作为助力乡村振兴、推动农业科技创新的重要抓手，纳入科协系统重点工作任务，通过稳步的投入和支持，推动科技小院建设。

二是明确建设标准，制定发展规划。出台《科技小院建设推进办法》和《科技小院管理办法》，明确小院的"五有"建设标准，包括基础生活区、办公空间、便捷交通、稳定网络连接、专用培训及科研示范场地等硬件必需条件。同时，根据山东省各地的农业产业特点和发展需求，进行系统性布局，推动科技小院集群发展，初步覆盖了各地区特色产业。目前，山东省共建成了78家具有优势农业产业的科技小院。

三是确立组织架构，科技小院一般由高校教授担任院长，小院依托单位负责人任执行副院长，博士生、研究生任学生院长，并实行首席专家负责制。

2. 精准对接产业需求

一是深入调研摸清需求。通过组织开展农业农村类需求征集、与农业专业合作社带头人、农技协领办人、龙头企业骨干、乡村振兴科技人才深入交流等方式，准确摸清农业各产业的人才、技术需求。例如，泰安市岱岳区科协通过需求征集，收到1268条不同类别问题需求，科学选定了小麦抗倒伏、病虫害防控等多个方面的技术攻关方向。

二是聚焦特色产业建设。围绕当地的特色产业，如茶叶、板栗、黄精、蔬菜等，有针对性地建设科技小院，为各自产业突破发展提供关键技术路径。例如，泰安市岱岳区岱岳茶科技小院与高等院校合作，建立茶叶良种繁育中心，提升了茶叶的品质和市场竞争力；山东荣成大花生科技小院，由山东省科协、青岛农业大学等共同建设打造，主要从事花生、玉米、小麦等粮油作物种植和农业社会化服务。

三是靶向攻关技术难题。支持科技小院聚焦重点领域热点、关键核心技术卡点，直接解决生产问题，解除发展瓶颈。济南市科协建立了清单管理机制、问题处置机制、现场指导机制、合作带动机制，确保科技帮扶精准对接，运行高效，通过明确的工作清单和问题处置流程，科技小院能够更有效地解决农民和农业企业面临的实际问题；东营市科协探索开展"点餐式""点对点式"科普服务活动，紧扣农民需求，组织专家团队每年开展现场培训指导和线上服务，这种服务模式更加精准地满足了农民和农业企业的个性化需求，提高了科技服务的针对性和实效性。

3. 整合资源搭建合作平台

一是联合高校科研院所。借助各级科协资源优势，精准链接省内外涉农高校专家团队，为科技小院与高校院所合作搭建桥梁。例如青岛西海岸新区科协组建专门队伍开展调研，摸清农业各产业人才、技术需求后，引进山东农业大学、中国科学院海洋研究所、山东省农业科学院等高校院所专家团队 87 人，与新区农业企业等合作开展多个项目。

二是整合农业经营主体力量。动员整合涉农企业、合作社、家庭农场、基层农技协等农业经营主体力量，调动和激发基层农技人员的积极性和创造性，为科技小院的建设和发展提供强大支撑。例如，莱西市科协依托产业基础扎实、科技示范性强的龙头骨干企业作为科技小院建设主体，推动科技小院标准化建设、规范化运行、可持续发展，已组建 14 家科技小院；临沂设施果蔬科技小院以临沂大学与临沂清春蔬菜农民专业合作社为依托，已正式获批"中国农村专业技术协会科技小院"。淄博市桓台县在省农技协和市科协的支持指导下，探索成立全省第一家县级农技协联合会，把合作社、家庭农场、涉农龙头企业等组织起来，发挥联合优势，创新服务方式，积极推动乡村振兴。

三是构建"政府+高校+企业（合作社）"的三方合作框架。如泰安市岱岳区科协紧紧依靠本土山东农业大学的科技和人才优势，与企业、合作社等开展多元化、高质量、全方位合作，为科技小院提供强大的技术支持和人才保障；齐河玉米科技小院，通过当地政府部门、农业企业等多方协作，共同推动科技小院的建设与发展，为玉米种植技术的研究与推广提供了有力保障。

4. 加强人才培养与队伍建设

一是用好进站专家团队宝贵资源。将专家工作站、农技协、乡村振兴科技顾问等力量加以整合，加大科技人才培养力度，开展按需培训、灵活培训，实现用人与育人"零距离"。

二是用好科研院所专家团队。以乡村科技小院为平台，引进高校院所的专家团队入驻，既取经又育人，培养农业科技领军人才和创新团队，实现农业科研成果的转化和传递。

三是培育乡土人才。通过田间课堂、科普讲座等形式，在入驻专家的指导培育下，培养一批当地科技农民，将农业技术培训拓展为农业新理念、新业态、新生产组织方式，培育具有农业情怀、农业知识、具备现代农业经营能力的乡村振兴新农人。

四是优化人才队伍结构。济南市科协建立市、区县、街镇三级科技顾问团队，成员包括高等院校科研院所专家、农业科技工作者、科研型企业负责人等高等技术人才，以及农技推广人才、农村实用人才、创新创业人员等实用人才，还有一线农业经营主体负责人、技术人员、社会组织科技人员等本土能人。这种多层次、多类型的团队结构，确保了科技小院能够从不同角度为农业发展提供全面支持。

5. 打造示范推广基地

一是与林科院、农科院、高校科研院所等保持紧密联系，引进多支专家团队，对科技小院因地制宜、分类指导，以现有的科技小院为依托，建立示范基地，大力示范、引导、推广，引导推动农业企业生产由劳动密型向技术密集型转变。

二是引导农业企业"强化装备"。在济南市章丘番茄科技小院、数字化育苗科技小院等示范阵地多次召开观摩会、现场会，展示农业机械、现代设施农业，以及信息、生物技术与农业生产的深度融合成果，引领企业运用智能设备、软件等"新农具"提升生产效率，推动农业生产管理更加智能。

三是引导农业企业"绿色发展",提升生物饲料、生物肥药、农业疫苗、可降解农膜等对传统生产资料的取代,在降低农业生产对生态环境负面影响的同时提高农产品质量和竞争力。目前,无人机飞播飞防、水肥一体、土壤监测、智能化农业生产车间等已经成为科技小院生产常态。

6. 建设科技创新基地

一是加强科技小院与进站高校及科研院所的融合,打通从实验室到试验田的"最后一公里",推动科研成果的迅速转化。

二是在科技小院建设试验基地,促进实验室的农业技术攻关、创新、研究成果在科技小院试种试养试行,实现科研成果从理论到实践检验的零距离。

三是在科技小院建设推广基地,经实践检验成功的研发成果,能够通过科技小院签约农业公司和合作社,迅速铺开推广,实现成果转化,助力农民增产增收,解决民生真问题。

7. 强化项目支持与资金保障

一是纳入基层科普行动计划。把对科技小院的支持列入实施"基层科普行动计划"中来,通过稳步地投入和支持,推动科技小院建设。如青岛市将部分科技小院列入基层科普行动计划或科技小院建设提升行动,给予奖补资金支持,其中中药材等3家小院列入青岛市基层科普行动计划、海青茶等2家小院列入青岛市科技小院建设提升行动。

二是争取多方资金支持。积极协调各方资源,为科技小院争取资金支持，改善科研条件，推动项目实施。例如，一些科技小院通过与企业合作、申请科研项目等方式，获得资金用于开展技术研发、设备购置、人才培养等。济南市科协安排"科技顾问"志愿服务活动专项预算80万元，为科技小院的志愿服务有序开展提供根本保障；青岛市科协为"科技小院"赋能提质，遴选首批5家科技小院，给予5万元/家资金支持，用于农业科技创新、新技术与新品种推广、科技志愿服务等。

8. 加强交流与宣传推广

一是举办交流观摩活动。定期举办科技小院交流观摩活动，为各地科技小院提供交流学习的平台，促进经验分享和共同发展。例如，2024年5月，山东科技小院交流观摩活动在德州举行，来自全省各地的科技小院代表参加，共同探讨科技小院建设的经验与问题；2024年9月，青岛西海岸新区科协成立新区乡村科技小院创新联盟，制定了《青岛西海岸新区科技小院联盟章程》，选举了联盟理事长、副理事长、秘书长等人选，加强各科技小院间合作交流，实现了资源共享和优势互补。

二是宣传典型经验。通过多种渠道宣传科技小院的典型经验和成功案例，提高科技小院的社会影响力和知名度。例如青岛西海岸新区创新实施科技小院建设的做法，得到了科普中国、省市科协网站等多次刊发，还被《科技日报》、《光明日报》、"学习强国"平台等宣传报道。

（二）主要成效

科技小院坚持技术推广、科研推进，科研的目标是成

第五章 科协助力乡村振兴的山东实践

果，重点在推广，关键在转化。山东省科协通过高标准建设科技小院，推动农业科技创新、宣传推广农业新技术、促进农业增产增收、助力农民脱贫致富、培育乡村振兴"新农人"、助力乡村传统产业转型升级、加快农村社会进步，不仅提升了农业科技水平，还促进了农业产业的升级和转型，为乡村振兴提供了有力的科技支撑。

1. 推动农业科技创新

科技小院成为农业科研的重要平台，产生了一批有价值的科研成果。如莱西市的科技小院累计转化专利20余项，发表SCI等学术论文10余篇；章丘科技小院共承担省、市级农业课题14个，联合开展自主课题研究31个，成功22个，拥有自主知识产权11项，专利成果79个。

入驻莱阳市青农禾梨产业示范基地的"山东莱阳梨科技小院"的青岛农业大学师生与当地农技人员联手，研究探索了西洋梨矮化砧木榲桲硬枝扦插繁苗技术；研究创建了3份榲桲种质的离体初代与继代繁育体系，并对其耐盐碱能力进行了比较研究；对莱阳茌梨果实进行了套袋栽培试验，比较了3种不同果袋对其品质的影响效应；授权国家发明专利2项。

在产出科研成果的基础上，科技小院广泛签约农业公司和合作社，迅速铺开推广新技术，实现成果转化。例如，章丘科技小院开展新品种试种试养111个，拥有自有品种10个；青岛西海岸新区的科技小院累计开展合作项目47项，蓝莓基质栽培、刺参养殖敌害生物防控、马铃薯病害生物防治、甘薯脱毒苗培育等一批先进技术在新区落地推广；山东乐陵金丝小枣科技小院与当地企业共建了科技成果转化中试基地，金丝黑枣、金丝黑枣醋、金丝黑枣酒等科研成果实现了落地转化，并在第十八届中国林产品交易会上荣获金奖。

2. 宣传推广农业新技术

通过科技小院的示范带动，将先进的农业技术和管理经验向周边地区推广，提升当地农业的整体发展水平。例如，山东农业大学在山东多地建设的科技小院，将学校的科研成果和先进技术推广到当地，促进了当地农业的增产增收。

新泰市科协打造的科普小院，对接上级农业专家，采取讲座、报告、巡展等形式，开展各类惠民科普宣传和科普志愿服务活动400余项，其中农技科普60余场次，覆盖种植面积23万亩，引导农村特色科普员组建服务团队16支，开展收集整理、交流农业信息，组织开展多种形式的经济技术合作与交流，为农民专业合作社种养大户等有针对性地进行分期、分批的科技指导。青云街道外峪村珍珠油杏科普小院带头人、最美科技工作者方立章，带领全村发展油杏种植2600亩，人均增收2万元，同时利用科普小院和服务团队向外地推广油杏种植技术，在各地举办实用技术培训班8期多，科普讲座上百次，培训人员2500人次，培养技术骨干160人，培养科技示范户600多户，带动油杏种植户2800余户，在全国13个省60多个县市区大面积推广种植新泰珍珠油杏，河北承德滦平县、秦皇岛，甘肃张掖等地都已形成种植规模，建立了油杏种植示范基地，为村民致富增收、乡村振兴战略的实施作出了积极贡献。

第五章　科协助力乡村振兴的山东实践

章丘"三地"科技小院与科学普及、科技推广相结合，通过展板、电子屏等方式，重点科普本园区、协会产业特色知识，让大家既能受到科普理论知识的教育，又能直接接触到实物，科普教育直观形象。同时，开展各种形式的科普活动，提供科技推广科普宣传、科技培训和科技咨询等科技服务。

3. 促进农业增产增收

通过科技小院引入的先进种植技术和管理方法，许多地区的农产品产量得到了显著提高，同时质量也更加优良。例如，山东临邑玉米科技小院，专家团队通过开展玉米高产高效栽培技术研究与示范，使当地玉米亩产增加了10%以上，品质也更加符合市场需求；泰安岱岳区甘薯科技小院，通过发明甘薯收获机帮助农户实现规模化生产，打造"育苗基地—规模种植—鲜薯回收、储存—加工—销售"的全新产业体系，大大降低了人工成本，提高了生产效率，带动示范种植1000余亩，亩均增收3000元，加工销售甘薯产品5吨、产值200万元；潍坊安丘市蜜薯全产业链增收突破2亿元，亩均增收3000元以上，蜜薯种植面积达3.5万多亩；青岛莱西市科协支持胡萝卜科技小院引进青岛农业大学滴灌水肥一体化等8项技术，实现亩增收提高30%。

乐陵金丝小枣科技小院通过成果转化切实提升了金丝小枣的附加值，增加农民收入，带动了第一产业金丝小枣种植业的保护和发展；延伸和深化金丝小枣的产业链，通过开发新产品、新上生产线等方式，实现产值增加，带动第二产业发展；同时也进一步打造了乐陵金丝小枣的品牌形象，提升市场知名度，吸引更多的投资和企业入驻乐陵市，推动相关产业链的发展和完善，为当地居民提供更多的就业机会。实现一二三产业融合发展，推动金丝小枣产业高质量发展。

4. 助力农民脱贫致富

通过科技小院与脱贫攻坚双发力，推动贫困村充分挖掘资源潜力，培植产业项目，增强村"造血功能"，实现村、户双脱贫。济南市章丘区白云湖街道张家林村建立科技小院以来，先后引进专家3人，现场指导16次，并引进甘蓝、"普罗旺斯"西红柿、"黄金白"白菜等10余个高端品种，推广发展到120亩，可增加群众年收入30万元。据不完全统计，自该村科技小院建设以来，解决群众就业850人左右，带动210户贫困户实现脱贫，推广新技术新品种2300多亩，带动农民群众年增收2500余万元。章丘三地科技小院累计带动章丘红薯种植面积7000余亩，覆盖52个村庄，带动群众1000余人，年均增收5000元，实现村集体分红90万元。

山东岱岳小麦科技小院，每年承办各级现场观摩会10余场次，为农户提供农资以及耕、播、种、收、管等服务，建立新品种培育基地200亩、农技推广示范基地600亩、良种繁育基地1.8万亩，惠及36个行政村、1.5万户农民，吸纳就业60人，人均年增收1.5万元。"禾元376""禾元386"两个品种通过山东省农作物品种审定委员会审定，技术服务辐射全市及济宁、德州、聊城、菏泽等地。

青岛莱西市科技小院针对企业、合作社及农户提出的

第五章　科协助力乡村振兴的山东实践

技术难点，针对性开展联合攻关、技术转移工作，服务农户超过1000户，增收2000万元；组织葡萄科技小院进一步延伸产业链，与九顶庄园合作开展葡萄深加工项目，生产"小青玫"系列干白、白兰地葡萄酒，辐射周边农户200余户，带动增收超500万元。

山东乐陵小枣科技小院致力于金丝小枣深加工研究，推动小枣附加值增加5倍以上，当地枣产业增收近4亿元，为实现乡村振兴打下良好的产业基础。

5. 培育乡村振兴"新农人"

科技小院通过"科技创新—社会服务—人才培养"三位一体新模式，打通科技服务从象牙塔到泥土地的"最后一公里"，通过实践教学和科研训练，提升学生的综合能力，培养一批优秀的高层次复合型"一懂两爱"农业技术人才。入驻小院的研究生、本科生既是学生，又是农技师和农技员，他们真正把论文写在了田野间，培养了"扎根农村、服务农民"的情怀，不仅提升了学生的专业知识、适应能力、实践技能和综合素质，还把当地的农民、种粮大户都培养成了"土专家"，培育了一批接地气、高素质的农业技术人员。同时，将农业技术培训拓展为农业新理念、新业态、新生产组织方式培训，培育出一批具有农业情怀、农业知识、具备现代农业经营能力的乡村振兴新农人。

6. 助力乡村传统产业转型升级

科技小院为乡村产业发展提供了技术支持和创新思路，推动了农业产业的升级和转型。如泰安市泰山区邱家店镇王林坡村在市、区科协的帮助下，与省市农科院、果科所建立联系，引进新型优质苗种和先进种植技术，大大提高了樱桃的质量和产量，推动了樱桃种植产业的升级。

潍坊市安丘大葱科技小院通过对种子进行丸粒化处理，实现精量播种机播种，育苗效率比传统方式提高了7—8倍，实现了大葱种植的全程机械化，改变了传统种植模式，实现大葱标准化、规模化、集约化发展。大姜科技小院，指导群众发展红芽姜产业，采用物联网技术、自动补光控温、水肥一体化管网等先进生产技术，实现一年两种两收，冬季错峰上市。

日照市东港区科协在蓝莓种植中引入物联网智慧平台，实现种植、防病、采摘等各环节的全过程数字化。通过安装无线传感器、末端探头等方式，实时采集棚内光照、温度、土壤湿度等参数信息并上传云端，实现了"一屏可览、一网统管"。

济南市章丘区官庄街道盛苑花卉科技小院通过引进湖北大学生命科学院生物技术专业的蔡胜利，生产规模从全年不到10万株到年产各类兰花种苗100多万株，形成了一个集组培、生产、育种于一体的完整产业链，并逐渐成为科技创新基地。

菏泽市单县羊业科技小院研发的二代青山羊，平均单体重量提高30%、生长周期缩短一个半月，山羊良种覆盖率达到100%，品牌价值得到了全面升级。此外，小院还研发了"公司+农户羊场数字化管理平台"，实现了肉羊养殖的精细化、智能化管理，从羊只信息录入、生长发育评估到疾病防控、饲料配方制定等多维度、全方位提升了养殖水平，迈出了向智慧畜牧业转型的关键一步。

7. 加快农村社会进步

科技小院推广的绿色种植技术和生态养殖模式，有助于减少农业面源污染，改善农村生态环境。如山东岱岳捕食螨科技小院采用"以虫治虫""以螨治螨"绿色新技术，从生产源头避免或降低农产品农药残留，对环境无污染，且害虫不易产生抗药性。这种绿色防控技术不仅减少了农药的使用，还提高了农产品的质量和安全性。

科技小院的建设带动了农村科普设施的完善和科普活动的开展，提升了农村公共服务水平。例如，泰安市科技馆牵头成立泰安市科普场馆联盟，推动形成矩阵式科普服务体系，实现了资源共享、优势互补。

（三）经验启示

1. 强化统筹联动，形成工作合力

山东省科协注重从制度层面保障科技小院建设，出台相关制度文件，明确小院的"五有"建设标准以及管理运行规范。同时，建立组织构架，制定《科技小院评价考核管理办法》，每月现场指导，每半年召开推进会，每两年综合评价一次，确保小院规范运行。加强校地合作，充分发挥高校的科技和人才优势，整合多方资源，形成工作合力，共同打造科技小院。这种合作模式既解决了乡村缺人才、农民缺技术的问题，又为高校科研提供了实践基地，实现了互利共赢。

2. 突出特色优势，精准服务产业

山东省科协在建设科技小院时，紧密结合当地农业主导产业、特色产业和新兴产业发展需求，如泰安市岱岳区的甘薯、小麦、板栗、茶等产业，都有对应的科技小院。这些小院针对各自产业的特点和问题，深入调研农民的实际需求，建立需求台账，根据需求开展针对性的技术研发和推广，提供精准的科技服务，为产业发展提供关键技术路径，确保科技小院的建设能够真正解决农民的实际问题，取得良好的经济效益和社会效益。

3. 发挥专家作用，坚持"能人"引领

科技小院积极引进专家团队，为乡村振兴提供科技支撑，通过专家的指导和培训，提升农民的科技水平和生产效率。"珍珠油杏科普小院"方立章、"传统发明科普小院"褚成俭、"梨花古木科普小院"王宁、"农耕文化科普小院"孙庆梅，每个小院均有一名思路清晰、发展能力强的本土"能人"，带思路、领项目。由各小院牵头带动的珍珠油杏、田红子山楂等项目红红火火，形成了骄人的地区影响力，群众支持率、群众满意度普遍较高。

4. 坚持人才下沉，培养实用人才

科技小院为青年科研人员提供了广阔的实践舞台，吸引了大量研究生等青年人才扎根基层，这些青年人才用实际行动诠释了新时代青年的担当和作为，也为乡村振兴注入了新活力。作为一种新型的人才培养模式，科技小院更侧重于应用研究，研究生培养单位依托企业建立科技小院，把研究生长期派驻到农业生产一线，重点研究解决农业农村生产实践中的实际问题；在学校学习期间则侧重于理论研究，为生产技术的改良奠定理论基础。这种模式既培养了学生的实践能力，又提高了他们解决实际问题的能力，为农业农村现代化提供了有力的人才支撑。

5. 拓展服务功能，助力乡村振兴

山东省科技小院建设注重科技与农业产业的深度融合，开展新技术试验示范，完善"科研—种植—生产"链条，将实验室的科研成果转化为田间地头的实用技术，同时入驻小院的专家团队零距离开展技术示范、推广、育人、服务等工作，扎根田间地头，帮助农民解决生产实际问题。科技小院不仅提供技术指导，还会定期组织农民培训、开展科普讲座，甚至帮助农民搭建电商平台，拓宽农产品的销售渠道。通过这些多元化的服务，科技小院在推动农业产业发展的同时，还促进了农村一二三产业融合发展，真正成为农民朋友信赖的"农业专家"和致富的"好帮手"。

6. 扩大宣传推广，注重示范带动

通过建设科技小院，打造农业科技创新、技术服务、人才培养和社会服务一体化的新模式，形成"建设一个小院、入驻一个团队、辐射一个产业、示范一大片区"的良好效应。同时，总结科技小院建设的成功经验，形成可复制、可推广的模式，在全省范围内推广，扩大科技小院的覆盖面和影响力。广泛动员各县市充分发挥科技小院的资源优势，培育"科技小院"优质品牌，深入发掘"科技小院"建设和提升案例，打造全媒体宣传矩阵，通过报纸、电视、网站、公众号等，讲好"科技小院"故事，营造广大人才投身乡村发展的良好氛围。

三 搭建乡村产业高质量发展平台

近年来，山东省科协充分发挥科协组织优势、人才和智力优势，加强统筹谋划，聚力整合资源，引导全省科协组织和广大科技工作者服务乡村振兴，为乡村全面振兴提供有力的科技支撑。全省各级科协组织积极搭建平台，汇聚科协之能，服务乡村所需，打造专业化、精准化的服务项目，促进优质服务与县乡科技需求精准对接，全省科协系统服务乡村振兴有序有效推进。

（一）具体举措

1. 打造会地联动协同平台

一是构建"两级五方"组织架构。山东省科协积极与地方政府合作，构建"政府主导、科协搭台、学会助力、企业受益、产业提升"的工作模式，推动会地合作，形成协同创新的组织架构。例如，泰安市科协探索搭建"泰安市+县市区+学会协会+科创平台+企业主体"的"两级五方"组织架构，全力打造"企业提需求、科协搭平台、学会送服务、产业得提升"的会地合作模式。通过这种模式，科协组织能够更好地整合各方资源，推动科技与产业的深度融合，为乡村产业发展提供全方位支持。滨州市建立"科协+学会+乡镇"对接团模式，聚焦乡镇产业发展需求，联合各县市区科协，先后对接中国化工学会、中国园艺学会等国家级、省级学会20家，同时，全市新成立市级学会12家，点对点开展乡镇义务服务活动。

二是开展"双联共建"活动。"双联共建"活动是山东省科协与地方政府、社区或其他组织共同开展的一种合作模式，旨在通过资源整合、优势互补，推动乡村振兴、科技创新和社会发展。山东省科协将"双联共建"作为助力乡村振兴的重要手段，充分发挥其人才、学会、科普和智库等资源优势，开展科技助农各项服务活动。例如，在淄博市淄川区洪山镇土峪村，省科协通过"双联共建"活动，推动该村发展特色产业、壮大集体经济，并引导社会组织参与乡村振兴，从而促进村民增收、村容改善。

三是坚持上连资源、下接市场。聊城市茌平区对接最新科技创新资源、最新科技创新成果，成立了由茌平区人民政府、中华全国供销合作总社济南果品研究所、信发集团三方共建的中国果蔬贮藏加工技术研究中心高效农业（信发）产业研究院，充分发挥茌平区和信发集团的资源能源优势，借助中华全国供销合作总社济南果品研究所雄厚科研力量和人才优势，通过技术集成、资源聚集、成果转化、产业示范、人才引进，打通科技成果到产业转化的快车道，推动科技与农业经济深度融合。

2. 联建"科创中国"服务平台

为推动科技资源聚合优化，促进科技与经济深度融合，中国科协于2020年启动"科创中国"服务行动，遴选首批26个"科创中国"试点城市（园区），以企业提需求、学会送服务、科协搭平台、地方汇资源的方式，帮助科技工作者将成果运用在基层最需要的地方。山东省科协抢抓"科创中国"建设机遇，推动济南、青岛、泰安、潍坊、菏泽5市入选试点城市，积极构建科技服务与乡村振兴所需对接的有效机制，推动农业科技经济融合发展。

一是引入高端科创资源。山东省科协发挥自身联系广泛的优势，汇聚省内外高端科技人才资源，对接全国学会、知名高校和大院大所，多渠道汇聚国家级科创资源，并将其引导至乡村产业中，为乡村产业引入先进的技术和理念，助力乡村产业技术创新和产业升级。2024年11月，"科创中国"乡村振兴（自然资源价值保育）科技服务团科创中心正式落户济南，该中心将为乡村振兴齐鲁样板打造提供"科技大脑"。目前，山东省科协已累计对接166家全国学会，成立14个"科创中国"创新基地，建立全国学会服务站、院士专家工作站1600多家。

二是组建联络员队伍。畅通科学家与企业家的联系桥梁，充分打通专家、企业之间的联系通道，解决信息不对称问题。目前，山东省科协组建"科创中国"试点城市联络员1388名，组织1.7万余家企业在"科创中国"平台注册。

3. 组建科技下乡志愿服务平台

一是成立志愿服务队。山东省科协注重发挥科技志愿服务的作用，成立了多支省级和市（县）级科技志愿服务队，这些志愿服务队通过开展各种形式的科普活动和技术服务，将先进的农业科技知识和实用技术传授给农民，提高了他们的科学素养和生产技能。目前，山东已成立省级科技志愿服务队45支、市（县）级科技志愿服务队198支，科技志愿服务供给精准度稳步提高。

二是组织专家团队科技下乡。山东省科协组织科技工作者深入农村，提供技术指导、培训和咨询服务。莱西市科协举办"乡村振兴、科技赋能"送科技下乡服务活动，农业专家在田间地头为农民提供技术指导；鄄城县科协开展"迎新春送温暖、送科技下乡"服务活动，为群众送春联、发放科普书籍，提供科技信息；泰安实施"百名专家进百村"活动，组织会员各级学会、高校、科研院所、涉农企业等组织、单位的专家教授、科技工作者服务基层不少于 100 人次，开展"送科技下乡""田间课堂""科普超市""科普大集"等专题活动每年不少于 100 场次，服务基层村（社区）不少于 100 个。临沂市实施"专家入农家"行动，成立"导师制帮扶专家团"，组织专家团成员入村入户结对帮扶。

4. 链接农业科技创新资源

一是引导科技资源向基层聚集。山东省科协积极统筹学会、高校科协、企业科协等资源，围绕科技培训、农技服务、就业指导等方面扎实开展工作，引导优质资源向基层集聚，为乡村产业发展提供科技智力支撑。推动科技进村、入户、到田间地头；扎实实施"科技惠农兴村"计划，通过"科普之春""科普大集""科技小院""田间课堂"等科技服务形式，加快前沿农业知识在农村地区传播普及；支持家庭农场、农民合作社、农业社会化服务组织等新型农业经营主体和服务主体，开展教育培训、品种展示、技术推广等服务。济南市推行"乡村振兴科技顾问"机制，动员引导广大科技工作者投身乡村振兴一线，真正为农业农村现代化插上科技的"翅膀"。

二是组织学术论坛，助力科技交流。山东省科协通过举办服务高质量发展乡村振兴论坛、黄河流域主要农作物种业高质量发展论坛以及泰山科技论坛、科协年会等各类学术交流和论坛活动，汇聚了来自全国的专家学者，促进农业科技发展与创新的深入交流，落地形成一批服务乡村振兴的科技成果，为乡村发展提供智力支持和科技服务。

泰安市科协积极对接中国农学会、中国菌物学会等50余家国家级、省级涉农学会，举办全国学会科技赋能泰安乡村振兴高端论坛暨首届农业科技成果推介会、全国食品农产品高质量发展高峰论坛、"泰山论菌"高端论坛等产学研活动，邀请李玉、庞国芳等50余名院士专家现场指导，有力促进泰山茶、泰山黄精、泰山赤灵芝等特色产业发展。

三是推动产学研合作，促进科技成果转化。山东省科协积极联系全国学会、知名高校、大院大所等，搭建产学研合作平台，推动科技创新成果与乡村产业需求的有效对接，培育和发展新质生产力，推动产业提档升级。通过推进院士专家工作站建设，依托基层农技推广体系和现代农业产业技术体系创新团队，推动科技成果在农业领域的推广和转化应用。山东省科协还致力于搭建科技成果转化平台，通过组织科技服务团、项目对接会、技术结对等活动，加速科技成果在乡村产业的转化和应用。莒南县科协牵头成立"莒南县花生行业科技工作者之家联盟"，搭建花生产业产学研合作平台，促进联盟企业与多家高校达成合作，加快花生产业技术改造和产品创新。泰安市科协指导成立泰安市板栗协会，并联系山东省果树研究所沈广宁板栗专家团队进行技术结对，培育出优良板栗品种。

5. 搭建科技助农专项对接服务平台

一是开展"订单式"服务。临沂市科协主要领导、分管领导和相关部室负责人，先后到16个乡镇调研，对农村农业的技术需求进行调查摸底，并建立技术需求项目库，根据项目库提供的"订单"联络和聘请专家建立"智惠乡村"高端智库和"智惠乡村"专家服务团,保障每个需求每年至少有1名直接联系专家。泰安市科协建立起科普助力乡村振兴需求库,长期面向基层征集需求,实行点对点、面对面精准对接,提供人才、技术、项目全方位服务。依托科协联系专家众多资源,根据农户实际需求及时连线相关专家,把农户急需的科技知识送上门,以群众"点菜"、组织专家"上菜"的形式开展"订单式科普"活动,无偿为农户讲解种植养殖、生产管理及病虫害防治等农业技术知识。

二是建立专家供给侧与基层需求侧联盟共建工作机制。泰安市科协实施"助力乡村振兴,共建科普联盟"活动,探索"专家+大户、科研院所+乡镇、志愿服务队+社区(村)、科普教育基地+群众"的"四+"科普服务联盟共建模式,科协牵头做好长期专项对接服务。

(二)主要成效

1. 推动乡村产业技术创新与成果转化

泰安市科协联合山东农业大学、山东省果树研究所、泰安市林科院、泰安市农科院等收集131项优秀科技成果,编制印制《科技赋能乡村振兴成果汇编》4000余册向全市乡村党组织发放,让农业科技创新成果惠及千家万户。截至目前,已推广新品种、新技术200余项,帮助农户解决100余项技术难题。比如,市科协积极促成省果树研究所在岱岳区南大圈村建立果树优良品种示范园,引进"鲁丽""鲁艳"果树新品种,定期邀请专家教授开展技术培训和服务,辐射带动当地农户实现增收致富;帮助泰安市板栗协会与专家团队技术结对，创新改进嫁接技术，培育优良品种；与山东农业大学合作，推广应用无人机智能植保、精准智能水肥一体化、智能气象监测、土壤分析等新技术，让每亩板栗病害发生率降低约60%，亩产提高到五六百斤，目前品种优化推广技术实施面积达1万多亩。

临沂市兰陵县鸿强蔬菜产销专业合作社在临沂市科协及兰陵县科协等部门的帮助下，完善了各类蔬菜的标准化管理技术，实现了产前技术培训、产中技术指导、产后销售服务的全程可监控生产服务模式。目前，合作社共建有高标准育苗棚55座，占地面积达400余亩，年出苗量可达1亿株，育苗全部采用订单式生产，远销国内6个省份。

为解决番茄良种选育难题，菏泽市单县科协与中国科学院老科学家科普演讲团展开密切交流，帮助单县西红柿协会与航天育种产业创新联盟全面对接，成功争取到中国航天育种实验项目。协会选送的7000粒番茄育种材料搭载神舟十六号飞船升入太空，在圆满完成了为期5个月的航天实验后顺利回归。目前筛选出的太空种子已播种育苗，下一步，将通过分子标记基因位点比对和提纯扶壮实验，选育出丰产、抗病、优质的航天番茄新品种。

聊城市冠县科协争取省科普示范工程项目资金5万元，支持冠县毛皮动物养殖志愿服务团队更好地开展"冠县赤貉"养殖技术推广。志愿服务团队购置科普设备，邀请省特种经济动物产业体系专家授课，举办狐貉养殖技术培训，为提高冠县狐貉养殖技术发挥了重要作用。

2. 助力乡村产业融合发展

山东省科协积极推动乡村产业的多元化发展，促进农业与旅游、文化、教育等产业的深度融合。

泰安市岱岳区黄精产业实现了一二三产业融合、全链条发展。肥城市科协积极对接争取落地中国昆虫学会专家服务站、山东省虫业协会"乡村振兴"肥城服务站，推广"菜—虫—鸡—商"生物链模式，打造基于昆虫生物转化技术的现代生态循环农业农场，将"小虫子"做成了大产业。

淄博市博山区科协充分发挥乡村文旅产业优势，探索"科普+文旅"模式。以博山区池上镇中郝峪村为例，该村于2021年被省科协评为科普示范村，探索出一条"郝峪模式"发展之路。通过发掘乡村历史文化，融合科普元素，以动静结合等方式，分别设计了以农耕文化、美食文化科普体验为主线的两条线路，建设"乡村记忆科普博物馆"，收藏9700余件农村生产老物件，以室内农耕文化科普展示与室外农耕互动科普体验相结合，让顾客在参观过程中增长知识、开阔视野，从而提升自身科学文化素养。

日照市东港区蓝莓协会在区科协指导下，借助中国科协、山东省科协等各级学会、协会的技术优势，坚持"蓝莓+"多业态融合发展导向，每年举办"日照市蓝莓文化旅游节"，积极开展研学、康养等活动，推动一二三产业融合发展，拓宽蓝莓特色产业发展之路。

东营市东营区科协推进西高村由红薯种植向全产业链条延伸，打造育苗、种植、采摘一体化基地，建成红薯深加工基地，生产手工红薯粉条、红薯保健茶等高附加值农副产品，形成集红薯种植、农产品深加工、休闲度假于一体的一二三产业融合体。区科协与区文化和旅游局、区教育局等区直部门单位召开联席会议，推动在史口镇西高村建设归寻小院8套，在史口镇生家村打造研学基地，与乡村产业相结合，让文化软实力成为乡村全面振兴硬支撑。

3. 助力乡村产业品牌建设

在山东省科协的推动下，一些乡村产业成功打造了知名品牌，提升了产品的市场竞争力和附加值。例如，通过全产业链提质增效试点项目，支持了枣庄石榴、德州玉米等产业的发展，形成了较为完整的产业链条和品牌效应。

泰安市黄精产业在龙头企业带动下，产业链条不断拓展，现已研发出黄精食品、保健品、中药饮片等5大类近百种产品，打造出"泰山黄精"响当当的品牌。泰安板栗在泰安市科协的帮助下优化品种、提升品质，不仅实现大幅增收，而且深加工产品走出国门，仅泰安市栗欣源工贸有限公司一家企业的保鲜板栗产品年加工出口4000多吨，国际市场占有率达到20%。

在临沂市科协、兰陵县科协的支持下，依托山东新格林生态科技有限公司建设新格林花卉科普教育基地，现在基地所在的山东新格林智慧农业产业园已建成目前国内规模最大的蝴蝶兰自动化物流温室和全球规模最大的红掌鲜切花生产基地，分别达到7公顷，可实现年产蝴蝶兰300万盆（枝）、红掌鲜切花750万枝，产品出口日韩、东南亚、欧美等地区的10多个国家，同时销往全国各大市场。

滨州市打造"特色乡镇"科协品牌，发布《关于建立完善市科协县级领导干部包保联系工作制度的通知》，以

第五章 科协助力乡村振兴的山东实践

博兴县兴福镇厨具产业、惠民县李庄镇绳网产业、沾化区下洼镇冬枣产业等乡镇特色产业发展为抓手，激发乡镇经济发展内生活力，探索"科协+"工作模式，着力打造"特色乡镇"科协品牌。

4. 提升农民科学文化素养

山东省科协通过多种形式的农业科技培训，引导农民树立科学发展理念，培养有文化、懂技术、善经营的新型农民，提高农民科学文化素质。诸城市实施高素质农民培育计划，开展农村实用技术培训班120余期，培训农民8万余人次，引领全市发展起2万亩有机绿茶、2万亩大榛子和万亩苹果、万亩大樱桃等农业示范园区，建立起专家与农民互动的服务机制，促进农民利用科技力量改进农业生产方式方法。

淄博市博山区猕猴桃协会、桔梗协会、山楂协会线上线下同步，开展"桔梗采后保鲜及全资源综合利用技术培训""桔梗高效生态种植技术培训指导"等各类科技培训30余次，受益公众达1.8万人。

枣庄市市中区永安镇科协以冠宇省级农村专业技术协会和农业合作社为平台，组织开展农村实用技术咨询、培训、推广和服务，累计举办各类专业技术培训20余次，组织科技人员和技术骨干开展技术交流，传播生产技能和成功经验，累计培训2100人次，推广新品种、新技术14项。

泰安市科技创新服务中心累计开展"科技专家惠民行动暨订单式科普活动"100余场，培训乡村振兴科技人才、新型职业农民5000余人次，帮助农户解决100余项技术难题，进一步提升了农民的科学文化素质。

荣成市科协引导市农技协联合会成立"农科驿站"，联合省和威海市农科院、青岛农业大学、威海农广校等院所的专家教授，组建了学科齐全的驿站培训团队，扎根乡村振兴产业一线，服务产业大户、专业合作社和广大农户，已开展培训2万余人次，努力做到"建一站、带一片、兴一业"。

德州市科协大力实施全民科学素质提升行动，积极动员各县（市、区）科协、农技协、涉农企业科协、"科技小院"等组织，深入农村（社区）开展农业生产、信息技术和科学素养等科普活动500余场，惠及群众4万余人，培养了一批有文化、懂技术、会经营的新型农民。

枣庄市老科协会同市科协、市科技局组织83位老专家成立赋能乡村振兴导师团，历时一年半，对全市1.2万余名村居两委成员、3000余名乡村医生进行了大规模、普及式的知识技能提升培训，共授课70余期、200余场次、听课学员6万余人次，提升了发展农村产业和诊疗治病的技能，促进了乡村产业发展和村民健康。

5. 促进农民增收与农村经济发展

泰安市科协联合山东农业大学科研团队，在泰安市岳洋农作物合作社建立农作物新品种培育基地200亩、农技推广示范基地600亩、良种繁育基地1.8万亩，惠及36个行政村、1.5万户农民，吸纳就业60人，人均年增收1.5万元。联合中国农业大学、山东省产业技术研究院、山东省果树研究所、威海新元集团、山东巴富洛生态农业科技有限公司六方共建"中国苹果现代化标准园"，创新推动农业产业现代化转型举措，帮助企业实现节省人工成本约70%，综合效益增加20倍。

山东农学会建立深层次科技服务乡村振兴合作平台，推广的"花生玉米带状复合种植技术"实现了传统农区的"吨粮田"向"万元田"转变。

潍坊"科创中国"甜辣椒产业服务团创新研究院与当地企业签订技术服务合同14项，推广的"中椒"系列甜辣椒新品种年推广面积上万亩，农户种植效益增加近千万元。

莒南县科协牵头成立"莒南县花生行业科技工作者之家联盟"，2022年助力莒南县花生行业实现营业收入115.3亿元，同比增长22.5%。

济南市章丘区树莓产业协会发挥科技顾问作用，不断提升科研技术水平，助推树莓产业健康发展，辐射带动全省发展树莓基地2760亩，1072名农户种植树莓增收致富，逐步发展成为山东省品种最多、规模最大的树莓种植基地。

聊城市茌平区科协邀请中国知名草莓种植博士尹淑萍带领团队种植草莓示范园140亩，草莓采摘期延长3—4个月，亩产达1万斤，亩均产值超过50万元，比普通玻璃温室产值高出4倍。在阳谷县科协的指导下，阳谷县蔬菜协会初步形成建基地、创品牌、带农户、促增收的新型农业经营辐射带动效应链，朝天椒种植面积已达2万余亩，发展会员600余名，带动周边种植户3000余户，总产值达1.6亿元，农民仅此一项人均增加收入5000余元。

(三) 经验启示

1. 政府主导与多方协同

山东省科协通过构建"政府主导、科协搭台、学会助力、企业受益、产业提升"的工作模式，推动会地合作，形成协同创新的组织架构，积极统筹和整合各方资源，为乡村产业发展提供全方位支持。同时，加强组织领导，建立多部门联合推进机制，定期调度有关进展情况，上下联动，协同推进。

2. 科技赋能与产业融合

山东省科协通过推动科技成果转化和应用，促进农业与旅游、文化、教育等产业的深度融合，实现一二三产业融合。科技赋能不仅是提升农业生产效率的关键，也是推动乡村产业融合发展的核心动力，通过科技手段，可以实现农业产业链的延伸和附加值的提升。

3. 平台建设与资源整合

平台建设是资源整合的重要手段，山东省科协通过链接"科创中国"服务平台、打造科技下乡志愿服务平台等，整合各方资源，推动科技服务与乡村需求的精准对接，可以有效整合科技、人才、资金等资源，确保科技服务的实效性和针对性，提升科技服务的效率和质量。

4. 创新驱动与可持续发展

山东省科协通过创新驱动，推动乡村产业的可持续发展。创新驱动是实现乡村产业可持续发展的关键，通过科技创新、科技成果转化和应用，可以提升乡村产业的竞争力和产品附加值，从而提高乡村产业的可持续发展能力。

第五章　科协助力乡村振兴的山东实践

四　激发乡村振兴人才活力

人才是乡村振兴的关键支撑和源头活水。2023 年 10 月，由中国科协主办的乡村人才振兴论坛在菏泽举办，让科协组织如何发挥人才优势更加有了明确方向。近年来山东省科协立足各级学会、高校科协、科技科普志愿服务组织、基层农技协等组织，加强基层农技人员、农村实用人才培育，吸引各类人才在乡村振兴中建功立业。

（一）主要举措

1. 积极培育乡土人才

山东省科协通过开展农业科技培训和人才培育项目，提升基层人才的专业技能，培养一批"留得住、用得上"的农村基层管理人才和科技致富带头人。定期面向基层开展乡村振兴科技人才、新型职业农民实用技术培训；积极培育、选拔长期扎根乡村生产一线、在农村创新创业、推广农业技术、带领农民增收致富等方面取得显著成绩的乡土人才；定期开展农技协优秀龙头协会及乡土人才评选；强化基层乡土人才对上宣传举荐等，这些举措为乡村发展培养了一批懂技术、会经营的乡土人才，为乡村振兴提供持续智力支持。

2. 助力引进高端人才

山东省科协通过积极对接国家级涉农学会，举办高端论坛、农业科技成果推介会等产学研活动；邀请院士专家现场指导；联合专家团队共建现代农业产业园；对接国家级专家服务站打造现代生态农业农场等举措吸引包括两院院士、泰山学者、农技推广人员等在内的专家人才投身乡村振兴。同时，组建智库专家团队，建立院士专家工作站、研发中心等，为乡村产业发展引进高端科技人才。

3. 服务乡村科技人才

制定科技工作者服务体系建设相关政策文件；打造"院士之家""科技工作者之家"等服务平台；围绕服务"2+N"人才集聚雁阵格局，指导全省科协组织邀请引入高层次专家来鲁开展学术交流、科研合作、技术指导、创新创业；制定省科协落实"筑峰计划"的27项精准举措；深入实施青年科技人才托举工程，2024年遴选托举134名人选，支持涉及农业领域的青年科技人才在"科研黄金期"潜心研究、深入探索；制定省科协关于加强青年科技人才服务工作的27项措施。开展"齐鲁最美科技工作者"学习宣传活动，选树一批服务乡村振兴的科技人才，让他们切实感受到科协组织的关心和温暖。

（二）主要成效

1. 提升乡村科技人才技能

日照东港区发挥蓝莓协会的扶持带动作用，面向种植大户、家庭农场经营者、返乡入乡创业人员等重点群体，积极实施"头雁"项目、科技特派员等本土人才培养工程，为蓝莓产业发展注入充足"原动力"，培育本土蓝莓人才46人，其中，省级"技术能手""土专家"21人；青岛市广泛吸纳农民专业合作社、供销合作社、涉农企业、家庭农场等各类主体加入农技协组织，每年举办青岛市农技协领办人培训班，提升农技协领办人业务能力。山东新泰青莲菊业等多个组织被泰安市农技协授予"龙头协会"称号，秦元柱等多人被评为泰安市农技协"乡土人才"称号；青岛西海岸新区1人获评中国农技协百强乡土人才；泰安市岱岳区科协培育高、中级农艺师60人，乡土实用专家500人，为乡村振兴提供了人才支撑。

2. 促进乡村产业人才队伍建设

济南市科协联手各级组织部门，发挥科协系统人才资源优势，建立市、区县、街镇三级科技顾问团队，成员既有高等院校科研院所专家、农业科技工作者、科研型企业负责人等高等技术人才，又有农技推广人才、农村实用人才、创新创业人员等实用人才，还有一线农业经营主体负责人、技术人员、社会组织科技人员等本土能人。目前，科技顾问人数超过1500人，具备覆盖全市所有涉农区县、街镇的能力。

菏泽市遴选28名院士专家（其中中国工程院院士2人）组建农业与乡村振兴智库专家团队，并纳入市政府高端智库。青岛西海岸新区科协以乡村科技小院为平台，引进专家团队87人；海青茶科技小院引进青岛农业大学胡建辉教授等专家为海青茶农提供全产业链服务；济南市章丘区科协引进科研院所及高校专家团队18支、驻站教授31人、博士22人、硕士37人，成为农业种植养殖的强大科学后盾。

东营市河口区汇聚中国科学院、中国农科院、山东省农科院等7家研究院所的16个专家团队入驻研究，与盖钧镒院士团队及 12 个博士研究团队长期密切合作。建成全市第 1 处镇级耐盐碱作物种质资源库等一批重大科技创新平台。

高密市集聚高层次人才，打造高水平的"科技志愿服务博士团"，成立山东省首家县域科技志愿服务博士团，截至 2024 年 10 月，已有 7 名农学博士成员分别与高密市益丰机械有限公司、山东菲达种业科技有限公司、高密市胶河社区瓜菜新品种实验基地、高密市刘莉家庭农场等进行深度合作。

3. 提高乡村科技人才积极性

通过全方位的精准服务，科技工作者多层次、多方面、多样化的需求得到满足，激发其创新创业热情；通过优机制、树典型，激发农业科技人才干事创业的上进心；通过设置关爱基金等各项关爱工作，增强农业科技人才的荣誉感、归属感、使命感，提升其参与乡村振兴的积极性。

（三）经验启示

1. 关注乡村人才的长期扎根与持续贡献

乡村人才振兴要重视基层人才的培养与选拔，通过系统的培训和激励机制，提升乡土人才的专业技能和管理能力，使其成为推动乡村发展的中坚力量；更要关注乡村人才的职业发展路径，为他们提供持续成长的空间和机会，鼓励他们在乡村长期扎根、发挥作用。同时要注重发挥行业协会和专业组织在乡土人才培育中的重要作用，他们能够通过资源整合和项目带动，提升人才的实践能力和创新

第五章　科协助力乡村振兴的山东实践

水平。

2. 注重乡村高端人才的落地与应用

通过整合不同领域、不同层次的人才资源，形成协同创新的合力，乡村振兴需要借助外部高端智力资源，通过产学研合作，推动科技成果转化为乡村产业发展的动力。高端人才的引进不仅要注重数量，更要注重其在乡村产业中的实际应用，确保人才资源能够转化为乡村发展的实际成果。

3. 优化乡村科技人才服务环境

良好的服务环境是吸引和留住人才的关键，人才服务不仅要关注工作条件，还要关注生活品质和精神文化需求，打造宜居宜业的乡村环境。需要从政策、生活、工作等方面入手，解决乡村科技人才的后顾之忧；同时，注重精神激励，通过表彰、宣传等方式，提升乡村科技人才的社会地位和职业认同感。

附　　录

一　习近平同志《论"三农"工作》
　　主要篇目介绍[①]

中共中央党史和文献研究院编辑的习近平同志《论"三农"工作》一书，收入习近平同志2012年12月至2022年4月期间关于"三农"工作的重要文稿61篇。现将这部专题文集的主要篇目介绍如下。

《坚持把解决好"三农"问题作为全党工作重中之重，举全党全社会之力推动乡村振兴》是2020年12月28日习近平同志在中央农村工作会议上的讲话。指出，党的十八大以来，我们坚持把解决好"三农"问题作为全党工作的重中之重，把脱贫攻坚作为全面建成小康社会的标志性工程，组织推进人类历史上规模空前、力度最大、惠及人口最多的脱贫攻坚战，启动实施乡村振兴战略，推动农业农村取得历史性成就、发生历史性变革。从中华民族伟大

[①]　《习近平同志〈论"三农"工作〉主要篇目介绍》，《人民日报》2022年6月7日第2版。

附　录

复兴战略全局看，民族要复兴，乡村必振兴。从世界百年未有之大变局看，稳住农业基本盘、守好"三农"基础是应变局、开新局的"压舱石"。构建新发展格局，把战略基点放在扩大内需上，农村有巨大空间，可以大有作为。我们要坚持用大历史观来看待农业、农村、农民问题，只有深刻理解了"三农"问题，才能更好理解我们这个党、这个国家、这个民族。必须看到，全面建设社会主义现代化国家，实现中华民族伟大复兴，最艰巨最繁重的任务依然在农村，最广泛最深厚的基础依然在农村。现在，我们的使命就是全面推进乡村振兴，这是"三农"工作重心的历史性转移。要牢牢把住粮食安全主动权，粮食生产年年要抓紧。全面实施乡村振兴战略的深度、广度、难度都不亚于脱贫攻坚，必须加强顶层设计，以更有力的举措、汇聚更强大的力量来推进。要加强党对"三农"工作的全面领导。各级党委要扛起政治责任，以更大力度推动乡村振兴。

《在河北省阜平县考察扶贫开发工作时的讲话》是2012年12月29日、30日习近平同志的讲话。指出，消除贫困、改善民生、实现共同富裕，是社会主义的本质要求。全面建成小康社会，最艰巨最繁重的任务在农村、特别是在贫困地区。没有农村的小康，特别是没有贫困地区的小康，就没有全面建成小康社会。深入推进扶贫开发，打好扶贫攻坚战，一是要坚定信心，二是要找对路子。做好扶贫开发工作，支持困难群众脱贫致富，帮助他们排忧解难，使发展成果更多更公平惠及人民，是我们党坚持全心全意为人民服务根本宗旨的重要体现，也是党和政府的重大职责。农村要发展，农民要致富，关键靠支部。要原原本本把政策落实好；要真真实实把情况摸清楚；要扎扎实实把支部建设好；要切切实实把团结搞扎实。各级领导干部，特别是贫困问题较突出地区的各级党政主要负责同志，要认真履行领导职责，集中连片特殊困难地区领导同志的工作要重点放在扶贫开发上。"三农"工作是重中之重，革命老区、民族地区、边疆地区、贫困地区在"三农"工作中要把扶贫开发作为重中之重，这样才有重点。

《推动新型工业化、信息化、城镇化、农业现代化同步发展》是2013年9月至2021年8月习近平同志讲话中有关内容的节录。指出，推动新型工业化、信息化、城镇化、农业现代化同步发展，是事关现代化建设全局的重大战略课题。要着眼于加快农业现代化步伐，在稳定粮食和重要农产品产量、保障国家粮食安全和重要农产品有效供给的同时，加快转变农业发展方式，加快农业技术创新步伐，走出一条集约、高效、安全、持续的现代农业发展道路。我们全面建设社会主义现代化国家，既要建设繁华的城市，也要建设繁荣的农村，推动形成工农互促、城乡互补、协调发展、共同繁荣的新型工农城乡关系。这只有在中国共产党领导和我国社会主义制度下才能实现。

《农业农村工作，增加农民收入是关键》是2013年11月至2021年8月习近平同志讲话中有关内容的节录。指出，检验农村工作成效的一个重要尺度，就是看农民的钱袋子鼓起来没有。要通过发展现代农业、提升农村经济、增强农民工务工技能、强化农业支持政策、拓展基本公共服务、提高农民进入市场的组织化程度，多途径增加农民收入。要全面推进乡村振兴,加快农业产业化,盘活农村资产,增加农民财产性收入,使更多农村居民勤劳致富。

《走中国特色农业现代化道路要以重大问题为导向》是2013年11月28日习近平同志在山东考察工作结束时讲话的一部分。指出,解决好"三农"问题是全党工作重中之重,必须长期坚持,什么时候都不能动摇。确保国家粮食安全和主要农产品有效供给,是发展农业的首要任务。农业的根本出路在于现代化,不断提高农业综合生产能力。我国国情决定了发展现代农业必须走中国特色农业现代化道路。这是一件根本性的大事。要有强烈的问题意识,以重大问题为导向,进行深入研究和实践。要以解决好地怎么种为导向,加快构建新型农业经营体系;以缓解地少水缺的资源环境约束为导向,深入推进农业发展方式转变;以满足吃得好吃得安全为导向,大力发展优质安全农产品。

《实施国家粮食安全战略,把饭碗牢牢端在自己手上》是2013年12月10日习近平同志在中央经济工作会议上讲话的一部分。指出,我国是人口众多的大国,解决好吃饭问题,始终是治国理政的头等大事。必须实施以我为主、立足国内、确保产能、适度进口、科技支撑的国家粮食安全战略。要依靠自己保口粮,集中国内资源保重点,做到谷物基本自给、口粮绝对安全,把饭碗牢牢端在自己手上。要坚持数量质量并重,在保障数量供给的同时,更加注重农产品质量和食品安全,注重生产源头治理和产销全程监管,让人民吃得饱、吃得好、吃得放心。

《推进农业转移人口市民化》是2013年12月12日

习近平同志在中央城镇化工作会议上讲话的一部分。指出，解决好人的问题是推进新型城镇化的关键，城镇化最基本的趋势是农村富余劳动力和农村人口向城镇转移。从目前我国城镇化发展要求来看，主要任务是解决已经转移到城镇就业的农业转移人口落户问题。人要在城市落得住，关键是要根据城市资源禀赋，培育发展各具特色的城市产业体系，强化城市间专业化分工协作，增强中小城市产业承接能力，特别是要着力提高服务业比重，增强城市创新能力，营造良好就业和生活环境。要按照党的十八届三中全会精神，全面放开建制镇和小城市落户限制，有序放开中等城市落户限制，合理确定大城市落户条件，严格控制特大城市人口规模。推进农业转移人口市民化，要坚持自愿、分类、有序。现代化的本质是人的现代化，真正使农民变为市民并不断提高素质，需要长期努力，不可能一蹴而就。在人口城镇化问题上，我们要有足够的历史耐心。

《耕地红线一定要守住》是2013年12月12日习近平同志在中央城镇化工作会议上讲话的一部分。指出，要处理好工业化、城镇化和农业现代化的关系。工业化、城镇化需要土地，农业现代化要保证土地数量和质量。要结合实际，减少工业用地，适当增加生活用地特别是居住用地，切实保护耕地、园地、菜地等农业空间，划定生态红线。土地制度改革牵一发而动全身，要按照守住底线、试点先行的原则稳步推进。土地公有制性质不能变，耕地红线不能动，农民利益不能损，在此基础上可以有序进行探索。

附　　录

《为老百姓留住鸟语花香田园风光》是 2013 年 12 月至 2021 年 8 月习近平同志文稿中有关内容的节录。指出，乡村文明是中华民族文明史的主体，村庄是这种文明的载体，耕读文明是我们的软实力。城乡一体化发展，完全可以保留村庄原始风貌，慎砍树、不填湖、少拆房，尽可能在原有村庄形态上改善居民生活条件。农村环境直接影响米袋子、菜篮子、水缸子、城镇后花园。要打好农业农村污染治理攻坚战，深入开展农村人居环境整治，重点做好垃圾污水治理、厕所革命、村容村貌提升，因地制宜、实事求是，把社会主义新农村建设得更加美丽宜居，留得住青山绿水，记得住乡愁。

《在中央农村工作会议上的讲话》是 2013 年 12 月 23 日习近平同志的讲话。指出，中国要强，农业必须强；中国要美，农村必须美；中国要富，农民必须富。农业基础稳固，农村和谐稳定，农民安居乐业，整个大局就有保障，各项工作都会比较主动。坚持工业反哺农业、城市支持农村和多予少取放活方针，不断加大强农惠农富农政策力度，始终把"三农"工作牢牢抓住、紧紧抓好。抓农业农村工作，首先要抓好粮食生产。农村基本经营制度是党的农村政策的基石。坚持党的农村政策，首要的就是坚持农村基本经营制度。要坚持农村土地农民集体所有，坚持家庭经营基础性地位，坚持稳定土地承包关系。要把农产品质量安全作为转变农业发展方式、加快现代农业建设的关键环节，坚持源头治理、标本兼治，用最严谨的标准、最严格的监管、最严厉的处罚、最严肃的问责，确保广大人民群众"舌尖上的安全"。"谁来种地"，核心是要解决好人的问题，通过富裕农民、提高农民、扶持农民，让农业经营有效益，让农业成为有奔头的产业，让农民成为体面的职业，让农村成为安居乐业的美丽家园。加强和创新农村社会管理，要以保障和改善农村民生为优先方向，树立系统治理、依法治理、综合治理、源头治理理念，确保广大农民安居乐业、农村社会安定有序。

《让乡亲们过好光景是我们党始终不渝的初心使命》是 2014 年 4 月至 2021 年 9 月习近平同志文稿中有关内容的节录。指出，中国共产党之所以赢得人民群众拥护和支持，就因为我们党始终坚守为中国人民谋幸福、为中华民族谋复兴的初心和使命。人民就是江山，共产党打江山、守江山，守的是人民的心，为的是让人民过上好日子。任何时候都不能忽视农业、忘记农民、淡漠农村。要一代接着一代干，既要加快脱贫致富，又要推动乡村全面振兴、走向现代化。

《藏粮于地，藏粮于技》是 2014 年 5 月至 2022 年 4 月期间习近平同志文稿中有关内容的节录。指出，粮食生产根本在耕地，命脉在水利，出路在科技，动力在政策，这些关键点要一个一个抓落实、抓到位。要牢牢守住耕地红线，压实责任，出现问题要及时问责、终身问责。在保护好耕地特别是基本农田的基础上，大规模开展高标准农田建设，加大对农田水利、农机作业配套设施等建设支持力度，提高农业物质技术装备水平。要坚持农业科技自立自强，从培育好种子做起，加强良种技术攻关，靠中国种子来保障中国粮食安全。要研究和完善粮食安全政策，把产能建设作为根本，实现藏粮于地、藏粮于技。

附　录

《深化农村土地制度改革，既要解决好农业问题也要解决好农民问题》是 2014 年 9 月 29 日习近平同志在中央全面深化改革领导小组第五次会议上讲话要点的一部分。指出，现阶段深化农村土地制度改革，要更多考虑推进中国农业现代化问题，既要解决好农业问题，也要解决好农民问题，走出一条中国特色农业现代化道路。要在坚持农村土地集体所有的前提下，促使承包权和经营权分离，形成所有权、承包权、经营权三权分置、经营权流转的格局。要尊重农民意愿，坚持依法自愿有偿流转土地经营权。要让农民成为土地适度规模经营的积极参与者和真正受益者。

《加快转变农业发展方式》是 2014 年 12 月 9 日习近平同志在中央经济工作会议上讲话的一部分。指出，价格"天花板"、成本"地板"挤压和补贴"黄线"、资源环境"红灯"约束，很可能是今后一个时期农业发展面临的重要瓶颈。出路只有一个，就是坚定不移加快转变农业发展方式，走产出高效、产品安全、资源节约、环境友好的现代农业发展道路。农业结构往哪个方向调？市场需求是导航灯，资源禀赋是定位器。要根据市场供求变化和区域比较优势，向市场紧缺产品调，向优质特色产品调，向种养加销全产业链调，拓展农业多功能和增值增效空间。转变农业发展方式，绝不意味着放松粮食生产，绝不能削弱农业综合生产能力。

《做焦裕禄式的县委书记》是 2015 年 1 月 12 日习近平同志在中央党校县委书记研修班学员座谈会上的讲话。指出，在我们党的组织结构和国家政权结构中，县一级处在承上启下的关键环节，是发展经济、保障民生、维护稳定、促进国家长治久安的重要基础。县委是我们党执政兴国的"一线指挥部"，县委书记就是"一线总指挥"。焦裕禄同志为县委书记树立了榜样。当好县委书记，必须始终做到心中有党、心中有民、心中有责、心中有戒。

《努力形成城乡发展一体化新格局》是 2015 年 4 月 30 日习近平同志主持中共十八届中央政治局第二十二次集体学习时讲话的要点。指出，推进城乡发展一体化，是工业化、城镇化、农业现代化发展到一定阶段的必然要求，是国家现代化的重要标志。要坚持从国情出发，把工业和农业、城市和乡村作为一个整体统筹谋划，促进城乡在规划布局、要素配置、产业发展、公共服务、生态保护等方面相互融合和共同发展。

《在中央扶贫开发工作会议上的讲话》是 2015 年 11 月 27 日习近平同志的讲话。指出，脱贫攻坚已经到了啃硬骨头、攻坚拔寨的冲刺阶段，必须以更大的决心、更明确的思路、更精准的举措、超常规的力度，众志成城实现脱贫攻坚目标。要坚持精准扶贫、精准脱贫，重在提高脱贫攻坚成效，解决好"扶持谁""谁来扶""怎么扶""如何退"的问题。要立下愚公移山志，咬定目标、苦干实干，坚决打赢脱贫攻坚战，确保到 2020 年所有贫困地区和贫困人口一道迈入全面小康社会。

《在农村改革座谈会上的讲话》是 2016 年 4 月 25 日习近平同志的讲话。指出，解决农业农村发展面临的各种矛盾和问题，根本要靠深化改革。新形势下深化农村改革，主线仍然是处理好农民和土地的关系。最大的政策就是必须坚持和完善农村基本经营制度,决不能动摇。建立土地承包经营权登记制度,是实现土地承包关系稳定的保证,要把这项工作抓紧抓实,真正让农民吃上"定心丸"。要着力推进农村集体资产确权到户和股份合作制改革,加快构建新型农业经营体系,推进供销合作社综合改革,健全农业支持保护制度,促进农业转移人口有序实现市民化,健全城乡发展一体化体制机制。加快农村发展,要紧紧扭住发展现代农业、增加农民收入、建设社会主义新农村三大任务。党管农村工作是我们的传统,这个传统不能丢。

《深入推进农业供给侧结构性改革》是 2016 年 12 月 14 日习近平同志在中央经济工作会议上讲话的一部分。指出,深入推进农业供给侧结构性改革,是供给侧结构性改革的重要一环。要适应农业由总量不足转变为结构性矛盾的阶段性变化,创新体制机制,推进科技进步,优化农业产业体系、生产体系、经营体系,加快实现农业向提质增效、可持续发展转变。要把增加绿色优质农产品供给放在突出位置,优化农业供给政策,积极稳妥改革粮食等重要农产品价格形成机制和收储制度,深化农村产权制度改革,开展清产核资,明晰农村集体产权归属,赋予农民更加充分的财产权利。

《实施乡村振兴战略》是 2017 年 10 月 18 日习近平同志在中国共产党第十九次全国代表大会上报告的一部分。指出,要坚持农业农村优先发展,按照产业兴旺、生态宜居、乡风文明、治理有效、生活富裕的总要求,建立健全城乡融合发展体制机制和政策体系,加快推进农业农村现代化。要保持土地承包关系稳定并长久不变,第二轮土地承包到期后再延长三十年。要加强农村基层基础工作，健全自治、法治、德治相结合的乡村治理体系。

《提高农村基层组织建设质量，健全乡村治理体系》是 2017 年 12 月至 2022 年 3 月习近平同志讲话中有关内容的节录。指出，农村基层党组织是农村各个组织和各项工作的领导核心，要强化农村基层党组织职能，把农村基层党组织建设成为宣传党的主张、贯彻党的决定、领导基层治理、团结动员群众、推动改革发展的坚强战斗堡垒，为乡村全面振兴提供坚强政治和组织保证。要结合新的形势推广"枫桥经验"，重视农民思想道德教育，重视法治建设，健全乡村治理体系，深化村民自治实践，有效发挥村规民约、家教家风作用，培育文明乡风、良好家风、淳朴民风，推动乡村经济、乡村法治、乡村文化、乡村治理、乡村生态、乡村党建全面强起来。

《书写好中华民族伟大复兴的"三农"新篇章》是 2017 年 12 月 28 日习近平同志在中央农村工作会议上讲话的一部分。指出，实施乡村振兴战略是党中央从党和国家事业全局出发、着眼于实现"两个一百年"奋斗目标、顺应亿万农民对美好生活的向往作出的重大决策。实施乡村振兴战略是有基础和条件的，是从解决我国社会主要矛盾出发的，是有鲜明目标导向的，是党的使命决定的，也是为全球解决乡村问题贡献中国智慧和中国方案。

《走中国特色社会主义乡村振兴道路》是 2017 年 12 月 28 日习近平同志在中央农村工作会议上讲话的一部分。指出，实施乡村振兴战略，要按照产业兴旺、生态宜居、乡风文明、治理有效、生活富裕的总要求，重塑城乡关系，走城乡融合发展之路；巩固和完善农村基本经营制度，走共同富裕之路；深化农业供给侧结构性改革，走质量兴农之路；坚持人与自然和谐共生，走乡村绿色发展之路；传承发展提升农耕文明，走乡村文化兴盛之路；创新乡村治理体系，走乡村善治之路；打好精准脱贫攻坚战，走中国特色减贫之路。

《加强和改善党对"三农"工作的领导》是2017年12月28日习近平同志在中央农村工作会议上讲话的一部分。指出，办好农村的事情，实现乡村振兴，关键在党。必须提高党把方向、谋大局、定政策、促改革的能力和定力，确保党始终总揽全局、协调各方，提高新时代党全面领导农村工作能力和水平。要健全党委全面统一领导、政府负责、党委农村工作部门统筹协调的农村工作领导体制。要深化农村改革，让农村资源要素活化起来，让广大农民积极性和创造性迸发出来，让全社会支农助农兴农力量汇聚起来。要健全投入保障制度，加快形成财政优先保障、金融重点倾斜、社会积极参与的多元投入格局。要科学规划、注重质量、从容建设，增强规划的前瞻性、约束性、指导性、操作性。

《推动乡村产业振兴、人才振兴、文化振兴、生态振兴、组织振兴》是2018年3月8日习近平同志在参加十三届全国人大一次会议山东代表团审议时讲话要点的一部分。指出，实施乡村振兴战略要统筹谋划，科学推进。要推动乡村产业振兴，实现产业兴旺，推动乡村生活富裕；推动乡村人才振兴，强化乡村振兴人才支撑，打造一支强大的乡村振兴人才队伍；推动乡村文化振兴，提高乡村社会文明程度，焕发乡村文明新气象；推动乡村生态振兴，坚持绿色发展，让良好生态成为乡村振兴支撑点；推动乡村组织振兴，建立健全现代乡村社会治理体制，确保乡村社会充满活力、安定有序。

《把乡村振兴战略这篇大文章做好》是2018年9月21日习近平同志主持中共十九届中央政治局第八次集体学习时讲话的主要部分。指出，没有农业农村现代化，就没有整个国家现代化。实施乡村振兴战略是关系全面建设社会主义现代化国家的全局性、历史性任务。要坚持农业现代化和农村现代化一体设计、一并推进，实现农业大国向农业强国跨越。实施乡村振兴战略，首先要按规律办事。各级党委和党组织必须加强领导，汇聚起全党上下、社会各方的强大力量，把好乡村振兴战略的政治方向，处理好长期目标和短期目标、顶层设计和基层探索、充分发挥市场决定性作用和更好发挥政府作用、增强群众获得感和适应发展阶段的关系，促进农业全面升级、农村全面进步、农民全面发展。

《坚决守住防止规模性返贫底线，接续推进全面脱贫与乡村振兴有效衔接》是2019年3月至2022年1月习近平同志文稿中有关内容的节录。指出，要健全完善防止返贫监测和帮扶制度机制，落实"四个不摘"要求，接续推进全面脱贫与乡村振兴有效衔接，着重增强内生发展动力和发展活力。加快完善低保、医保、医疗救助等相关扶持和保障措施，用制度体系保障贫困群众真脱贫、稳脱贫。发展扶贫产业，要延伸产业链条，提高抗风险能力，建立更加稳定的利益联结机制，确保贫困群众持续稳定增收。要做好易地扶贫搬迁后续帮扶，让易地搬迁的群众留得住、能就业、有收入，日子越过越好。

《越是面对风险挑战，越要稳住农业，越要确保粮食和重要副食品安全》是2020年2月24日习近平同志对全国春季农业生产工作作出的指示。指出，各级党委要把"三农"工作摆到重中之重的位置，统筹抓好决胜全面建成小康社会、决战脱贫攻坚的重点任务，把农业基础打得更牢，把"三农"领域短板补得更实，为打赢疫情防控阻击战、实现全年经济社会发展目标任务提供有力支撑。

《实现农业农村现代化是全面建设社会主义现代化国家的重大任务》是2020年10月29日习近平同志在中共十九届五中全会第二次全体会议上讲话的一部分。指出，城乡经济循环是国内大循环的重要方面，也是确保国内国际两个循环比例关系健康的关键因素。实现农业农村现代化是全面建设社会主义现代化国家的重大任务，是解决发展不平衡不充分问题的必然要求。保障粮食等重要农产品供给安全，是"三农"工作头等大事。要坚持推动农业供给侧结构性改革，确保谷物基本自给、口粮绝对安全，确保中国人的饭碗牢牢端在自己手中。

《保障粮食安全，要害是种子和耕地》是2020年12月16日习近平同志在中央经济工作会议上讲话的一部分。指出，保障粮食安全，关键在于落实藏粮于地、藏粮于技战略，要害是种子和耕地。要把种源安全提升到关系国家安全的战略高度，加强种质资源保护和利用，加强种子库建设。要有序推进生物育种产业化应用。要开展种源"卡脖子"技术攻关。要牢牢守住十八亿亩耕地红线，坚决遏制耕地"非农化"、防止"非粮化"。要规范耕地占补平衡，建设国家粮食安全产业带，加强高标准农田建设，加强农田水利建设，实施国家黑土地保护工程，加强农业面源污染治理。

《在全国脱贫攻坚总结表彰大会上的讲话》是2021年2月25日习近平同志的讲话。讲话庄严宣告我国脱贫攻坚战取得了全面胜利，区域性整体贫困得到解决，完成了消除绝对贫困的艰巨任务，创造了又一个彪炳史册的人间奇迹。讲话充分肯定脱贫攻坚的伟大成绩，深刻总结脱贫攻坚的光辉历程和宝贵经验，深刻阐述了脱贫攻坚伟大斗争锻造形成的"上下同心、尽锐出战、精准务实、开拓创新、攻坚克难、不负人民"的脱贫攻坚精神。指出，脱贫摘帽不是终点，而是新生活、新奋斗的起点。要切实做好巩固拓展脱贫攻坚成果同乡村振兴有效衔接各项工作，让脱贫基础更加稳固、成效更可持续。强调，乡村振兴是实现中华民族伟大复兴的一项重大任务。要以更有力的举措、汇聚更强大的力量，加快农业农村现代化步伐，促进农业高质高效、乡村宜居宜业、农民富裕富足。

《着眼国家战略需要，稳住农业基本盘》是2021年12月习近平同志在中共十九届中央政治局常委会会议专题研究"三农"工作时讲话的要点。强调，应对各种风险挑战，必须着眼国家战略需要，稳住农业基本盘、做好"三农"工作，措施要硬，执行力要强，确保稳产保供，确保农业农村稳定发展。

《粮食安全是"国之大者"》是2022年3月6日习近平同志在参加全国政协十三届五次会议农业界、社会福利和社会保障界委员联组会时讲话的一部分。指出，粮食安全是"国之大者"。悠悠万事，吃饭为大。我国之所以能够实现社会稳定、人心安定，一个很重要的原因就是我们手中有粮，心中不慌。实施乡村振兴战略，必须把确保重要农产品特别是粮食供给作为首要任务，把提高农业综合生产能力放在更加突出的位置，把"藏粮于地、藏粮于技"真正落实到位。要未雨绸缪，始终绷紧粮食安全这根弦，始终坚持以我为主、立足国内、确保产能、适度进口、科技支撑。

二 《乡村全面振兴规划（2024—2027年）》摘编

（一）全文概览

为有力有效推进乡村全面振兴，2025年1月，中共中央、国务院制定了《乡村全面振兴规划（2024—2027年）》，并要求各地区各部门结合实际认真贯彻落实。该规划以习近平新时代中国特色社会主义思想为指导，深入贯彻党的二十大和党的二十届二中、三中全会精神，认真贯彻落实习近平总书记关于"三农"工作的重要论述，对实施乡村振兴战略作出新一轮的阶段性部署。其具体内容可归纳为三个要点：一是阐明规划制定的缘由；二是明确"到2027年，乡村全面振兴取得实质性进展，农业农村现代化迈上新台阶；到2035年，乡村全面振兴取得决定性进展，农业现代化基本实现，农村基本具备现代生活条件"两个具体目标；三是从产业升级、人才培育、文化繁荣、生态保护、组织建设等九个关键领域，全方位、深层次地部署重点任务。

（二）内容摘要

1. 总体要求

指导思想：以习近平新时代中国特色社会主义思想为指导，贯彻党的二十大精神，落实习近平总书记关于"三农"工作的重要论述，全面贯彻新发展理念，推动高质量发展。

工作原则：坚持党对"三农"工作的全面领导，坚持农业农村优先发展，坚持城乡融合发展，坚持农民主体地位，坚持因地制宜、分类施策，坚持人与自然和谐共生，坚持深化改革创新，坚持循序渐进、久久为功。

工作目标：确保国家粮食安全，提升乡村产业发展、建设、治理水平，强化科技和改革双轮驱动，促进农民增收。到2027年，乡村全面振兴取得实质性进展，农业农村现代化迈上新台阶；到2035年，乡村全面振兴取得决定性进展，农业现代化基本实现，农村基本具备现代生活条件。

2. 优化城乡发展格局，分类有序推进乡村全面振兴

城乡发展布局：优化农业、生态和城镇空间，严守耕地和生态保护红线，科学编制实施国土空间总体规划。

城乡融合发展：实施农业转移人口市民化行动，推动城镇基本公共服务覆盖全部常住人口，保障进城落户农民土地权益。

分类推进：细化村庄分类标准，科学确定发展目标，

附　录

分类推进不同类型村庄的振兴。

脱贫地区振兴：保持帮扶政策稳定，防止返贫，加快补齐基础设施短板，推进产业高质量发展。

3. 加快现代农业建设，全方位夯实粮食安全根基

粮食供给保障：确保粮食播种面积稳定，实施粮食产能提升行动，发展多元化食物供给体系。

农业基础设施建设：加大高标准农田建设，实施黑土地保护工程，发展现代设施农业。

科技和装备支撑：优化科技创新体系，加强原创性研究，实施农机装备补短板行动。

粮食生产支持：健全种粮农民收益保障机制，完善粮食生产补贴，落实最低收购价政策。

4. 推动乡村产业高质量发展，促进农民收入增长

现代乡村产业体系：培育现代乡村产业，发展种养业、加工流通业、休闲旅游业、乡村服务业。

农村一二三产业融合：实施农产品加工业提升行动，完善流通骨干网络，发展农事体验等新业态。

农民增收举措：落实稳岗就业政策，加强技能培训，完善产业链利益联结机制。

农村消费促进：推进县域商业体系建设，加大面向农村的产品创新和营销力度。

5. 大力培养乡村人才，吸引各类人才投身乡村全面振兴

壮大人才队伍：实施高素质农民培育计划，加强青年农民和新型农业经营主体培训。

完善培养体系：健全涉农高等教育体系，优化职业教

育，统筹各类培训资源。

保障机制：建立人才定期服务乡村制度，支持各类人才投身乡村，健全人才评价体系。

6. 繁荣乡村文化，培育新时代文明乡风

提升乡村精神风貌：组织学习习近平新时代中国特色社会主义思想，加强民族团结进步宣传教育。

重塑乡村文化生态：优化文化服务供给，开展群众性文化体育活动，推进乡村文化志愿服务。

增强乡村文化影响力：弘扬中华优秀传统文化，加强传统村落保护，实施传统工艺振兴工程。

7. 深入推进乡村生态文明建设，加快发展方式绿色转型

农业绿色低碳发展：推广绿色生产技术，强化农业面源污染防治，推进农业减排固碳。

改善生态环境：推进耕地草原森林河湖休养生息，实施生态系统保护和修复重大工程。

生态产品价值实现：落实自然资源资产权益，健全生态产品总值核算，完善碳排放权交易机制。

8. 建设宜居宜业和美乡村，增进农民福祉

基础设施提档升级：提高路网通达水平，强化供水安全保障，优化能源供给。

人居环境改善：实施乡村建设行动，推进农村厕所革命，提高生活垃圾治理水平。

基本公共服务提升：提高农村教育质量，推进健康乡村建设，完善基础民生保障。

社区服务设施完善：统筹规划农村社区服务设施建

设，提升服务设施效能。

9. 深化农业农村改革，激发农村发展活力

农村基本经营制度：有序推进土地承包到期延长试点，发展农业适度规模经营。

土地制度改革：加快宅基地确权登记颁证，有序推进农村集体经营性建设用地入市改革。

投入保障机制：发挥财政支持作用，完善金融服务，发展农村数字普惠金融。

10. 加强农村基层组织建设，推进乡村治理现代化

抓党建促振兴：增强农村基层党组织功能，选优配强乡镇领导班子，加强党风廉政建设。

党建引领治理：健全县乡村三级治理体系，加强县级统筹协调，推动乡镇扩权赋能。

维护和谐稳定：健全基层服务体系，提升应急管理能力，加强农村宗教活动管理。

11. 加强组织实施

组织领导：坚持党中央集中统一领导，建立乡村振兴工作机制，全面落实责任制。

监测评估：加强统计监测，适时开展规划实施评估，建立工作联系点。

法律法规完善：加快涉农法律法规制定修订，完善乡村振兴法律规范体系。

宣传引导：加强宣传和舆论引导，激发全社会参与乡村振兴的积极性，营造良好社会氛围。

三 《中共中央　国务院关于进一步深化农村改革　扎实推进乡村全面振兴的意见》摘编

（一）全文概览

为有力有效推进乡村全面振兴，2025年1月，中共中央、国务院制定了《乡村全面振兴规划（2024—2027年）》，并要求各地区各部门结合实际认真贯彻落实。该规划以习近平新时代中国特色社会主义思想为指导，深入贯彻党的二十大和二十届二中、三中全会精神，认真贯彻落实习近平总书记关于"三农"工作的重要论述，对实施乡村振兴战略作出新一轮的阶段性部署。其具体内容可归纳为三个要点：一是阐明规划制定的缘由；二是明确"到2027年，乡村全面振兴取得实质性进展，农业农村现代化迈上新台阶；到2035年，乡村全面振兴取得决定性进展，农业现代化基本实现，农村基本具备现代生活条件"两个具体目标；三是从产业升级、人才培育、文化繁荣、生态保护、组织建设等九个关键领域，全方位、深层次地部署重点任务。

（二）内容摘要

1. 持续增强粮食等重要农产品供给保障能力

文件提出要深入推进粮油作物大面积单产提升行动，稳定粮食播种面积，主攻单产和品质提升。同时，扶持畜牧业稳定发展，强化耕地保护和质量提升，推进农业科技

附　　录

力量协同攻关，加强农业防灾减灾能力建设，健全粮食生产支持政策体系，完善农产品贸易与生产协调机制，构建多元化食物供给体系，以及健全粮食和食物节约长效机制。

2. 持续巩固拓展脱贫攻坚成果

文件强调要守牢不发生规模性返贫致贫底线，建立防止返贫致贫监测帮扶"双线预警"机制，健全脱贫攻坚国家投入形成资产的长效管理机制。

3. 着力壮大县域富民产业

文件提出要发展乡村特色产业，完善联农带农机制，以及拓宽农民增收渠道。

4. 着力推进乡村建设

文件强调要统筹县域城乡规划布局，推动基础设施向农村延伸，提高农村基本公共服务水平，以及加强农村生态环境治理。

5. 着力健全乡村治理体系

文件提出要加强农村基层党组织建设，持续整治形式主义为基层减负，加强文明乡风建设，推进农村移风易俗，以及维护农村稳定安宁。

6. 着力健全要素保障和优化配置体制机制

文件强调要稳定和完善农村土地承包关系，管好用好农村资源资产，创新乡村振兴投融资机制，完善乡村人才培育和发展机制，统筹推进林业、农垦和供销社等改革，以及健全农业转移人口市民化机制。

参考文献

习近平：《发展新质生产力是推动高质量发展的内在要求和重要着力点》，《求是》2024年第11期。

习近平：《高举中国特色社会主义伟大旗帜　为全面建设社会主义现代化国家而团结奋斗——在中国共产党第二十次全国代表大会上的报告》，人民出版社2022年版。

习近平：《习近平谈治国理政》第四卷，外文出版社2022年版。

习近平：《论"三农工作"》，中央文献出版社2022年版。

习近平：《习近平谈治国理政》第三卷，外文出版社2020年版。

习近平：《决胜全面建成小康社会　夺取新时代中国特色社会主义伟大胜利——在中国共产党第十九次全国代表大会上的报告》，人民出版社2017年版。

习近平：《为建设世界科技强国而奋斗——在全国科技创新大会、两院院士大会、中国科协第九次全国代表大会上的讲话》，《人民日报》2016年6月1日第2版。

《习近平主持召开新时代推动东北全面振兴座谈会强调　牢牢把握东北的重要使命　奋力谱写东北全面振兴新篇

章》,《人民日报》2023年9月10日第1版。

中共中央党史和文献研究院编:《习近平关于"三农"工作论述摘编》,中央文献出版社2009年版。

《中共中央关于进一步全面深化改革 推进中国式现代化的决定》,人民出版社2024年版。

《中央经济工作会议在北京召开》,《人民日报》2023年12月23日第1版。

《中央农村工作会议在京召开 习近平对"三农"工作作出重要指示》,《人民日报》2023年12月21日第1版。

《中共中央 国务院关于全面推进乡村振兴加快农业农村现代化的意见》,《人民日报》2021年2月22日第1版。

《中共中央 国务院关于实施乡村振兴战略的意见》,《人民日报》2018年2月5日第1版。

曹立、石以涛:《乡村文化振兴内涵及其价值探析》,《南京农业大学学报》(社会科学版)2021年第6期。

曹立、徐晓婧:《乡村生态振兴:理论逻辑、现实困境与发展路径》,《行政管理改革》2022年第11期。

陈帅:《基于农耕文化与经济的协同对实现乡村文化发展的影响》,《农业经济》2024年第2期。

陈锡文主编:《走中国特色社会主义乡村振兴道路》,中国社会科学出版社2019年版。

陈锡文:《乡村振兴应重在功能》,载张孝德主编《乡村振兴专家深度解读》,东方出版社2021年版。

邓玲、王芳:《乡村振兴背景下农村生态的现代化转型》,《甘肃社会科学》2019年第3期。

冯兴元、鲍曙光、孙同全:《社会资本参与乡村振兴和农业农村现代化——基于扩展的威廉姆森经济治理分析框架》,《财经问题研究》2022年第1期。

高鸣、魏佳朔、宋洪远:《新型农村集体经济创新发展的战略构想与政策优化》,《改革》2021年第9期。

高晓琴:《乡村文化的双重逻辑与振兴路径》,《南京农业大学学报》(社会科学版)2020年第6期。

顾海燕:《乡村文化振兴的内生动力与外在激活力——日常生活方式的文化治理视角》,《云南民族大学学报》(哲学社会科学版)2020年第1期。

郭远智、刘彦随:《中国乡村发展进程与乡村振兴路径》,《地理学报》2021年第6期。

胡惠林:《乡村文化治理能力建设:从传统乡村走向现代中国乡村——三论乡村振兴中的治理文明变革》,《山东大学学报》(哲学社会科学版)2023年第1期。

黄承伟:《问策中国乡村全面振兴》,广西人民出版社2024年版。

黄锐:《培育和发展农业新质生产力》,《经济日报》2024年9月3日第10版。

姬旭辉:《推动乡村产业高质量发展》,《光明日报》2024年2月1日第5版。

《坚持以新时代中国特色社会主义外交思想为指导　努力开创中国特色大国外交新局面》,《光明日报》2018年6月24日第1版。

江维国、伍科:《农村集体经济促进农民共同富裕的实践理路——基于重庆市何家岩村"共富乡村"建设经验》,《农村经济》2024年第10期。

参考文献

金媛媛、王淑芳：《乡村振兴战略背景下生态旅游产业与健康产业的融合发展研究》，《生态经济》2020年第1期。

雷明、于莎莎：《乡村振兴的多重路径选择——基于产业、人才、文化、生态、组织的分析》，《广西社会科学》2022年第9期。

雷鹏、周立：《农村新产业、新业态、新模式发展研究——基于福建安溪茶庄园产业融合调查》，《福建论坛》（人文社会科学版）2020年第4期。

李博：《乡村振兴中的人才振兴及其推进路径——基于不同人才与乡村振兴之间的内在逻辑》，《云南社会科学》2020年第4期。

李繁荣：《中国乡村振兴与乡村功能优化转型》，《地理科学》2021年第12期。

李怀瑞、邓国胜：《社会力量参与乡村振兴的新内源发展路径研究——基于四个个案的比较》，《中国行政管理》2021年第5期。

李俏、贾春帅：《合作社带动农村产业融合的政策、动力与实现机制》，《西北农林科技大学学报》（社会科学版）2020年第1期。

李森：《正确认识中国科协的功能定位》，《科协论坛》2014年第3期。

李森：《中国科协的组织建设》，科学出版社2015年版。

李唐、张军成：《乡村振兴背景下优秀乡土文化培育的时代价值及实践路径》，《西南林业大学学报》（社会科学版）2024年第6期。

《两院院士大会中国科协第十次全国代表大会在京召开》，《人民日报》2021年5月29日第1版。

林万龙、董心意：《新质生产力引领农业强国建设的若干思考》，《南京农业大学学报》（社会科学版）2024年第3期。

刘儒、郭提超、辛建岐：《新型数字基建促进乡村产业振兴的理论逻辑与实践指向》，《财经科学》2024年第11期。

罗建章、周立：《强人强村：选优配强促进强村富民的实践逻辑——来自浙江"千万工程"乡村人才队伍建设的案例分析》，《中国农村经济》2024年第6期。

倪咸林、汪家焰：《"新乡贤治村"：乡村社区治理创新的路径选择与优化策略》，《南京社会科学》2021年第5期。

曲延春：《从"二元"到"一体"：乡村振兴战略下城乡融合发展路径研究》，《理论学刊》2020年第1期。

《全民科学素质行动规划纲要（2021—2035年）》，《人民日报》2021年6月26日第1版。

沈费伟：《传统乡村文化重构：实现乡村文化振兴的路径选择》，《人文杂志》2020年第4期。

石金群：《农村基层党建引领乡村振兴：目标、基础与路径》，《重庆社会科学》2024年第11期。

唐琼：《乡村振兴战略下稳妥推进城乡融合发展研究》，《湖湘论坛》2020年第2期。

《提高全民科学素质服务高质量发展》，《人民日报》2021年6月26日第5版。

参考文献

王宾：《共同富裕视角下乡村生态产品价值实现：基本逻辑与路径选择》，《中国农村经济》2022年第6期。

王婕、刘先江：《生态产业发展重要价值及路径选择》，《环境保护》2023年第21期。

王金敖：《乡村振兴视域下乡村人才的引、育、留、用机制建设研究》，《农村经济与科技》2022年第23期。

王轶、刘蕾：《从"效率"到"公平"：乡村产业振兴与农民共同富裕》，《中国农村观察》2023年第2期。

魏后凯：《如何理解从"乡村振兴"到"乡村全面振兴"?》，《新型城镇化》2024年第5期。

魏后凯：《乡村振兴战略的历史形成及实施进程》，《中国乡村发现》2021年第3期。

文丰安：《全面实施乡村振兴战略：重要性、动力及促进机制》，《东岳论丛》2022年第3期。

吴重庆、张慧鹏：《以农民组织化重建乡村主体性：新时代乡村振兴的基础》，《中国农业大学学报》（社会科学版）2018年第3期。

武小龙：《数字乡村治理何以可能：一个总体性的分析框架》，《电子政务》2022年第6期。

夏小华、雷志佳：《乡村文化振兴：现实困境与实践超越》，《中州学刊》2021年第2期。

《乡村振兴责任制实施办法》，《人民日报》2022年12月21日第20版。

《乡村振兴战略规划（2018—2022年）》，人民出版社2018年版。

谢文帅：《加快建设农业强国的战略考量、关键任务与行动策略》，《苏州大学学报》（哲学社会科学版）2024年第5期。

辛宝英、安娜、庞嘉萍编著：《人才振兴——构建满足乡村振兴需要的人才体系》，中原农民出版社、红旗出版社2019年版。

辛宝英：《打通人才梗阻，激活乡村发展动能》，济南日报2022年7月26日第2版。

辛宝英等：《中国乡村振兴与工会工作》，中国社会科学出版社2024年版。

辛宝英：《乡村观察》，中国社会科学出版社2023年版。

辛翔飞：《践行大农业观发展现代农业》，《经济日报》2024年8月21日第10版。

徐婕、于巧玲、胡林元：《乡村振兴背景下我国科技工作者当前的使命与挑战》，《科技中国》2023年第5期。

俞淼：《乡村振兴和新型城镇化深度融合：机理与进路》，《理论导刊》2023年第2期。

翟坤周：《新发展格局下乡村"产业—生态"协同振兴进路——基于县域治理分析框架》，《理论与改革》2021年第3期。

张海鹏、郜亮亮、闫坤：《乡村振兴战略思想的理论渊源、主要创新和实现路径》，《中国农村经济》2018年第11期。

张平、王曦晨：《习近平乡村生态振兴重要论述的三维解读——生成逻辑、理论内涵与实践面向》，《西北农林科技大学学报》（社会科学版）2022年第1期。

张孝德：《大历史视野下乡村振兴的使命与前途》，载张孝德主编《乡村振兴专家深度解读》，东方出版社 2021 年版。

张旭刚：《乡村振兴战略下我国农村职业教育的战略转型》，《教育与职业》2018 年第 21 期。

张妍：《乡土文化赋能乡村振兴的意义、困境和路径研究》，《广西大学学报》（哲学社会科学版）2024 年第 5 期。

张照新、吴天龙：《培育社会组织推进"以农民为中心"的乡村振兴战略》，《经济纵横》2019 年第 1 期。

赵秀玲：《乡村文化振兴的历史演进与创新路径》，《东北师大学报》（哲学社会科学版）2024 年第 4 期。

郑会霞：《在城乡融合发展中扎实推进共同富裕》，《光明日报》2025 年 1 月 2 日第 6 版。

郑瑞强、郭如良：《促进农民农村共同富裕：理论逻辑、障碍因子与实现途径》，《农林经济管理学报》2021 年第 6 期。

中国公民科学素质抽样调查课题组：《我国公民科学素质的发展现状——基于第十三次中国公民科学素质抽样调查的分析》，《科普研究》2024 年第 2 期。

中国社科院中国农村发展报告课题组：《以新质生产力推进乡村全面振兴》，载魏后凯、杜志雄主编《中国乡村发展报告——以新质生产力推进乡村全面振兴》，中国社会科学出版社 2024 年版。

钟曼丽、杨宝强：《再造与重构：基于乡村价值与农民主体性的乡村振兴》，《西北农林科技大学学报》（社会科学版）2021 年第 6 期。

钟钰：《实施乡村振兴战略的科学内涵与实现路径》，《新疆师范大学学报》(哲学社会科学版) 2018 年第 5 期。

周锦:《数字文化产业赋能乡村振兴战略的机理和路径》,《农村经济》2021 年第 11 期。

周娟:《农村集体经济组织在乡村产业振兴中的作用机制研究——以"企业+农村集体经济组织+农户"模式为例》,《农业经济问题》2020 年第 11 期。

周立、李彦岩、王彩虹等:《乡村振兴战略中的产业融合和六次产业发展》,《新疆师范大学学报》(哲学社会科学版) 2018 年第 3 期。

朱启臻:《乡村振兴背景下的乡村产业——产业兴旺的一种社会学解释》,《中国农业大学学报》(社会科学版) 2018 年第 3 期。

后　　记

　　本书乃研究团队长期调研与讨论的成果，是我们关于中国乡村振兴与科协工作研究成果面向党政干部、科协干部及一般读者的"去学术化"表达。本书观点的形成、创新和渐成逻辑体系，既是因应全面推进强国建设、民族复兴伟业宏观形势演进的理论需求，也是呼应中国科协各级组织在乡村振兴实践工作中不断提出的理论更新要求。

　　本书在编写过程中进行了多次集中讨论和修改完善，全书的总体设计与书稿的审定工作由我负责，山东管理学院工会理论研究院与乡村振兴研究中心的庞嘉萍、李善乐、潘冬霞同志承担了本书相关章节的撰写工作，山东管理学院人文学院赵俊芳同志承担了本书材料收集与整理工作。具体撰稿分工如下：前言、第一章、后记、附录的文字内容由辛宝英撰写与整理；第二章内容由李善乐撰写；第三章内容由庞嘉萍撰写；第四章、第五章内容由潘冬霞撰写。

　　本书在研究过程中，得到了山东省科学技术协会与山东管理学院等单位同志的大力支持和帮助。山东省科学技术协会党组书记、副主席邹广德同志，对本书提出了宝贵意见。山东省科学技术协会调宣部、科普部、人才部、学会部、组织部、反邪办、科技馆、科技工作者服务中心、学会服务中心、创新战略研究院的多位同志，以及泰安市科学技术协会、临沂市科学技术协会的多位同志为本书的撰写提供了大量素材。山东管理学院党委书记魏勇同志、原党委书记冯庆禄同志、校长韩作生同志、党委副书记孙琪同志、纪委书记王兴盛同志、副校长李国栋、董以涛、王艺同志以及山东英才学院党委书记朱晓梅同志，对本书的写作给予鼓励。中国社会科学出版社王衡编辑，为本书的出版付出了辛勤劳动，也为我们提供了许多支持。在此，一并表示感谢。同时，本书写作过程中参考了大量文献及网络资料，我们采用了文献引用的方式表示尊重和感谢。特别强调的是，和我一同开展理论研究与乡村振兴实践探索的团队成员，他们每个人都在各自的工作岗位上承担着繁重的任务，因此，借此书出版之机，向他们表示感谢。

希望本书能够为新时代从事"乡村振兴"相关的理论研究者和实践探索者，特别是各级科协干部提供系统性的观察视角和有益参考，更期待此项研究能够抛砖引玉，促使乡村振兴这一领域的相关研究能够更加深入，成果更加丰富。由于时间紧迫且能力有限，书中难免有不足之处，敬请广大读者及专家学者提出宝贵意见，共同推动乡村振兴战略的实施。

辛宝英
2025 年 2 月 2 日